朱自清的朋友圈

梁衡 题

夏明亮 —— 著

中国出版集团
研究出版社

图书在版编目 (CIP) 数据

朱自清的朋友圈 / 夏明亮著 . –– 北京：研究
出版社，2022.1
ISBN 978–7–5199–1164–5

Ⅰ . ①朱… Ⅱ . ①夏… Ⅲ . ①朱自清（1898–1948）
–生平事迹 Ⅳ . ① K825.46

中国版本图书馆 CIP 数据核字 (2022) 第 006245 号

出 品 人：赵卜慧
责任编辑：张　琨

朱自清的朋友圈
ZHU ZIQING DE PENGYOU QUAN

夏明亮　著

研究出版社 出版发行
（100011　北京市朝阳区安华里 504 号 A 座）

北京中科印刷有限公司印刷　新华书店经销

2022 年 1 月第 1 版　2022 年 1 月北京第 1 次印刷
开本：787 毫米 × 1000 毫米　1/16　印张：24.75
字数：320 千字

ISBN 978 – 7 – 5199 – 1164 – 5　定价：58.00 元

邮购地址 100011　北京市朝阳区安华里 504 号 A 座
电话（010）64217619　64217612（发行中心）

［序 一］
一部雅俗共赏的著作

朱自清先生的文学创作、文学批评、学术研究一直未得与其地位相称的研究，若按照水泊梁山那样排新文学诸家座次，朱先生当位列天罡，近于豹子头林冲。其文学批评，目光高远，评断精慎，发义深微，聚焦于文学性与历史性，衡量于文学贡献与历史作用，就与当今文学史的贴合度而言，其质量超过诸如瞿秋白、胡风、李长之、刘西渭等有实力的名家。其古典文学研究，像闻一多一样自成面目，其深入文本的美感精神，不带体制成见的清新视野，如潺潺流水，滋润着学术的心田。其散文创作，取法古今中西，汲养文白骈散，不仅塑造现代散文面貌，而且盘活现代散文精神，做出不可替代贡献。其文学教育，更有现代大学教育之体制养育之功，当今所谓大学语文，所谓大学人文教育，都是走在朱自清遵循的理念和积累的经验之上——接近他的理念和经验的，可能效果就好，作用就积极，反之背离他的理念和经验的，就不免走弯路。其人格，更是温润有节，独立不移，兢兢业业，清醒用世，说是现代圣贤也不为过。即使其作为"历史中间物"的诗歌作品，也是完成历史使命，立下了新诗奠基初创之功……因此，对于朱自清研究，冀新作于方来之心，在我是所望殷殷、随时随地且绵绵不绝的。

友人给我荐来一部书稿，题为《朱自清的朋友圈》，令我颇感兴趣。众所周知，朱自清先生并非如鲁迅、胡适、郭沫若、徐志摩等社交生活活跃的人物，在一般印象中，他交往较多的不是北大读书时的同学，以及白马湖时期春晖中学教书的同事，就是长期在清华大学/西南联大任教时，与之相处的师生，其人脉就是其从生存环境"天择"的结果，几乎不存在任何主观能动的构造。大家所能点出的名字，也不过俞平伯、叶圣陶、闻一多、王瑶等寥寥数人。但该书不仅把学界一般印象的每一步都扩大观照，用望远镜把远景变为近景，用显微镜将探照变为特写，呈现细节，入于深微。作者显然理解马克思"就其现实性而言，人是一切社会关系的总和"这句名言，不仅直视，而且以笔为镜头进行环顾，在时代社会的广阔时空，在生命之成长、事业之展开、使命之完成等环节，广阔展现朱自清的社会关系。书中45位现代人物与朱自清的交往，无论生涯早期的亲人师长、同学挚友，还是清华大学/西南联大时期的同事挚友、同窗师生乃至文艺同道；无论早年中学执教时期结交，还是抗战年代的共赴"国难"乃至性情相契；无论其为同龄人，还是师长晚辈；无论其为文苑教坛和学术界人物，还是革命先驱和政治领袖……作者爬罗剔抉，梳理呈现朱自清生命、文学与学术事业之展开，如一幅幅活动的画廊，揭示朱自清生命、事业、志趣的辐射性和影响力。如果把这部书稿视为一种传记写作，把其视为一种特殊形式的"列传"或"外传"写作，当是能够成立的吧。我相信揭示朱自清生涯、事业、志趣展开的外部人际关系，对于我们深入理解这位新文学元勋和现代圣贤的活动及心灵，是必要的甚至是重要的。

新时期以来，朱自清的长篇传记写作并不缺乏，关于朱自清的学位论文也达到数百篇。不过，关于朱自清的交游却少有系统考察，本书聚焦于此，这是其主要贡献之所在。其次，这部书既带学术研究，又是文学传记，兼得两者之长：学术研究要求逻辑规范、科学严谨，文学传记则要求人物表现的典型性和细节描述的生动性。就文字表达而言，这部书写得雅洁、流畅、鲜活，与朱自清恬淡丰润的人文风格很贴，是一部雅俗共赏的著作。

作者夏明亮先生，长期耕耘于山西高中杏坛，桃李芬芳；业余写作，著有传记作品多部，也创作小说等文学作品，在当地颇有口碑。我与夏明亮先生虽未谋面，以文悬测，斯人斯文当皆有可观。我祝愿他的教学、写作和研究，取得更大成绩。

是为序。

高远东

2021年11月30日

（作者系当代著名学者，北京大学中文系教授、博士生导师）

序一　一部雅俗共赏的著作

[序 二]
那一抹璀璨的星光

　　有句话叫"要了解一个人，看看他的朋友圈就知道个大概了"。作为朱自清的后人，我长期关注着国内外学术界对朱自清的研究。2004年到扬州文化研究所工作以后，朱自清研究资料的搜集和整理成为我日常工作的重要组成部分，自然地，我也开始留意朱自清的交往对象及其方式等方面的内容。本想着资料积累到一定程度，也写些朱自清与朋友交往的文章，不料夏明亮先生早有规划，几年前就确定了这个课题，并着手搜集、整理和研究了大量相关资料，于是就有了这本《朱自清的朋友圈》一书。

　　正如作者所说，"朱自清先生并不是善于交往之人"，但与他交往的人却不在少数，其中有平民百姓，有世家子弟，有赳赳武夫，当然还是学者、教授、作家居多。我想主要原因有这么几个。一是先生贫贱不移、不吃嗟来之食的气节风骨和人格魅力，展现了中国知识分子的本色，表达出他们共同的价值取向。二是先生在文学创作、教育教学和学术研究领域做出的杰出贡献，使他拥有了众多的好友至交。三是先生温厚朴实、心执善念、律己宽人的性格也使周边不同领域，不同年龄和不同职业的各界人士愿意与之交往。

粗粗阅读了这部书稿，有这么几个感觉：第一，夏先生费时费力，查阅了浩瀚翔实的资料，体裁类别多样，包括传记、年谱、信札、日记、回忆录和相关文章等等。即使这样，没有数年的积累，恐怕也难以成书。第二，作者并不是简单地堆砌这些资料，而是对相关资料进行了认真的分析、比对和推导。比如：说到朱自清与周作人，作者多处引用朱自清、俞平伯和周作人的信函、日记和文稿原文，并将这些文字内容与史实互为观照，或者相互佐证，对朱自清和周作人的关系作出了合乎情理的判断，提出了比较客观的看法。第三，书中所列"朋友"，并没有因为意识形态或政治立场的不同而有所取舍，我想作者可能选择了为我们民族文化做出过较大贡献，并有一定声望和影响力的标准。比如胡适、周作人、叶公超、马星野等等。我个人认为，这是一种客观公允的态度和做法。

夏明亮先生是传记作家，可他还有着学者的严谨和认真。我和他本不相识，《朱自清的朋友圈》一书即将付梓之际，我们建立了联系，他将样书寄来，要我提些意见。我只是建议，在资料积累足以成篇的情况下，增加舒新城、金溟若、朱维之、叶石荪、汪曾祺等几个"朋友"。可是，我觉得只有我的意见和建议还不够，出于对读者和作者负责的考虑，我把书中涉及的几个"朋友"的文稿用手机拍下来，并发给几位"朋友"的后人或晚辈，听取他们的意见和建议。这几位"朋友"是：郑振铎、丰子恺、朱光潜、马孟容和马星野。除了少量文字上的调整和修改，几位"朋友"的后人只是在内容上提出了一些补充意见。

还有一点不能不说，民国文人中大师林立，名流如云，可谓群星闪耀。这本书虽以朱自清先生为主体人物，但也勾勒出民国知识分子精英群像，让我们或多或少，或深或浅地了解他们的学养、气质、品性、风骨和精神，领略中国知识分子那种心忧天下，情系苍生，追求真理，伸张正义，坚守良知和道义的高贵品质。这又何尝不是我们民族宝贵的文化遗产和精神财富呢？

那是一抹璀璨的星光……

朱小涛

2021年12月10日于扬州

（作者系朱自清嫡孙，朱自清纪念馆名誉馆长、扬州文化研究所所长）

目录

第五辑　学　生

V

第一辑

亲 人

散文《背影》背后的故事
——朱自清与朱鸿钧

> 朱鸿钧（1869—1945），字小坡，祖籍浙江绍兴，后定居江苏扬州。清末曾在江苏东海、高邮、扬州等地做过一些基层小官吏，民国初年在徐州做到"榷运局长"（相当于现在的"烟酒专卖局长"）。1917年被革职，从此回到扬州赋闲。1945年4月9日逝世。

"我与父亲不相见已二年余了，我最不能忘记的是他的背影。那年冬天，祖母死了，父亲的差事也交卸了，正是祸不单行的日子，我从北京到徐州，打算跟着父亲奔丧回家。到徐州见着父亲，看见满院狼藉的东西，又想起祖母，不禁簌簌地流下眼泪……"

这是朱自清散文《背影》开篇描述家庭遭遇重大变故、父子二人在徐州相见的一段场景。这篇散文仅仅只有不到一千五百字，融汇着辛酸与悲凉的文字，在平实中见细腻，在深沉中显真情，令人动容，感人至深，成为描写父子真挚感情的经典文本。从20世纪30年代被收入中学国文课本，在将近一个世纪的春秋岁月中，感动了一代又一代的中国人。

这篇散文写于1925年10月，这一年朱自清27岁，他的父亲朱鸿钧56岁。

父亲望子成龙，儿子不负厚望

在朱自清之前，母亲已经生育过两个男孩，分别取乳名为大贵、小贵，不幸都早早夭折了，这样，朱自清就成了朱家的长子长孙。

朱家是书香门第，朱鸿钧对朱自清寄予了很大的期望，希望他将来能读书成才，有朝一日光宗耀祖。朱自清少年时代，沿袭一千多年的科举制度已经废除，仿效西方学制和办学模式的新式学堂肇兴。朱鸿钧受封建儒学教育浸染很深，对新式学校的教学方法和读书效果很是怀疑，便把朱自清送到参加过科举、考中过举人或秀才的老儒生那里去学习古文和诗词。

当时扬州有一个知名儒生名叫戴子秋，教书授业知名度很高，朱鸿钧就让朱自清拜其为师。为了时时查验儿子的学业情况，每天儿子放学回来，他总要亲自过目，把儿子写的作文卷子检查一番。经常是在晚饭之后，朱自清搬个小板凳坐在父亲身旁，父亲一边饮着老酒，一边摇头晃脑低吟着儿子的作文。看到作文中先生给予圈圈点点的好评，父亲就点头称好，欣然喝酒，顺手奖给儿子几粒花生米或一块豆腐干；看到文章后面先生所下评语不好、字句被删改得太多，父亲就生气起来，大声训斥，即使朱自清泪眼汪汪也不放过，偶然气急时甚至把作文卷子一把投进火炉中烧掉。

在父亲的严格督促下，朱自清在古诗文和经史方面打下了坚实的基础，这对朱自清以后成为著名国文教授和一代散文大家影响巨大。

父亲对儿子在学业上很是严厉，但在日常生活中也常常有对儿女们慈爱的一面。在散文《冬天》里，朱自清曾这样回忆童年和父亲在一起的幸福时光："冬天的夜晚特别的冷，父亲便起了炉子，煮上白水豆腐。但'洋炉子'太高，父亲得常常站起来，微微地仰着脸，觑着眼睛，从氤氲的热气里伸进筷子，夹起豆腐，一一地放进我们的酱油碟里。我们都喜欢这白水豆腐，一上桌就眼巴巴望着那锅，等着那热气，等着热气里从父亲筷子上掉下来的豆腐。"在寒冷的冬天里，父子围炉坐吃，父亲为儿子夹白水豆腐——这是一幅多么温暖的父子温情图！

辛亥革命后，朱家遭遇了一场大变故。

原担任清朝扬州镇守使的徐宝山眼见革命形势高涨，转身一变，投机革命，在扬州成立军政分府，自任司令。他以"革命"口号相标榜，以逮捕和杀头相要挟，专找担任过旧日清朝政府的官吏敲诈勒索。朱自清的祖父朱则余（曾在海州担任承审官，相当于现在的地方法院院长）和父亲朱鸿钧两代都曾担任清朝官吏，也被徐宝山盯上了。徐宝山派人到朱家一再"索饷"，被逼无奈之下，朱则余咬牙"捐出"大半家财。经此一劫，祖父惊惧交加，忧愤辞世；父亲也被迫辞去宝应厘捐局长，气得大病一场。从此，朱家家道一步步败落下去。

在少年朱自清的记忆中，就是在这个时期，父亲在扬州史公祠养病，自己几乎每天前往陪伴，常常听父亲用忧郁沉痛的语调，讲述史可法率领扬州军民保家卫国、抗敌殉难的悲壮故事。在父亲潜移默化的影响下，每次进入史公祠的庭院，朱自清总要在那副"数点梅花亡国泪，二分明月故臣心"的楹联前驻足良久。从此，在他幼小的心灵里，一粒忠贞爱国的种子开始生根发芽，最终凝铸成贯穿一生的浩然正气，长成一道中国知识分子的耿直脊梁。

父亲的严格要求，私塾先生的纯正教导，新式学堂的全新教育，再加上家庭发生的重大变故，使少年朱自清逐步成熟起来。在扬州两淮中学毕业时，学校特地给朱自清颁发了品学兼优的奖状。更让父亲高兴的是，1916年，朱自清考入北京大学的文科预科，从扬州古城走进了千年帝都的全国最高学术殿堂。

新旧观念冲突，父子关系不睦

朱鸿钧在官场浸染了大半辈子，好讲排场，爱面子。即使丢官后家境一日不如一日，还是在朱自清18岁那年给儿子办了一场隆重而体面的婚礼。儿子到北京读书，父亲在家书中从来不提家里经济的窘况，免得让儿子读书分心。

然而，父亲大半辈子生活在晚清封建年代，自然是封建思想严重的家长。他虽然很爱儿子，但并不过多表露，日常生活中总是板着一张肃穆的脸，极少露出笑意。不仅如此，他还习惯于随意操作儿子的生活，用封建家长礼法那一套管教儿子。童年和少年时代，朱自清没法违逆父亲大人的意志，加上深受传统文化的熏陶，他对父亲的态度只能是顺应的。在当时中国大多数的城市和乡村，父亲管教儿子、儿子遵从父亲是全社会通行的思想观念，人们感觉这是再正常不过的。

朱自清就读的北京大学是"五四"运动的中心。北京大学的读书生活不仅让朱自清学业精进，而且受民主与科学的时代精神的影响，挣脱封建专制和旧家庭封建伦理束缚，争取人格独立的新思想也被他逐渐接受。

48岁那年，朱鸿钧被革职丢了官。这时恰值朱自清考入北京大学哲学系那年冬天。他虽然安慰儿子"事已如此，不必难过，好在天无绝人之路"，但实际上他东奔西走，也没有找到新的工作，只能依靠借贷和变卖家产应对眼前生活。

在这种情况下，朱自清不得不考虑早点承担起养家的任务，为父亲分忧。此时正值蔡元培主持北京大学校政，改革学制，由学年制改为学分制，规定本科学生修满80个学分即可毕业，其中一半为必修课，一半为选修课。朱自清抓住这个可以提前毕业的机会，提前一年修完了80个学分，于1920年顺利从大学毕业，到杭州浙江省立第一师范学校担任教职。面对日益拮据的家境，他每月把自己的薪水寄一半给父亲，留下一半用于自己小家庭的开支。因为这时他的长子朱迈先（乳名阿九）已经出生，他已经承担为人父的职责了。

1921年夏，经好友举荐，朱自清回到家乡扬州任省立第八中学教务主任。年过五旬的父亲却一直没找到工作，整天怨声载道，脾气变得十分暴躁，动不动就对家人乱发一通脾气，家里因此也失去了以往那种温馨和谐的氛围。

父亲在做官时挣过大钱，认为全国最高学府毕业的儿子不应该屈居中学教师的职位，应当争取更好的前程。本来，朱自清就一直想着大家庭的拮据，每月主动把一半的薪水寄给父亲，父亲却认为养儿防老是天经地义，儿子的收入自己有权支配，他竟然不与儿子商量，凭着自己与校长的私交，让学校直接把儿子的薪金送到家里。父亲这一超越常理的举动让朱自清很是生气，他觉得自己用薪水补贴家用是应该的，但父亲这种封建式的专制做法，实在令人难以接受。

不久，发生的另外一件事让朱自清对父亲有了更大的积怨。

因为他在学校里的工作繁忙，妻子武钟谦多数时候都是带着孩子和公婆生活在一起的。妻子本来性格活泼开朗，平日里总是笑嘻嘻的，一脸喜气的妻子的笑，成了朱自清日常生活中"最大的一抹阳光"。

可在满脑子封建礼教的公公眼里，儿媳爱笑是缺少家教不懂事宜的表现，与儿媳的身份是不相称的。尤其是他心情不好的时候，儿媳的笑声在他听来异常刺耳，不由得就对儿媳厉声训斥起来。

无数次因为笑而受到公公的呵斥，武钟谦的笑容越来越少了，到最后，她不仅笑不出来，还终日躲在房间里偷偷抹泪。

这一切，在外头忙工作的朱自清并不知情，妻子也从来不想为这些家庭琐事叨扰丈夫。在作为贤妻良母的武钟谦心里，为丈夫分忧解愁，是她的应尽之责。即便后来她因这件事郁结于心而染病，也未曾和丈夫提起过。

可终究，这一切还是被细心的朱自清知道了。心疼妻子的朱自清思来想去，最后决定辞去扬州八中教务主任，离开家乡，离开父亲，带着妻子和孩子前往上海谋职。

从这时起，朱自清和父亲的关系陷入了僵局。

1922年暑假，朱自清想主动缓和与父亲之间的矛盾，带着妻子儿女回到扬州，结果一直对儿子生着闷气的父亲，先是不让朱自清一家人进门，后来在家人的劝和下，让儿子进了家门，却始终不肯对他说一句话。朱自清在尴尬中待了几日，父子之间的关系没有丝毫缓和，最后只得怏怏返程。1923年暑假，朱自清再次怀着与父亲和解的愿望回到扬州，不料却与父亲因积怨又一次争执起来。朱自清认为自己没错，父亲也认为自己没错，为父有错也不该认错。父子双方进入了"冷战"。此后两年多，父子之间的隔阂让朱自清备受压抑，他虽然每月仍旧寄钱给父亲，但却一连两年没有回扬州看望父亲。这就是《背影》的开头"我与父亲不相见已二年余了"和"最近两年的不见"的背景。

父亲家信泪目，真情凝就经典

儿子两年与父亲"不相见"，时间与空间的距离，终于让父亲开始反思自己过往在处理父子关系上的过分之处。实际上，朱鸿钧是深爱儿子的，尤其是在长子朱自清的身上，他倾注了很多的心力。生活上的关爱自不必说，在学业指导上他也付出了比一般父亲更多的心血。在自己失业、家境败落的窘况下，他东挪西借、东拼西凑，想方设法艰难地供三个儿子上大学（朱自清就读北京大学，次子朱物华就读上海交通大学，三子朱国华就读厦门大学），确实十分不易。

1925年，身体渐渐不如从前的朱鸿钧，在对儿子日日思念的煎熬中，几经踌躇，主动给刚到清华任教的朱自清写去了一封家信。当然，作为一个习惯于端着长辈架子的封建家长，他不可能低下头直接向儿子认错，他借着跟儿子絮叨家常事物和惦念孙子的名义，主动向儿子求和解的愿望却倾注在字里行间。在信中，他这样写道：

"我身体平安，惟膀子疼痛厉害，举箸提笔，诸多不便，大约大去之期不远矣。"

捧着父亲的信笺，朱自清的眼泪在眼眶里打转。看到父亲在信里哀叹"大去之期不远"，又想到父亲一直"只是惦记着我，惦记着我的儿子"，朱自清几年里内心深处的"怨怼和决绝"瞬间土崩瓦解，"在晶莹的泪光中，又看见那肥胖的、青布棉袍黑布马褂的背影"。随之父子间骨肉相连的情感涌上心头：作为人子，父亲已经年迈，自己却还跟父亲闹别扭，真是太不应该了。自己也已经做了父亲，他真心体会到做父亲的不易。心潮起伏之间，父亲与自己过往的点滴，如潮水般涌来，与父亲之间温馨美好的记忆瞬间复苏。

彻夜无眠中，朱自清将记忆中八年前与父亲在南京浦口送别的情景，用饱含深情的笔墨写成了散文《背影》。

父亲的背影，儿子肯定是太熟悉了。但文中描写的，却不是那常见的背影，而是在家境惨淡、祖母逝世、父子心头都笼罩着一层不散的愁云的特定情境下，使儿子极为感动、终生难忘的那个背影。儿子对父亲的思念之情，如涓涓流水，倾注在字里行间，熔铸在父亲的背影之中。

"背影"在文中反复出现了四次。第一次，在文章开头，旨在开篇点题

"背影"，营造出一种浓郁的感情气氛，以笼罩全文。第二次，在车站送别的场面中，作者对父亲的"背影"作了具体的描绘：父亲胖胖的身躯，穿着黑布大马褂，深青布棉袍，步履艰难，蹒跚地爬过铁道为儿子买橘子。这个镜头表现了父亲爱儿子的深厚感情，使儿子感动得热泪盈眶。第三次，父亲和儿子告别后，儿子眼望着父亲的"背影"在人群中消失，离情别绪，又催人泪下。第四次，在文章结尾，儿子读着父亲的来信，在泪光中再次浮现了父亲的"背影"，思念之情不能自已，与文章开头呼应。"背影"在文中的反复出现，不仅紧扣主题，而且像诗中的重叠句一样，丰富了文章的抒情韵味。

　　《背影》全用白描记叙事实，不作任何修饰、渲染。通篇写父亲多么关心爱护儿子，儿子又是多么感激思念父亲，但像"关心""爱护""感激"这一类的抽象现成的字眼，文章中却一个也没有用，更没有什么华丽的辞藻。大朴正是大巧的表现。文中用词造句都经过认真考究，绝不随便。如送行那一段："父亲因为事忙，本已说定不送我，叫旅馆里一个熟识的茶房陪我同去，他再三嘱咐茶房，甚是仔细。"这里的"说定"，如果用"说过"似乎也通，但逊色多了。"说定"不送，后来终于还是送了，实际上是说而不定，很好地表现出父亲当时的矛盾心理。"熟识"一词，说明父亲嘱托的这个茶房该是靠得住的；"再三嘱咐"，表明嘱咐茶房遍数之多，不厌其烦，反复交代，唯恐茶房有半点疏漏；"甚是仔细"，表明嘱咐内容之详，把送行中应该注意的细枝末节都提到了。这些用语，强调说明父亲已经为儿子上车作了极其精细、周密的考虑和安排，字眼虽然十分平常，但用得恰到好处，使父亲爱子之心跃然纸上。全篇文字平平实实，但字里行间渗透着一种深切怀念之情，具有感人至深的艺术力量，被称为"天地间第一等至情文学"。

　　《背影》写成大约一个月之后，发表于当年11月22日的《文学周报》第200期。这篇描述父爱的文章影响了一代又一代读书人。直到将近一个世纪后的今天，它还是中学语文课本中的必修课文。

三年后的1928年，朱自清以《背影》为题的第一部散文集，由上海开明书店出版。当这部书被寄到扬州老家时，朱自清的三弟朱国华高兴地把书送到父亲的卧室，让父亲先睹为快。

拿到书的朱鸿钧迫不及待地戴上老花镜，一字一句地读着儿子的文章。

朱国华在回忆父亲看到《背影》散文集的情景时说："只见他的手不住地颤抖，昏黄的眼珠，好像猛然放射出光彩。"那一刻，这对积怨多年的父子，终于尽释前嫌。

1945年4月9日，朱鸿钧在扬州逝世，终年76岁。当时的朱自清尚在大后方的昆明西南联合大学任教。关山阻隔，战火频仍，整个国家处于战乱之中，朱自清无法穿越大半个中国回扬州奔丧，只能筹款寄回老家，托付弟弟料理父亲的丧事。这也成为朱自清一生中埋在心底的一件憾事。

问世间情为何物

——朱自清与武钟谦

> 武钟谦（1898—1929），原籍浙江杭州，生于江苏扬州。1916年12月在扬州与朱自清结婚。生育三子三女（见附录简介）。1929年11月26日，因肺病在扬州病逝，终年31岁。

1932年10月，距离结发妻子武钟谦病逝三个年头，也是在与陈竹隐新婚不到三个月的时候，朱自清和着泪水用"至情"写下了继《背影》之后又一篇"至文"——这就是追念结发妻子武钟谦的《给亡妇》。

这是朱自清写给爱妻的一封"忏悔"信，也是超越时空的夫妻之间的心灵对话。

"父母之命"结良缘

朱自清是朱家的长房长孙，按照中国传统的宗族要求，他从小便肩负着传宗接代、延续香火的使命。在他还不满11岁时，父母便开始为他张罗起媳妇来了。费了很多周折，父母最终给他选定的媳妇叫武钟谦。

武钟谦与朱自清同岁。她的父亲武威三是扬州名医，曾经给朱自清父亲看过病，但两家并不很熟。武钟谦是独生女，从小便被父母视为掌上明珠，过着大小姐的生活。两家说定之后，很快便为朱自清和武钟谦订了婚。当时朱自清只有14岁，还是一个懵懂少年，在很长的时间里对婚姻之事都很茫然，对于父母的安排，自然提不出什么意见。

一晃三四年过去了，朱自清从一个青葱少年成了全国最高学府的预科大学生。他看过很多关于爱情题材的文学作品，偶尔也会想到自己已经订婚。一次，他在一本书中看到英国哲学家培根说过的一句话："有妻子者，其命定矣。"联想到自己，他想了很多，终也没有想出个什么头绪。

1916年12月15日，奉父母之命，刚过18岁的朱自清从北京回到扬州，在琼花观大院与武钟谦成婚。虽然订婚已经五个年头，但他心情忐忑，不知命运会给他安排一个什么样的妻子。在洞房花烛之下，朱自清仔细端详着妻子，但见妻子虽然算不上花容月貌，却在一颦一笑间，尽显温婉柔顺之态。一瞬间，他就不由得从内心里喜欢上了这个父母为自己挑选的媳妇。而武钟谦作为传统的女子，在此之前，早已知道自己的夫君是个肯用功的读书人，没有见面就觉得很满意了，这一瞬间，她更是认定，眼前的这位既文气又清秀的大学生，就是自己命中要一生相伴的人了。

他们大约度过了不到两个月的蜜月，因为北京大学开学在即，朱自清只得恋恋不舍地告别了心爱的妻子，踏上了北上的列车。

封建传统下的"父母之命媒妁之言"，造就了无数人间悲剧，鲁迅与朱安，郭沫若与张琼华，……在清末民初，这样的例子不胜枚举。

在悲剧频频发生的年代，朱自清遇到了武钟谦，武钟谦碰到了朱自清，这是世间难得的遇见，夫妇共同筑造着共避风雨、心心相印的爱巢。

相夫教子贤内助

朱自清和武钟谦的婚姻生活只存在了十二年。那时朱自清因为工作辗转江浙和北京多地,实际上两人在一起的时间更是短得不到五个年头。但是,他们在平淡的生活中品尝着甜蜜,日子过得有滋有味。

武钟谦虽不是大户人家里的阔小姐,但也是自小娇生惯养的独生女。不过,在她的心目中,相夫教子,夫唱妇随,是作为妻子的应有之义。她生育了三男三女六个孩子,对每一个孩子都是全身心倾情又倾力地投入,也不想什么"养儿防老,积谷防饥",只是以满腔爱心付出着,奉献着。

孩子生得频繁,做母亲的就遭罪了。一夜里哺乳好几次,老是睡眠不足,白天照样得做菜做饭,侍弄家务,照料一大群孩子。到生了第五个孩子,她的身体实在熬不住了,又奶水不足,不得已才雇了个老妈子带孩子。但孩子跟老妈子睡,她就没有放过心;夜里一听见哭,就竖起耳朵听,随即就要过去亲自去抱去哄,哄得不哭了才能放下心。直到临终前病得皮包骨头了,还是放心不下孩子。她痛楚地说:"我死了,这一大群孩子可苦了。"

平日,在公婆面前作为儿媳,做衣做饭,收拾庭院,她还有一大堆的家务活要做。她从无怨言,总是高高兴兴地做着。即使刚生了孩子,不过四五天就挣扎着起床,一刻也不愿闲着。

除了孩子,武钟谦的心里只有丈夫。朱自清是她心目中的天,丈夫的需要当然高过自己的一切。

朱自清读大学时期,家中光景一日不如一日,连学费都成了问题。为了筹措学费,武钟谦毫不犹豫卖了自己心爱的金镯子。为了丈夫,她在婆家和娘家两头受气。那一年,朱自清和父亲之间因多种原因闹得关系很僵，武钟谦无处可去，只得带着孩子回了娘家。可她娘家的境况是怎样的呢？那时，她的母亲已经去世，父亲又另娶了女人。自从她带着孩子回到娘家，继母的冷嘲热讽就没有停止过，家中冷得像个冰窖子。可她还是赔着笑脸，硬着头皮住了三个月。

朱自清在浙江宁波省立四中教书那年，军阀混战加剧，温州城内一时大乱，居民一夕数惊，纷纷各找门路躲避兵灾。丈夫不在身边，武钟谦带着三个孩子和婆婆，租住在温州一处老式平房里。一家五口皆为老幼妇孺，举目无亲，无依无靠，躲也躲不得，逃也无处逃。正在一筹莫展之际，朱自清的好友、十中的教师马公愚向他们一家人伸出了援助之手。马公愚一家准备搬到瓯江北岸的山区里去避难，邀请朱自清的家属们同去。

直到这样危机的时刻，武钟谦还没有忘记丈夫的那几箱子藏书。

她知道丈夫爱书，就是颠沛流离，也不忘背着书一起走。不知道走了多少路，翻了多少岭，她才把一家人和丈夫的书安顿下来。

在此之前还有一次，也是为了丈夫的几箱子藏书。她请求父亲的佣人把这些藏书从家乡捎到上海，父亲说了几句闲话，她气得在父亲面前哭了一场。人家都说她傻，但是她却有自己的想法："没有书怎么教书？况且他又爱这个玩意儿。"武钟谦不识几个字，却处处想着丈夫，爱屋及乌，丈夫是她的命，连书也成了她的命，怎么会忍心糟蹋呢？

对妻子所做的一切，朱自清内心充满了感激，有些话他只和妻子一个人说，"因为世界上只有你一个人真关心我，真同情我。你不但为我吃苦，更为我分苦；我之有我现在的精神，大半是你给我培养着的。"

那些年的日子虽然过得不很太平，但来自妻子和儿女的温暖一直印在朱自清的心里。每每遇到烦恼之事，妻子温润灿烂的笑容就是开在他心底里的一抹阳光。

后来朱自清经常回忆在台州浙江六师教书的那年冬天，"有一回我上街去，回来的时候，楼下厨房的大方窗开着，并排地挨着她们母子三个；三张脸都带着天真微笑地向着我。似乎台州空空的，只有我们四人；天地空空的，也只有我们四人"。"无论怎么冷，大风大雪，想到这些，我心上总是温暖的"。妻子营造的家庭氛围，让朱自清感觉到"外边虽老是冬天，家里却老是春天。"

朱自清和武钟谦的爱情，没有虚幻的风花雪月，没有浪漫的花前月下，有的只是如绵绵春雨般的点点滴滴，浸润着那个年代苦涩灰暗的庸常生活。

委曲求全无怨悔

武钟谦和朱自清结婚的第二年，朱自清的祖母病逝了，父亲朱鸿钧也被革职卸任了，家里的经济一下子拮据起来，甚至困顿到要靠典当家中物品来度日。朱鸿钧大半辈子做官，一下子丢了官，脾气变得异常暴躁，动不动就对家人大发雷霆，家里的氛围也因此变得紧张起来。武钟谦做姑娘时生性开朗，笑意常常写在脸上，朱自清也十分喜欢妻子活泼快乐的性格。妻子那张笑意盈盈、笑容明媚的脸庞，更是朱自清眼里的一抹阳光，能融化世间的所有烦恼。可满脑子封建思想的朱鸿钧却认为儿媳爱笑是缺乏礼数，不够庄重，有时甚至不讲道理地把近年来家境的败落也归罪到儿媳身上。每一听到儿媳的笑声，他便会冷嘲热讽，或者厉声训斥。

武钟谦自小接触的是传统礼教对家庭女性的苛刻要求，对公公的责骂自然只能是默默地承受着。为了不让丈夫烦忧，她也不能把这些烦心事告诉丈夫，只能将泪水深深埋在心底。这样的日子久了，武钟谦的性情变得忧郁起来，人也更加憔悴了。

那时，朱自清经常在外教书，武钟谦在扬州老家带着孩子生活。一次，他回到家里，看着妻子心情忧郁，日渐瘦削，不知道发生了什么事情。最为让他感到不解的是，妻子性情大变，再也不见她脸上的笑容。追问妻子，妻子却总是说没什么。时间长了，他终于知道了其中的内情。

朱自清心疼妻子，但是，身在外地，鞭长莫及，他几经努力，也无法让妻子脱离那个时时受到挑剔的家庭环境。妻子对丈夫什么也不说，依然是本本分分地孝敬公婆，温存地体贴丈夫，细心地抚养着孩子。后来，她不仅自己不再爱笑了，而且也听不得别人的笑声。她甚至感到别人的笑声也是刺耳的。朱自清虽然时常开导，但也无济于事。数年后，朱自清以感同身受的笔触，写了一篇小说《笑的历史》，就是以妻子这段生活为原型的。作品通过一个少妇的凄婉诉说，反映了在旧道德旧礼教重压下中国女性的痛苦遭遇，揭露了旧式家庭对一个青年女性的精神戕害，在《小说月报》发表后产生了十分强烈的社会效应。

后来，到浙江台州教书，他忍不住对妻儿的思念，将武钟谦和两个孩子接到了自己身边。那段不长的日子，对朱自清与武钟谦来说，都是幸福欢乐的时光。虽然每天的工作很繁重，甚至常常工作到深夜，但是朱自清却感觉十分快乐。朱自清早上出门上课，无论晴日还是风雨天气，武钟谦都会看着朱自清的身影渐渐消失在自己的视线外——那是妻子眼中看不够的背影。有时朱自清的好友来访，武钟谦就会亲手泡上一壶茶，让他们相对而谈；有时一家人坐在一起，即便什么都不做，也能感觉到简陋的寓所里氤氲着幸福的韵味。

痛彻心扉《给亡妇》

好日子总是短之又短。还没来得及享受更多的幸福生活，不幸的阴影渐渐逼近了这对苦命的夫妻。

1928年1月11日，武钟谦在北京生下第五个孩子，是个女儿，取名效武。不料这年年底，又生了第六个孩子，是个男孩。因身体本来就很虚弱，又过于劳累，她的肺病日益加剧。到了后来，她开始发烧，自己认为是疟疾，没有放在心上，生怕丈夫担心，她一直瞒着。实在累极了躺在床上，一听到丈夫的脚步声，她立刻强撑病体一骨碌从床上坐起来。时间久了，还是被朱自清发现了，立刻送她到医院检查，由于拖得太久，这时病情已十分危险，肺部已经烂了一个大窟窿。

医生让她静养，但她舍不得孩子，又怕花钱，索性回家疗养。到了10月间，眼见病情越来越严重，朱自清决定让她和孩子回老家扬州养病。在车站送行时，武钟谦忍不住哭了，她伤感地说："还不知能不能相见！"朱自清只能好言劝慰，依依惜别。谁知此去竟成永诀，回到扬州才仅仅一个月，1929年11月26日，才31岁的武钟谦满含不舍，抛下她深爱的丈夫和六个孩子，永远地离开了这个世界。

噩耗传到北平，朱自清痛不欲生。他彳亍在清华园里，茕茕孑立，形影相吊，感觉天空都是昏暗一片。极度的痛苦使他陷入了精神崩溃的边缘，久久难以平复。他住进了医院，直到出院之后，他才回到了扬州奔丧。

一晃到了来年的清明节。朱自清来到西郊，想起去年和妻子带着孩子们共游万牲园的情景，情动于中，不能自已。回到家里，他赋诗《悼亡》，抒发着难以遣怀的哀情：

名园去岁共春游，儿女酣嬉兴不休。

饲象弄猴劳往复，寻芳选胜与勾留。

今年身已成孤客，千里魂应忆旧俦。

三尺新坟何处是？西郊车马似川流。

世事纷拿新旧历，兹辰设悦忆年年。

浮生卅载忧销骨，幽室千秋梦化烟。

松槚春阴风里重，狐狸日暮陇头眠。

遥怜一昨清明节，稚子随人展暮田。

1932年8月，朱自清与陈竹隐结婚。在新婚两个多月后的一个秋夜，飒飒秋风吹打着窗棂，朱自清又一次想起了早逝的发妻，一桩桩往事，如同潮水一般向他涌来。他再也控制不住心中的情绪，铺开稿纸，奋笔疾书：

谦，日子真快，一眨眼你已经死了三个年头了。这三年里世事不知变化了多少回，但你未必注意这些个，我知道。

文章是用书信体写的，伴随着深情的倾诉，妻子对孩子的倾心付出，对自己的倾情体贴，对家庭的忍辱负重，一件件，一桩桩，痛彻心扉，感人肺腑。

文章中并没有一句爱情的海誓山盟，也没有约定来世再结为夫妻的感人契约，就如话家常一般，向另一个世界里的妻子絮叨每一个孩子的过去和现在，回忆昔日两人度过的光阴里的点点滴滴。文章中几次三番地深情呼唤着妻子的名字，诉说着"在我们十二年的婚姻中，孩子和我平分了你的世界。""这十二年里你为我吃的苦真不少，可是没有过上几天好日子。无论日子怎么坏，无论是离还是合，你从来没有对我发过脾气，连一句怨言也没有——别说怨我，就是怨命也没有过。""你在我家受了许多气，又因为我家的缘故受你家里的气，你都忍着。这全为的是我，我知道。""你将我的责任一股脑儿担负了去，压死了你，我如何对得起你。"轻声细语中蕴含着浓郁的情感，一层压着一层，一个字比一个字更加沉重，令人感到一字一泪，不忍卒读。

正如他的《背影》一般，这篇充满着至情至性的平实的文字，不知道感动了多少人，近百年来无数人为之暗暗落泪。

在民国年代的文人学者中，很少有像朱自清这般对结发妻子这样感情真挚的。在他一生的文章里，《择偶记》《儿女》《笑的历史》《冬天》《荷塘月色》《残信》，他一次又一次地用淡淡的语句，表达着与结发妻子"相从十余载，耿耿一心存"的不渝深情。

爱如荷风　情如潭水

——朱自清与陈竹隐

陈竹隐（1903—1990），四川成都人。先后就读于四川省立第一女子师范学校和北平艺术学院。为齐白石、溥西园的弟子，工书画，善度曲。1932年8月，与朱自清在上海结婚。婚后育有二子一女（见附录简介）。朱自清病逝后，进入清华大学图书馆工作。新中国成立后，曾任北京市第四、五、六届政协委员，北京市第六届妇联委员及清华大学工会副主席。1990年6月19日，在北京病逝。

朱自清病逝那年，妻子陈竹隐只有45岁。一个丈夫生前用过的小箱子，被她一直悉心珍藏着，从没有在子女们面前开启过。那保存完好的75封书信，是在她辞世七年后，她的子女们在搬家时意外发现的。75封书信，其中71封是朱自清恋爱期间写给陈竹隐的，另外4封则是婚后写的。在已经泛黄的信纸上，是满纸满篇爱的絮语，是一生一世情的歌吟。这些爱情书简，可谓是朱自清与陈竹隐之间思绪绵绵、情深意浓的"两地书"。

大陆春饭庄的初见

朱自清认识陈竹隐是在1930年初秋，正是他的日子过得一团乱麻、混乱不堪的时候。那时，他的结发妻子武钟谦已经病逝将近一年，给他留下了六个嗷嗷待哺的孩子，最大的长子朱迈先才满十二岁，最小的六儿年仅两岁多一点。既要教书养家糊口，又要操心一群幼稚的子女，真是顾此失彼，难以招架。身边几位同事和朋友看着他的日子太过艰难，都劝他再续妻室，却每每被他拒绝。他无法放下对亡妻武钟谦的那份深沉的思念。十几年来，武钟谦的温暖体贴，温婉贤良，让朱自清感受到浓浓的深情，难以忘怀。

那时，清华大学外语系主任叶公超与朱自清趣味相投，交往密切。他一直为朱自清操心着，想替挚友寻找一个合适的伴侣。一次，叶公超见到陈竹隐的老师溥西园，溥西园谈到自己的女弟子陈竹隐。说陈竹隐工笔画很有天分，昆曲也唱得很好，是个女才子。只是父母早亡，孤身一人在北平读书，年纪已经二十六七了，一直没遇上合适的人，真是让人操心。叶公超听到此处，立即想到自己的挚友朱自清。这两人，一个才子，一个才女，若促成两人姻缘，岂不是一件大好事！

1930年8月的一天，两位热心的牵线人——叶公超和溥西园在西单大陆春饭庄设了一个宴会，席间除了叶、溥两位外，有陈竹隐和她的几位女同学，有朱自清和他的同事浦江清。

陈竹隐后来回忆说：

那天佩弦穿一件米黄色绸大褂。他身材不高，白白的脸上戴着一副眼镜，显得挺文雅正气，但脚上却穿着一双老式的"双梁鞋"，又显得有些土气。席间我们很少讲话。回到宿舍，我的同学廖书筠就笑着说：

"哎呀，穿一双'双梁鞋'，土气得很，要我才不要呢！"

陈竹隐在婚姻上却有与众不同的见解。她认为，在那样一个纷乱的社会，一个女子要想保持住自己的人格尊严，建立一个和睦幸福的家庭并不容易。她并不仰慕俊美的外表、华丽的服饰，更不追求金钱和生活的享受，她要选择的是一个朴实、正派、可靠的人。为此，她曾经坚决拒绝过一个气味不投而家境很富有的男士的追求。

其实，早在见到朱自清之前，陈竹隐已为他的才华所折服。她读过朱自清的一些文学作品，"他的诗歌与散文所表现的深沉细腻的感情，所描绘的一幅幅恬静、色彩柔和的画面，以及那甜美的语言，都使我很受感动，我很敬佩他"。于是，她决意与他交往下去。

初次见面，陈竹隐也给朱自清留下了别样的深刻印象。白皙的面庞，浓浓的短发，落落大方的谈吐，温文尔雅的气质，似一株新荷般清新脱俗，与逝去的前妻明显不同，带给朱自清完全不同的心理感受。

陈竹隐出生于四川成都一个已经败落的书香之家，家中兄弟姐妹12个，陈竹隐排行最小。16岁那年，母亲和父亲不幸相继病逝。失去双亲的庇护，使少年陈竹隐早早就明白了今后的道路只能靠自己去打拼的人生道理。因此，她走出家门，考入四川省第一女子师范学校。女师毕业后，她考入青岛电话局做接线生。工作了一年多，觉得自己读书不够，又考入北平艺术学院。在艺术学院，她师从齐白石、萧子泉、寿石公等先生，专攻工笔画，同时兼学哲学、美术史、古文、昆曲等课程。在艺术学院学习了四年，1929年毕业，到北平第二救济院工作。因不满院长克扣孤儿口粮，辞职做家庭教师，继续在溥西园门下学昆曲。

第一次见面不久，朱自清与陈竹隐交往逐渐密切起来。那时，陈竹隐住在中南海，朱自清经常从清华园进城来看她。他们与一般的恋人一样，共同游览瀛台、居仁堂、怀仁堂；有时一起在波光潋滟的中南海边漫步，有时还一起去钓鱼。有时，朱自清把自己写的文章读给陈竹隐听，征求她的意见。在交往之中，陈竹隐感到朱自清待人很诚恳，实实在在地关心着自己。

当陈竹隐知道朱自清在扬州老家还有六个孩子的时候，内心里产生过矛盾和斗争。那时的陈竹隐还是一个没有经历过婚姻生活的姑娘，一下子要成为六个孩子的继母，真是感到不知所措，心理上也很苦恼。这时，陈竹隐对朱自清的感情已经很深了，她转而又想，像朱自清这样一个专门做学问又很有才华的人，自己应该在生活上帮助他。一想到那六个失去母爱的孩子，善良的陈竹隐觉得，他们已经是多么的不幸而又可怜了，自己又怎么能嫌弃他们呢！在两人相处一个多月之后，他们就正式订婚了。

情深意浓的"两地书"

文人的恋爱生活毕竟有与众不同之处。朱自清写给陈竹隐的75封情书，可以说也极尽了民国时代的风雅与浪漫，成为一段文坛佳话。

在写给陈竹隐的第一封信里，朱自清称陈竹隐为"竹隐女士"，落款为"朱自清"；一周后的第二封信里，他称她为"竹隐弟"，落款成了"自清"；在他们的第五封信里，先前的"竹隐弟"已变为更亲切的"隐弟"，"自清"只余一个"清"字……

再以后，朱自清在情书里，对陈竹隐的称呼不断变来变去：

隐：一见你的眼睛，我便清醒起来，我更喜欢看你那晕红的双腮，黄昏时的霞彩似的……

亲爱的宝妹：我生平没有尝过这种滋味，很害怕真的会整个儿变成你的俘虏呢。……

由最初的"女士"到"亲爱的宝妹"再到"隐妹"，他们的爱情，也由最初的朦胧的情感渐渐升华为生生世世、海枯石烂的坚贞爱情。

书信成了促进他们情感升温的催化剂。在信中，作为文学家的朱自清一遍又一遍地用真情表达着越来越浓的爱意和思念。

在1931年5月25日的信中，朱自清写道：

近来每天醒得早，一半是天亮得早，一半是想——想谁？你猜猜看！柳永的词说，"一日不思量，也攒眉千度"，现在觉得这话真有意味。前天有人说，从爱到订婚，订婚到结婚，总该有相当的距离，才有深长的意思。这个深长的意思大概就是"想"，是"思量"吧。想也有种种不同。——你说你不会想，是不是？——一个人有想的自由，我也有我的；但是不敢告诉你，告诉你会挨骂的。

在1931年7月2日的信中，朱自清写道：

今早起来，因倦懒得起来，模模糊糊地直想着你，直想到非非的境界。我这一年被你牵引得有些飘飘然；现在是一个多月了，不曾坐下看一行书。你，你这可恨的，你说这光景是苦不是甜；不错，但深一些说，这正是"别一番滋味在心头"哟。

1931年秋，按照清华大学的惯例，朱自清获得了公费出国游学的机会。启程那天，陈竹隐到车站送行，两人别情依依，难舍难分。

旅欧期间，朱自清与陈竹隐的通信更加频繁。

在1931年8月11日的信中，朱自清写道：

今晚是真正独自的一晚，昨晚虽也是独处，但因和人看房子，直到十一时才回，还不觉什么。今晚真觉到不同了。想起南海的夏夜，我的隐，我的亲亲的妹子，我怎样遣这绮怀呢？

真是诉不尽的相思之苦，道不尽的怀恋之情。

圣诞节前夕，眼见外国节日的热闹，心中涌起"每逢佳节倍思亲"的思绪。在12月21日的信中，朱自清这样对陈竹隐倾诉：

此间圣诞节情形，想写一篇小文，寄至国内，日内即想动手。此间过节，十分热闹，据说与美国不同；这是一个旧邦，人民对于旧俗自然更能体会些。但我们异邦作客的中国人，却有些眼红，一则人家虽在困难情形之中，比起我国，究竟要算太平天国；二则人家纷纷买礼物，预备吃喝玩儿，我们孤零零地在旁边瞧着，相形之下，你猜是什么滋味！再则要是一对儿在此也好些，偏又是一个人！再则要真是一个，索性也就罢了，偏又是两个人，分开在茫茫的大洋的两边的两个人！今天看你信上说北平那样萧瑟，想象中街上几乎要白日见鬼的样子，真是惆怅十二分。北平是我最爱的地方，现在又住着我那最爱的人；这样萧瑟下去，叫我怎么想哟！

1932年7月31日，朱自清乘意大利远洋客轮回到上海。当他登上码头，陈竹隐已经从北平赶来，急巴巴地等着他这位游子的归来。一年的相思之苦终于结束了，他们急切地筹划着举办婚礼的大事。两人都认为北京的婚俗太过守旧，结婚仪式上新娘子要坐花轿，披婚纱礼服，礼节繁琐，花费自然也不会小。上海作为国际大都市则显得更为开明，不讲俗套，更合两位沐浴过新文化思想的新人之意。

1932年8月4日，正是两人相识两周年之际，一场热闹喜庆的婚礼在上海杏花楼酒店举行。茅盾、叶圣陶、丰子恺等一些文坛挚友到场贺喜。简单的酒席之后，他们的婚礼就结束了。在旅馆里，他们度过了洞房花烛夜。

婚后第三天，他们一起前往享有"佛国仙山"美誉的浙江普陀山度起了蜜月。之后，夫妇一起回到朱自清的家乡扬州拜见了朱自清的父母，看望了朱自清的五个孩子，让他们痛心的是六儿在此不久前不幸夭折。朱自清是一个特别重感情的人，他专门带着陈竹隐到武钟谦的坟茔前去扫了墓。

陈竹隐后来追忆说："在扬州我还与佩弦一起到他前妻的坟上去扫坟。我感到佩弦的感情是那么深沉、那么炽烈。他是一个很富于感情的人。"

百折千回只忆君

"盼望着，盼望着，东风来了，春天的脚步近了。"就像朱自清在婚后不久创作的散文《春》中描述的醉人的春景，婚后的朱自清像沐浴着细细绵绵的春雨，家庭美满和顺，事业顺风顺水。他在文学创作上名篇频频问世，在学术上硕果累累，在清华大学中文系主任的位置上也做得风生水起，他的心情也像涨潮的春水一样，蓬勃着，高涨着。

婚后的陈竹隐在心理上与婚前的落差却极大。作为接受过高等教育的新女性，她也想拥有一份自己的事业。她本想就近在清华园里找份工作，但当时学校有个规定，教授家属一律不能在本校里做事。她又考虑到校外去工作，但所得的报酬还不够来回的应酬。这样，她只能做一个家庭主妇了。丢掉了手中的画笔，告别了心爱的昆曲，整天围着锅台转，围着几个孩子转，围着自己的丈夫转。这样的生活让她感到颇为烦恼。

婚后的生活一度让夫妻之间产生过一些大大小小的矛盾，可是最终，还是因为相互之间深深的挚爱，让他们互相理解，互相包容。最终，两人之间的爱情越来越深，夫妻之间的情谊也越来越重。

全面抗战爆发后，朱自清一家流落到了昆明。两年之后，为了节省开支，陈竹隐只得怀着不舍和牵挂，离别丈夫，带着孩子回到老家四川成都。

每逢假期，朱自清都要穿越千山万水回成都探亲。山一程，水一程，关山重重，隔不断炽烈绵长的情感。

正逢战乱年代，又与妻儿远隔千里，想到妻子为家庭的全心付出，想到妻子面对苦难生活的艰辛不易，朱自清常常心生愧疚。情深难以自已之时，他写下了一首《妇难为》：

> 妇罢翻成幼妇辞，却怜今日妇难为。
> 米盐价逐春潮涨，奴仆星争皎月奇。
> 长伺家公狙喜怒，剩看稚子色寒饥。
> 闲嗔薄怨犹论罪，安得诗人是女儿。

在成都的陈竹隐，也在时时思念着朱自清。多少个沉静的夜晚，孩子们睡熟了，她拿出朱自清刚刚南下时送给自己的一卷旧体诗作挂轴细细地品读着：

> 勒住群山一径分，乍行幽谷忽千云。
> 刚肠也学青峰样，百折千回只忆君。

无论辗转流离到哪里，这幅挂轴陈竹影都随身携带着。一看到它，她的心底里就涌起一缕暖暖的光焰。

1948年8月12日，朱自清英年早逝。陈竹隐顿感肝肠寸断，痛心难支。在丈夫的灵前，她一字一泣，一字一咽：

呜呼佩弦，中道惨殂，生者何堪，死者何苦。儿女天涯，散而难聚，稚子无知，依依索父。呜呼佩弦，相从迄今，一十七年，甘苦患难，历久弥坚。方期白首，共证前缘，如何撒手，永别人天。忆君平生，肝胆相照，忠恕廉直，热肠古道，哀哉斯人，天胡不吊，摧我琴瑟，丧我先导。值君之幼，奔走四方，及君既长，诸苦备尝。家道艰虞，锐身独当，尽瘁学术，竟以病殇。呜呼佩弦，秋风泱泱，愁思茫茫，楚些有恨，韭露无常，东南西北，魂兮何往，诚其可通，来格来尝。呜呼哀哉！尚飨！

陈竹隐撰写的挽联也让在场的每一个人难抑悲伤，痛心落泪：

十七年患难夫妻，何期中道崩颓，撒手人寰成永诀；
八九岁可怜儿女，岂意髫龄失怙，伤心今日恨长流。

后来的日子，柔弱的陈竹隐收拾起悲伤，显示了不同于一般女子的难得担当：

她开始整理朱自清的手稿，参与朱自清全集的编辑，让朱自清的遗作重见天日；

她一边工作，一边艰难抚育几个幼子（当时朱乔森15岁，朱思俞13岁，朱蓉隽还不满8岁），把他们一一培养成人；

在朱自清的长子朱迈先（与武钟谦所生）被冤杀、遗下妻子傅丽卿和两个幼儿，孤儿寡母生活无助时，陈竹隐当即决定，每月拿出工资的一半寄给远在广西南宁的傅丽卿，直到一年多之后，傅丽卿找到了工作时为止。

天长地久有时尽，此恨绵绵无绝期。朱自清与陈竹隐在一起相守的时光只不过短短的十七个年头。他们的爱，没有轰轰烈烈，没有浪漫传奇，如淡淡的荷风般清新，如碧透的潭水般纯净，谱写了一曲真情恒久远的爱之歌。

一文一理，双星闪耀
——朱自清与朱物华

朱物华（1902—1998），又名佩韦，生于扬州。著名无线电子学家，水声工程专家。早年毕业于上海交通大学和美国麻省理工学院、哈佛大学，获博士学位。1927年回国后，先后在中山大学、唐山交通大学、北京大学、昆明西南联合大学、上海交通大学任教。新中国成立后，历任上海交通大学教授、中国科学院学部委员（院士）、哈尔滨工业大学副校长、上海交通大学校长、国务院科学规划委员会委员、中国电子学会副理事长、九三学社中央委员等职。1998年3月12日，在上海逝世。

朱自清兄妹四人，朱自清居长，下面有朱物华、朱国华二个兄弟和妹妹朱玉华。四兄妹中，朱自清和二弟朱物华成就显著，声名显赫，都是闻名中外的学者和教授。在中国学术界和教育界，有"北有朱自清，南有朱物华，一文一武，一南一北，双星闪耀"的说法。

朱物华比长兄朱自清小三岁多，与长兄一样，幼年他也曾在私塾读书，受到中国传统文化的启蒙和熏陶。14岁时他考入扬州江苏省立第八中学，喜欢物理、数学等自然科学，每次考试成绩总是名列前茅，是全校有名的理科高才生。1919年，他从省立八中毕业时，同时报考了南京高等师范学校和交通部上海工业专门学校（上海交通大学前身），同时被这两所高等学校录取。当时，他的父亲丢官闲居在家，家庭经济状况难以同时支撑四个孩子的上学费用，因而父亲让他就读免缴学杂费的南京高师，早点毕业挣钱养家。但他觉得自己的兴趣在理工科，想进理工科学校深造。在人生抉择的时刻，长兄朱自清的意见起了决定性作用，他认为兴趣是学习深造的推动力，况且考上上海工专也十分不易，表示自己愿意节缩开支，支持弟弟读理工科。哥哥表了态，父亲才松了口，朱物华才如愿以偿进入上海工专电气机械科就读，沿着自己的兴趣走上了"科学救国"的道路。哥哥在关键时刻对自己的支持，让朱物华一生铭记。

在朱物华升入大学二年级时，朱自清已从北京大学毕业，开始从事教育工作。此后在国内和国外的读书生涯，朱物华不仅从父亲那里得到经济支持，而且也得到哥哥朱自清的大力资助。

1923年8月，朱物华以第一名的优异成绩考取了清华学校"庚子赔款"留美公费生，进入麻省理工学院电机系攻读硕士研究生，以"水银整流器的电耗计算"作为研究课题，仅用一年时间就获得了硕士学位，当年又考入哈佛大学研究院深造。1926年6月，他以论文《滤波器的瞬流》获得哈佛大学博士学位。这个研究课题是当时电子学科领域有待解决的重要课题，也是电子学科领域中的重大突破。该论文曾在1928年日本东京万国会上宣读，引起美国、日本科技界的重视。其后，他赴欧洲进行了为时一年的考察和访问，先后参观了英国、比利时、法国、瑞士、意大利、奥地利、德国、匈牙利、捷克斯洛伐克等9个国家先进的实验室和工厂，大大开阔了学术眼界。在英国游历期间，朱物华专程到剑桥大学卡文迪许实验室学习离子、电子及离子辐射等理论，得到实验室主任欧内斯特·卢瑟福教授的悉心指导，这位1908年就获得诺贝尔化学奖的实验物理大师，当时刚刚出任英国皇家学会会长。欧美四年的深造和考察，使朱物华奠定了一生进行学术研究的坚实基础。

1927年8月，朱物华从伦敦取道法国马赛港乘邮轮回国，被时任国立中山大学教务主任的朱家骅聘为物理系教授。后来他又先后应聘唐山交通大学、北京大学教授。1933年在担任北京大学物理及无线电系教授时，他寓居在故宫后门的北沙滩，时任清华大学中文系主任的大哥朱自清从清华园进城办事，常在北沙滩小憩，兄弟俩谈诗论文，十分畅快。朱物华的妻子陶芹常做一些扬州小吃，以作佐酒之欢。晚年朱物华有《北大夜话》记曰：

昔自清华来北大，茜纱窗下论诗词。家乡小吃多欢喜，绿酒红茶夜话时。

那时，大哥朱自清子女众多，家累颇重，常常入不敷出。北平的冬天比老家扬州严寒得多，朱自清一件旧大衣穿了多年，已经难以御寒。朱物华的妻子陶芹见大哥无力置办新衣过冬，就主动为大哥购置了一件新皮袍。朱物华在《梦江口》一词中记载此事曰：

新皮袍，献给大哥穿。敝裘日久怜破旧，棉衣想买过冬天。羞涩阮囊钱！

"七七事变"爆发后，他随北京大学先后南迁长沙和昆明，在西南联合大学担任教授，与长兄朱自清一起，在战时极为困难的条件下，为国家和民族培养人才。

晚年朱物华曾经回忆与大哥朱自清在昆明一起教书和生活的片段：

1939年上半年，大哥朱自清和我在昆明西南联合大学文、理两学院教书。大哥住在昆明城西青云街一座大楼上，我寄寓在楼口厢房里。大哥好客，每逢课后或假日，常有客人来往。这些客人中有的我认识，如闻一多、李继侗、浦江清、潘光旦等教授；也有的不认识，只知道他们大多在西南联大、云大或昆明一些中等学校任教。这些客人都很健谈，客堂里宾主融洽，谈笑风生，从学术探讨到国内外形势，想到什么就谈什么，彼此肝胆相照，毫无拘束。客堂在高楼内室，距街道较远，不必有泄密的顾虑。我记得他们经常关心、讨论的问题，是呼吁"立即停止内战，共同抗日"，这充分反映了国难时期高级知识分子和全国人民共同的心声。

　　1939年下半年敌机袭昆明，9月间大哥全家移居北郊龙院村。上课时，大哥从乡间赶进城来，上好两三天课再回乡下。他进城后，和李继侗、邵循正两位教授同住一室。我有时去看他，那间房屋不大，是旧式建筑，光线较差，托我在房内多装两只电灯。屋内陈设简陋，都是从学校搬来的旧家具。若逢雨天，他那件从乡下披着赶进城来的旧毡衣就挂在房外狭弄堂的壁上。每到吃饭时，他就到食堂随便买点饭菜，吃了仍回室内继续工作。看样子生活够艰苦了，但他毫不介意，还是翻阅典籍，专心备课，工作认真，一丝不苟，有时还抽暇写点文章。我想，古书上说"富贵不能淫，贫贱不能移"这两句话用来描绘大哥，是再恰当不过了！

　　抗战胜利后，北京大学和上海交通大学两校都给朱物华寄来了聘书，朱物华犹豫不决该作何选择，于是与大哥朱自清商议。朱自清建议弟弟就上海交大之聘，更利于照顾家庭。朱物华接受了大哥的建议。在离别昆明前往上海之际，大哥朱自清前来送行，两人依依惜别。朱物华在《昆明西南联大送别》一诗中追忆此事：

十里长亭桃李枝，停停走走怕分离。音容笑貌长相忆，两袖清风借债时。

诗中谈到家里借债和还债之事，是指父亲朱鸿钧当年为供应朱家四兄妹升学读书，累年积欠下债务大约有三千银圆之巨。父亲年迈无经济来源，朱自清和弟弟朱物华相约分担偿还。朱物华考虑到大哥朱自清子女众多，负担沉重，主动认偿六成债务，朱自清分担四成。历时十年，这笔债务才得以还清。

1948年8月，大哥朱自清英年早逝，朱物华极为悲恸。他与大哥手足情深，常常忆起大哥生前的点点滴滴。一次，他走进清华园，想起大哥在这里写成的散文名篇《荷塘月色》，触景生情，遂成《梦江口》一阕：

人不在，月色满荷塘。写下名篇人共读，书留人去向何方？空有泪成行。

有一段时间，朱物华思念大哥，常在梦中与大哥相会。陶芹感于丈夫对大哥的深情，作《忆秦娥》一阕：

长相忆，飞鸿一去留无计。留无计，白玉楼高，有书难寄。几度相思俱梦寐，黄尘隔绝心如碎。心如碎，重门空锁，不能相会。

可以告慰大哥的是，新中国成立后，朱物华与大哥一样，在事业上也取得了巨大的成功。1955年，他被遴选为中国科学院首批学部委员（即院士）；1956年，他参加了制订国家12年（1956—1967年）科学远景规划会议；1978年，他出席全国科学大会，被选为主席团成员。77岁高龄时，他被任命为上海交通大学校长，成为这所闻名中外的高等学府的掌门人。作为我国电子领域水声学科的奠基人之一和高等教育的领军人物，朱物华先后当选为第三届全国人民代表大会代表，第二届、第三届、第五届、第六届全国政协委员，在科技界、教育界享有崇高威望。

朱物华在中国高等教育领域辛勤耕耘了70余年，一生为国家培养了大批人才，他的学生如江泽民、杨振宁、朱光亚、邓稼先、马大猷、严恺、刘恢先、张维等，都是国内外知名的专家、学者和国家的栋梁之才。

1998年朱物华在上海逝世后，时任中共中央总书记江泽民称其"为中国的教育事业，辛勤耕耘，几十年如一日，为科学事业的发展作出了卓越的贡献"。

父亲的牵挂和儿子的选择

——朱自清与朱迈先

朱迈先（1918—1951），朱自清长子，出生于江苏扬州。早年就读于北平崇德中学和江苏省立扬州中学，1936年加入中国共产党。1937年11月参加江都文化界救亡协会流动宣传团。后投身抗战，曾任国民政府后勤总署组训司秘书和广西桂北第八专署秘书等职。1949年12月代表桂北国民党军政人员向中共领导下的桂林市政府联络策动起义，获得成功。1950年12月在镇反运动中被捕。1951年11月被湖南新宁县法院错误地以"匪特"罪判处死刑。1984年，新宁县法院撤销原判，为其平反昭雪，恢复名誉。

　　20世纪50年代初，为巩固新生的共和国，疾风暴雨式的镇压反革命运动在全国各地全面铺开。1951年11月，由于"镇反"运动出现了扩大化，朱自清的长子朱迈先以"匪特"罪名被湖南新宁县法院错误地判处死刑并立即执行，年仅33岁。在他离世后，历经又一个33年漫长的春秋岁月，经过朱迈先遗孀傅丽卿多年奔走呼吁和泣血申诉，1984年，新宁县法院认真复查了该案，承认当年为错判，宣布为死者平反昭雪，恢复名誉。

18岁儿子的人生选择：秘密加入中国共产党

朱迈先出生时，朱自清实足年龄还不满20岁，正在北京大学读书。朱迈先乳名阿九、九儿，很受父亲朱自清的喜欢。在早年的散文《儿女》中，朱自清戏称这个头生子让他年纪轻轻就背上了"蜗牛壳"，还说"阿九是喜欢读书的孩子。他爱看《水浒》《西游记》《三侠五义》《小朋友》等，没有事便捧着书坐着或躺着看，只不喜欢《红楼梦》，说是没味儿。是的，《红楼梦》的味儿，一个10岁的孩子，哪里能领略呢？"心爱之态，跃然纸上。

初为人父的朱自清，先是在大学里读书，大学毕业后的头几年，又相继辗转于江浙几所学校任教，带着年轻的妻子武钟谦和几个年幼的孩子四处奔波。1925年8月，经大学老师胡适和大学同学俞平伯的推荐，朱自清只身前往北京清华学校新增设的大学部任教，将妻儿留在南方。后来，武钟谦带着两个最小的儿女去了北京，将朱迈先兄妹留在扬州祖父母身边。1929年11月，武钟谦病逝，这时朱迈先只有11岁。直到1933年，朱迈先才被父亲接到北平去念书，那时他已经是个15岁的小伙子了。在散文《给亡妇》中，朱自清曾这样提到自己的长子："迈儿长得结实极了，比我高一个头。"

父亲把朱迈先送进北平著名的崇德中学读书。朱迈先学业基础扎实，性格上也很活泼。后来成为著名电影表演艺术家的孙道临，曾经与朱迈先为中学同窗学友，他在一篇回忆文章《没有失去的记忆》中，用细腻的笔触，描绘了作为中学生的朱迈先的生动形象：

我们班有个同学叫朱迈先，是文学家朱自清的儿子，他文学修养的根底很厚。一天，汝梅老师讲宋词，就请朱迈先到讲台上为大家念一首苏东坡的作品。我清楚地记得那时的情景：朱迈先稳稳地走到黑板前，在上面写了苏东坡的《念奴娇》。他的粉笔在黑板上飞舞着，遒劲、有力，确有一种"惊涛拍岸，卷起千堆雪"的气势。当他缓缓地吟读着，讲着他的理解时，那宽厚的声音，深沉的眼神，使我心驰神往，进入了一个不寻常的境界。

就因为这一次活动，朱迈先几乎成了我崇拜的人物了。他比我大两岁，体胖，高大，蓬松的头发，粗重的双肩，浓密的胡茬……一次，他借给我一本尼采的《苏鲁支如是说》，扉页上有幅尼采的照片，我发现那浓眉下的眼睛，竟和他有些相像。只不过他的眼神不是那么冷峻，而是在深沉之外，又显得那么仁厚，有些怅惘。当时朱迈先负责编辑一个由学生自治会出版的大型刊物《崇德学生》，希望我写些稿件，就在他的鼓励下，我尝试着写了第一篇作品。

中学时代的朱迈先，除负责编辑《崇德学生》外，还经常向一些文学刊物投稿。那时，在一本由著名作家茅盾主编的颇有影响的报告文学集中，曾收录了朱迈先以"幸不留"的笔名撰写的《北平一日》的文章。朱迈先的另一位中学同学、后来成为著名剧作家的黄宗江在晚年的回忆中，称朱迈先是"我们之中最成熟、最先进的一个"，是"我们那一代走在前面的少年先锋"。

喜欢阅读《水浒传》《三侠五义》的朱迈先，少年时代就养成了一种侠义精神。目睹日寇从东北到华北步步紧逼的侵华野心，《何梅协定》和《秦土协定》中国民党政府对日寇的步步退让，"华北之大，已经安放不下一张平静的书桌"，他再也无法在校园里安心读书了。年仅17岁的朱迈先加入了"中华民族解放先锋队"，为维护中华民族的主权和领土完整，与千千万万热血青年走上街头游行示威。面对挥舞着大刀和水龙头的军警马队，他毫不畏惧，经受住了腥风血雨的考验，在著名的"一二·九"运动中，迅速成长为北平学界抗日爱国运动的积极分子。

当时，身为清华大学中文系主任的朱自清代表校方去"劝阻"参加游行的学生。但当朱自清目睹青年学生为了国家和民族不怕牺牲的感人场面时，情不自禁走进了游行队伍，和爱国学生们一起表达了一位知识分子的满腔义愤。在1935年12月16日当晚，他在日记中写下了自己的观感："最近两次游行，地方政府对爱国学生之手段，殊过残酷。"他的长女朱采芷因参加所谓非法游行被教会女中开除，朱自清没有对女儿说一句责备的话，而是悄悄地为她办理了转学手续。

在大时代的浪潮激荡之中，在许多像父亲这样的爱国知识分子影响下，早熟的朱迈先在政治上迅速成熟起来。1936年，由中共崇德中学地下党支部书记力易周介绍，还在读高中的朱迈先秘密加入了中国共产党，成为一名光荣的、忠诚的共产主义战士。

父子失去联系，父亲多方打听儿子的下落

1937年卢沟桥事变爆发后，中共北平地下党组织决定派一批党员南下开展工作，朱迈先奉命回到扬州老家。高中尚未毕业的他，就读于父亲曾经就读的母校省立扬州中学。在这里，他一面继续高中学业，一面从事救亡活动和党的工作。这年9月，中共长江局青委委员、扬州人祁式潜受命到扬州重建党组织，19岁的朱迈先被任命为中共扬州特支书记。他肩上的担子更重了。

1937年冬，沪宁线上的多个城市相继被日军占领，战争形势更加紧迫。卞璟（扬州人，原名卞胜年，在北平燕京大学读书期间曾参加

"一二·九"运动）、陈素（扬州人，原名陈德铭，1935年加入中国共产党，时任私立扬州中学历史教员）、江上青（扬州人，1929年在上海艺术大学文学系就读期间加入中国共产党，江泽民同志的叔父）等人与上海市文化界救亡协会取得联系，在郭沫若、夏衍等同志的支持下，成立了江都县文化界救亡协会流动宣传团（简称"江文团"），朱迈先参加了"江文团"。随着抗日形势的发展，"江文团"于11月22日从扬州出发，一路北上，辗转安徽多地，沿途慰劳抗日战士，进行抗日宣传，唤起民众投身抗日，并把目的地定为延安。

"江文团"成员大都是有较高知识水平的年轻人，他们爱国热情高涨，士气昂扬，进行了形式多样的宣传活动，如唱歌、演讲、写标语、画漫画、办壁报等，受到沿途百姓的热诚欢迎。他们还赶排了《我们的故乡》《放下你的鞭子》等剧目，朱迈先和陈素、江上青都当过主演。

1938年年初，"江文团"抵达安徽六安。六安当时是第五战区的政治中心，安徽省抗敌动员委员会、桂系部队第十一集团军和政治部都设在这里。在这里，陈素与中共长江局和安徽党组织接上了党的关系，建立了"江文团"中共地下党支部。当时全团团员已由在扬州刚出发时的18人，增加到30多人，其中中共党员只有陈素、江上青、朱迈先三人。

"江文团"在六安经过一段时间的休整，继续前往河南固始、商城，湖北麻城、浠水等地进行抗日宣传活动，全团逐渐扩大到40多人。他们向中共长江局提出去延安抗大学习的要求，时任长江局委员兼群众工作部部长的董必武对他们说："你们已有实际工作能力，不必再去延安学习了。目前广西部队需要政工人员，十一集团军三个师政治部都需要你们去工作。到这些师政治部去工作，可以发挥大作用，对抗战有益，希望你们服从分配，踊跃负起抗日民族统一战线的光荣任务。"

根据当时党提出的"到友军中去，到敌人后方去"的工作方针，经中共长江局批准，八路军驻武汉办事处把"江文团"的全部成员分配到国民党桂系部队三十一军三个师的政治部工作，"江文团"的集体活动就此结束。朱迈先任131师政治部中尉科员。

1938年，在昆明西南联合大学任教的朱自清，以为儿子朱迈先到了延安，后经多方打听，得知朱迈先没到延安，十分担心儿子的安全，他给一位汉口的朋友寄去十元，请朋友在汉口《大公报》上，登载寻找朱迈先的广告。儿子的下落，一直牵动着朱自清的心。

不久，桂系部队调往大后方广西，朱迈先随部队到达广西，先后在南宁、龙州驻防。1944年8月，朱迈先随所在的131师参加桂柳会战，朱迈先随部队驻防桂林。桂林失守后，朱迈先被派到新编19师工作，在师长蒋雄部下任政治科中校科长兼政工队长。抗战期间，朱迈先一直在国民党部队从事抗日宣传工作和统战工作。

蒋雄（1900—1951），原名蒋禄炎，湖南新宁县人，早年毕业于广西讲武堂，桂系著名抗日将领。1939年11月，他作为上校团长曾率桂军31军135师403团参加著名的昆仑关抗战，担任阻击任务，迟滞了日军的进攻，为昆仑关大捷赢得了宝贵的大反攻时间。1944年8月，蒋雄升任第46军19师少将师长，率部参加桂柳会战，凭借有利地形拼死抵抗，几经博杀，给日寇以极大杀伤。蒋雄十分欣赏朱迈先的宣传鼓动能力，对这位年轻的政工队长十分信任。在平时的密切交往中，蒋雄无形中受到了共产党员朱迈先的多方面影响。蒋雄对国民党政权越来越失望，曾经吩咐家人广散家财田产，济困扶穷。

1945年6月25日，朱自清参加全国文艺界抗敌协会昆明分会庆祝茅盾五十寿辰和创作活动25周年纪念会，在会上遇到时任广西日报社编辑的扬州老乡韩北屏，闲聊中韩告诉他一个听来的消息：去年的桂林战役与日寇打得十分惨烈，一个师的师长自杀，政治部主任被俘。朱自清听说儿子在一个师里的政治部工作，韩北屏带来的消息更增加了他的忧虑。他知道，战场上时时刻刻都有生命危险，儿子是生是死，让他忧心如焚。

抗战胜利后，朱迈先随蒋雄部队驻守海南岛三亚。当时朱迈先患了严重的肺病，被送进医院治疗。在医院住院期间，护士傅丽卿对朱迈先精心照料，无微不至，两个天涯漂泊的年轻人渐生情愫。傅丽卿是满族人，比朱迈先小三岁，出生在广州。她的祖父是清政府的一位武官，父亲为人正直、善良。她本人曾在广东国民大学附中教书，后到海军医院担任护士。

这时，从昆明西南联大复原回到北平清华园的朱自清，与失散了8年的长子朱迈先取得了联系。他接连给儿子寄去两封家书，倾诉了对儿子的深切思念，询问他是否有了女朋友，并嘱咐在条件许可时，尽快结束单身生活，成家立业。朱迈先将父亲写来的家书给傅丽卿看，并向她郑重提出求婚。傅丽卿这才知道了他的家庭背景，早对这位年轻军官有好感的她答应了他的请求。

1946年10月，他俩举行了简单的婚礼。那时正值国民党重开内战，物价飞涨，民不聊生。朱迈先每月只有90元的薪金，只够买两斤花生油，他们的日子捉襟见肘，十分艰难。朱迈先一心想尽快与家人团聚，却连到北平的路费都凑不起，他为难地对妻子说："同我结合，真是难为你了。要是别人按我目前的职位，做点生意捞两把是不成问题的，但我父亲是名教授，我又是他的长子，我不能往他脸上抹黑，不能玷污了清白家世的名声。"

1948年8月，父亲朱自清病逝。由于经济的拮据，朱迈先无力携妻带子千里迢迢去北平，只能独自一人奔丧。办完父亲的后事，他经姑父周翕庭介绍，到国民党后勤总署组训司任秘书，在南京工作了一段时间。1949年，由蒋雄介绍，朱迈先又去了蒋雄任专员的广西桂北第八专署担任秘书。

相隔三年，父子相继辞世，清名长留人间

由于有近十年在桂系军队中积累的人脉关系和奠定的群众基础，1949年12月，朱迈先奉命策动桂北军区司令周祖晃和广西省第八区（桂林）行政督察专员兼保安司令、新编13军37师师长蒋雄等军政人员，向中共领导的桂林市人民政府投诚起义，获得成功。周祖晃和蒋雄顺应潮流，弃暗投明，率部下七千多人接受了和平改编。是年底，朱迈先进入广西军政大学学习，1950年结业后，分配到桂林松坡中学任教。

1950年12月，"镇压反革命"运动开始不久，蒋雄以"反革命罪"被捕。长期在蒋雄部下工作并受到蒋雄提携的朱迈先随之也遭到逮捕。两人被押送到蒋雄的家乡湖南新宁县。朱迈先被捕后，一次，妻子傅丽卿到狱中去探监，朱迈先告诉妻子说："我和父亲一样，是爱国的，没有做过对不起党和人民的坏事，组织上会查清的，你放心。"

朱迈先被抓三个月后的一天，傅丽卿又到狱中去探望。这次，朱迈先无奈地告诉妻子说："我的问题，现在已搞得十分严重，有些事情也无法说清楚，看来是凶多吉少了。"朱迈先还劝妻子以后改嫁，不要因为自己的事耽误了妻子的青春。傅丽卿看着脚镣手铐加身的丈夫，强忍悲痛，安慰丈夫说："你是一个好人，政府会将你的问题弄清楚的。我等着你，三个孩子也需要你啊！"

1951年11月，新宁县法院以"匪特"罪判处朱迈先死刑并立即执行。这位红色特工的生命就永远定格在了33岁。

朱迈先遭遇不幸后，妻子傅丽卿始终坚信自己的丈夫没有做过对不起党和人民的事，是被冤枉的，因而一直为丈夫四处奔波伸冤。"文化大革命"中，傅丽卿被扣上"特嫌分子""反革命家属"的帽子，跟三个孩子吃尽了苦头，但她并没有灰心，发誓一定要为丈夫讨回公道。

20世纪70年代后期，党中央拨乱反正，纠正了大批冤假错案。年近花甲的傅丽卿又一次看到了希望，她多次向当时判处朱迈先死刑的新宁县法院申诉，并提供了自己长期以来搜集的大量材料和人证物证。法院经过认真复查，终于在1984年作出结论：1951年的判决书纯属错判，朱迈先属于起义人员，且起义后表现良好，撤销原判，恢复朱迈先名誉。

蒙冤33年的朱迈先，冤案终于得到昭雪。

后来，傅丽卿把朱迈先年轻时留下的珍贵照片，送往扬州"朱自清故居"，让朱迈先和他的父亲在九泉之下相聚。

与亲戚晚辈的忘年交
——朱自清与朱之彦

朱之彦（生卒年不详），四川成都人，是朱自清夫人陈竹隐姐姐（或妹妹）家的长子。大约比朱自清小二十岁。民国年间曾在成都市土地整理处供职，新中国成立后，长期在四川省粮食系统工作，1981年退休。

在亲戚晚辈中，朱之彦是与朱自清交往比较密切的一位。有学者统计，在朱自清日记中，关于朱之彦的记述至少有十几次；根据朱自清日记中所列的授信人名单，仅在1946年8月至1948年6月不到两年的时间里，朱自清给朱之彦写信就达九次之多。最后一次从北平寄往成都给朱之彦的信，是在1948年6月8日，距朱自清病逝仅仅只有两个月的时间。

晚年的朱之彦曾说过："先生（朱自清）对我的教育和关怀，不仅在他的晚辈亲戚中要算最多的，某些方面，甚至可以说不下于他的子女。"

签名赠书·赠送修面用具

1940年暑期，时任西南联大教授的朱自清又逢学校规定的"工作五年休一年"的长假，从昆明回到成都，与妻儿团圆。时在大足县工作的朱之彦，接到家信，得知姨夫回到成都的消息，特意请假两周，回成都看望。姨母与姨夫结婚已经八年了，但朱之彦一直没有见过姨夫。他早就知道姨夫是闻名全国的教授、作家，早就想拜见却一直苦于没有机会。这次姨夫要在成都休假一年，他觉得绝不能错过这次机会。他长途奔波四五百华里，回到成都不久，就急切地来到姨夫的寓所——成都东门外宋公桥报恩寺。

初次见面，印象自然是深刻的。朱之彦感到姨夫的寓所比较简陋，房共三间一厨，全系泥壁草顶，家具大都是向亲友借用的。室内几乎没有什么摆设装饰，只有卧室内悬挂的一幅小条幅异常醒目——那是姨夫游衡岳时寄给姨母的诗："勒住群山一迳分，乍行幽谷忽干云。刚肠也学青峰样，百折千回只忆君。"

朱自清关切地询问了朱之彦的工作生活情况，并一一问询到家庭各个成员的情况。临别之际，特意赠送《背影》一书，并在扉页上题写了感谢远道看望等大段的话语，几乎把页面都占满了。最后，在签名下又认真地钤上印章。朱之彦想，姨夫真是认真细致的文人学者啊。

朱自清一向待人诚恳，注重礼仪。虽然处在战时环境，又在盛夏酷暑时节，着装做不到十分讲究，但他仍然衬衣长裤，穿戴整齐。朱之彦当时家境十分困难，平时工作又很紧张繁重，因此养成了须发蓬松、不修边幅的习惯。第一次见面，朱自清让朱之彦坐下后，上上下下仔细打量了一番，发现朱之彦上衣有一颗纽扣未扣上，便很认真地给他指了一下。后来，姨母陈竹隐也曾提示他，年轻人应注意衣着整齐。可能是考虑到朱之彦既无太多闲暇时间，尤其是没有闲钱去理发修面，因此，在1945年暑假再度回成都时，朱自清特地给他这个晚辈买了一幅修面用具和十二张刀片。这个细节，让朱之彦晚年仍然记忆犹新。

频繁走动·亲近交往

亲戚越走动越亲。1941年，朱之彦的祖父和父亲在很短的几个月里不幸相继病逝，在成都的朱自清亲自前往，参加祭奠仪式。此后，两家的来往就更多更勤了。

后来，由于工作地点离家太远，照顾家里颇多不便，朱之彦辞去大足的工作回到成都，这样，他与姨夫朱自清见面的机会就更多了，对姨夫的了解也更加深入了。

有一天下午，朱之彦到姨夫家里，还未进屋，就听见有客人在高声谈论。走进屋里，姨夫给他们相互作了介绍，朱之彦才知道这位客人是郑沙梅先生。郑先生是四川广安人，早年毕业于北平大学艺术学院音乐系，当时是国立戏剧专科学校教授，也是著名民歌《康定情歌》的最早采集者之一。朱之彦听郑先生评论京剧和川剧的优劣，说川剧的场面是立体的，京剧的场面是平面的。郑先生随后又模拟京剧和川剧小生角色的姿势，说川剧的小生坐式比京剧更加大方优美。朱之彦未见姨夫朱自清表态，但从姨夫诚挚的笑容中，他觉得姨夫是赞同郑先生的看法的。最后，郑先生又说他得到了《红梅阁》原本，正在整理之中，很快就能完成，不久将在"悦来"剧场试演，届时请朱先生前去观赏。

果然，在大约一个月后，朱之彦听说姨夫应邀前往剧场观看了《红梅阁》的演出。那天演出，客中的首座是邓锡侯将军。邓将军早年就读于保定陆军军官学堂第一期，时任川康绥靖公署。他虽是武人，却雅好文事，曾定期于每星期日邀请成都本土和客寓成都的文人雅士在其百花潭别墅饮酒赋诗，成为当时西南地区颇为有名的雅集。朱自清在成都时，也常常应邀出席。不过，当时朱自清已经患十二指肠溃疡多年，不能饮酒，却乐于赋诗。除即席吟咏外，常就席间限韵与友好往来赓续。有一次，他与在座的成都光华大学教授萧公权就"十五咸"的几个窄韵字，一来一往，各赋七律竟达数十首，持续达两三个月之久。

在这几年里的所有来往诗稿，朱自清均以当时成都出版的《新新新闻》废报纸折叠装订成册，将诗稿贴于其上，共得厚厚三大册，约数百首，题曰《锦城鳞爪》。

品评旧诗·猜谜雅趣

朱之彦的祖父生前擅写旧体诗，尤长于七律。朱之彦收集了祖父的四十余首旧诗和楹联作品，工工整整抄写在纸上，请姨夫朱自清品评。朱自清读后题跋云："挽澜公诗意清新，亦不乏刻画句，联语尤工。"在谈论祖父旧体诗作时，朱之彦谈到自己偶尔也有一些旧诗词习作，朱自清就让朱之彦将这些习作抄给他看。朱自清阅后作了认真修改，还谈到自己读写旧诗的体会："读写旧诗，都应从古风学起，不受格律拘束，易于阐述思想。"朱自清也常将自己与友人的唱和诗稿给朱之彦看，朱之彦从中对作旧诗有了更多的理解和感悟。

1945年后，朱之彦任职于成都市土地整理处，工作业务不太忙，暇时较多，"每天下班，都必去报恩寺和先生闲谈"。那时朱之彦二十几岁，兴趣广泛，有一段时间，他迷上了猜谜语，几乎每晚都到一家名叫"颐园"的茶馆猜谜，平均每天晚上都能猜中七八张。猜中谜语可以获得笔墨、便笺等奖品，所以他乐此不疲。所获奖品除了自己使用之外，所余部分就分别送给自己读书的弟妹和两个小表弟朱乔森、朱思俞（朱自清的儿子）。

一次，朱之彦对姨夫说，他刚刚猜中的一个谜语很有点难度，谜面是"陈相之母"，打一《聊斋》人物，谜底是"庚娘"。因为《孟子·有为神农之言者许行》中有"陈良之徒陈相与其弟辛，负耒耜而自宋之滕"句，相弟既为"辛"，"相"则应为"庚"，相之母故应猜作"庚娘"。接着，朱之彦又说，还有一个谜语，自己没有猜中，是朋友猜中的，也很有趣。谜面是"蒐、狝"二字，打《孟子》中一个句子，谜底是："春秋，天子之事也。"因为《左传·隐公五年》中有"春蒐，夏苗，秋狝，冬狩，皆为农隙以讲事也"。出猎是中国古代最高统治者的一项重要活动，在春天出猎叫作"蒐"，在秋天出猎叫作"狝"。听了这些有历史文化内涵的谜语，朱自清颇为赞赏。后来，朱自清常要朱之彦与自己分享所猜谜语，并与经常来访的四川大学教授殷孟伦、武汉大学讲师程千帆两位先生共同欣赏。朱自清兴趣广泛，在成都还经常听竹琴、扬琴、相声、口技等，时常叫朱之彦陪同去听。

1946年秋，朱自清准备携家人离开成都，返回因抗战离别九年的北平清华园。他把在成都不必带走的一些书几乎全给了朱之彦，重要的有《十三经注疏》《昭明文选》和几部子书，以及章士钊的《游沪草》、冯友兰的《新理学》、易君左的《中兴集》和俞平伯所赠其祖俞陛云的《蜀輶诗记》、沈君默所赠的《季刚先生所为词》、余中英所赠的《缫经巢诗钞》等及朱自清与友人唱和手稿《锦城鳞爪》三册，共十余本。这些书十分珍贵，几乎每本书上皆有作者或赠者的亲笔题字。

寄赠贺礼·介绍工作

朱自清全家回到北平，与朱之彦仍有往来。1947年5月20日，因得到朱之彦两个弟弟即将举办婚礼的消息，朱自清因身体和经济多方面的原因，未能亲自到成都致贺，遂汇去法币20万元，并致信表达致贺之意。这是目前发现的两人唯一一封存世的书信，照录如下：

之彦侄鉴：

前得来信，得悉阖府安好，为慰！之俊、之咏两侄婚事即将举办，尤所欣慰！兹寄上国币贰拾万元，作为两侄添香之用，数目甚小，聊表微意而已。近清发胃疾甫愈，不能多写，即问 近好！

自清、竹隐 手启，廿日。

对这封信，需要做几点说明。一是南方人往往侄、甥不分，所以朱自清称朱之彦为"侄"。二是信中所说的"添香"应为"添箱"一词的笔误，这是民间常用的词汇，是指送一点钱款贺人结婚，客气地说成仅供新婚者买点儿衣物添加到箱柜中去。三是信中说国币二十万元"数目甚小"，不是谦辞，是事实。因为当时法币急剧贬值，购买力急剧下降。根据朱自清日记的记载，当时在北平照X光查胃病一次是"五万元"、买一个长桌"价十五万元"，可见，国币20万元确实是一个小数目。当时朱自清一家生活的拮据由此可见一斑。

作为学者的朱自清，一个常人认为最常见的缺点，就是从不愿因为个人私事而求人。1945年暑假，他的长女朱采芷从四川大学教育系毕业，一时找不到工作，无奈之下，朱自清的夫人陈竹隐竟然托朱之彦帮助介绍小学教师的岗位。朱之彦有点吃惊，问他的姨母："这样的事，为何不让姨夫去说？"陈竹隐说："你姨夫这个人，从不会因个人私事向别人开口的。"

可是，仅仅过了两年，让朱之彦没有想到的是，姨夫竟然主动为他的工作调动做了一次介绍推荐。那是1947年8月，四川省的人事发生了一些变动，朱之彦就将邓锡侯主川、省属机关易人、余中英长田粮处等消息在信中告诉了朱自清，在信中又说了近年来成都物价上涨、家庭生活有些艰难的情况。不久，朱自清给朱之彦回信说，他已经给余中英写了信，介绍朱之彦到田粮处去工作。从此，朱之彦弃"教"从"粮"，新中国成立后留用，在粮食系统工作了三十多年，一直到1981年退休。

朱之彦晚年一直不能忘怀姨夫朱自清对自己的关心、指导和照顾，在退休后专门写了《回忆朱自清先生》一文，翔实叙述了二人交往的细节。

第二辑

师　长

敬重而不亲近

——朱自清与鲁迅

鲁迅（1881—1936），原名周树人，字豫才，浙江绍兴人。中国现代伟大的思想家和文学家，新文学运动的奠基人。民国初年曾任南京临时政府和北京政府教育部部员、佥事等职，后兼在北京大学、北京女子师范大学、厦门大学、中山大学等高校授课。1918年发表中国现代文学史上第一篇白话小说《狂人日记》，奠定了新文学运动的基石。著有《呐喊》《坟》《热风》《彷徨》《野草》《朝花夕拾》《华盖集》《华盖集续编》《而已集》《三闲集》《二心集》《南腔北调集》《伪自由书》《准风月谈》《花边文学》《且介亭杂文》等文学著作和《中国小说史略》《汉文学史纲要》《唐宋传奇集》《小说旧闻钞》等学术著作。1936年10月19日，在上海病逝。

关于朱自清与鲁迅的关系，有学者这样评价：朱自清与鲁迅同是新文学阵营中的战友，但并不亲密。对社会的黑暗同仇敌忾，但并不联手。他是用平视而不是仰视的眼光打量鲁迅的，他们始终保持着一定的距离。

朱家是鲁迅的远亲

朱自清在《我是扬州人》中说："有些国语教科书里选得有我的文章，注解里或说我是浙江绍兴人；或说我是江苏江都人——就是扬州人。有人疑心江苏江都人是错了，特地老远的写信托人来问我，我说两个籍贯都不算错，但是若打官话，我得算是浙江绍兴人。"

朱自清的三弟朱国华说："我家原是绍兴人氏，母亲周姓，与鲁迅同族。周、朱两姓门户相当，常有联姻，均为当地大族，鲁迅的原配夫人朱安也是我家的远亲。"

在朱自清1936年9月26日的日记中，还有这样的记载："访鲁迅太太，借二十元，为吉人婚事也。"

可见，不仅从地缘上说，朱自清和鲁迅同属浙江绍兴人，而且熟到可以开口向朱安夫人借钱，显然朱家和周家应该算是不太远的远亲。有学者考证，朱安是朱自清的族姑。

朱、周两家有这样的渊源，我们可以推测，朱自清至少在扬州八中读书时，即应该知道在民国政府担任教育部官员的这位长辈亲戚。朱自清上大学期间，鲁迅已成为新文化运动的一员骁将，热爱新文学、崇尚新文学，却还未真正踏上新文学道路的青年朱自清，当然对鲁迅是十分钦慕的。不过，他在北京大学读书四年（其中含预科一年），听过鲁迅的同辈人周作人、胡适、沈尹默、沈兼士、章士钊、马叙伦等人的课，也听过鲁迅的好友钱玄同的课，但却没有听过鲁迅的课，因为那几年，鲁迅除了创作新文学作品和翻译外国文学作品外，业余时间仍在抄古碑，研究金石拓本，没有在大学兼课。

鲁迅撰文为朱自清打抱不平

朱自清和鲁迅没有直接见面之前，早在1922年，两人在文学上就有了交集。这年的1月，年仅24岁的朱自清，和鲁迅、周作人、沈雁冰、叶圣陶、许地山、王统照、冰心、庐隐等十七人一起，被著名的《小说月报》聘为"本刊特约文稿担任者"。

当时的朱自清在《时事新报·学灯》《晨报副刊》《小说月报》等报刊上发表了一些新诗、小说和译作，已经引起新文学阵营的注目。

文学研究会是新文学运动中成立最早、影响和贡献最大的文学社团之一，《小说月报》是文学研究会代用机关刊物，是新文学运动中第一个大型新文学刊物。能够和鲁迅、周作人等文坛大家同时列名，说明朱自清当时在文学界不仅是初露头角，而且已经得到相当一部分白话文作家的肯定了。

两年以后，作为新文学运动骁将的鲁迅还为朱自清等几位新文学诗人特意打抱不平过一回。事情的起因是，一个叫周灵均的作者，在北京星星文学社1925年12月8日出版的《文学周刊》第十七号上发表了一篇题为《删诗》的文章，很粗暴地把胡适的《尝试集》、郭沫若的《女神》、朱自清等人的《雪朝》以及许多新诗集给予了全盘否定，用词也非常极端，如"不佳""不是诗""未成熟的作品"等。鲁迅读到这篇文章后，专门写了一篇《"说不出"》的文章，尖锐批评了周灵均这种武断的作风，认为他是"提起一支屠城的笔，扫荡了文坛上一切野草"，还举了生活中生动的例子，说："看客在戏台下喝倒采，食客在膳堂里发标，伶人厨子，无嘴可开，只能怪自己没本领。但若看客开口一唱戏，食客动手一做菜，可就难说了。"犀利地批判了这种恶劣的批评倾向。

两人第一次会面：在一起吃了饭却没有直接交谈

据史料记载，朱自清和鲁迅直接见面只有三次，这在他们两人的日记或文章中均有记载。

第一次是朱自清在上海陪文学研究会一些会员请鲁迅吃饭。

1926年的酷暑七月，朱自清南下浙江上虞的白马湖度暑假，8月下旬准备返回清华。途经上海稍作停留，恰好遇到郑振铎、周建人在清闲别墅设宴迎接鲁迅，朱自清受邀作陪。据朱自清后来在《鲁迅先生会见记》一文中说："我很高兴能会见这位《呐喊》的作者。那是晚上，有两桌客。自己因为不大说话，便和叶圣陶先生等坐在下一桌；上一桌除鲁迅外，有郑振铎、沈雁冰（茅盾）、胡愈之、夏丏尊诸位先生。他们谈得很起劲，我们这桌也谈得很起劲——因此却没有听到鲁迅先生的谈话。"

朱自清还对初次见面的鲁迅有过一段专门的描述："那晚他穿一件白色纺绸长衫，平头，多日未剪，长而干，和常见的像片一样。脸方方的，似乎有点青，没有一些表情，大约是饱经人生的苦辛而归于冷静了吧。看了他的脸，好像重读一遍《〈呐喊〉序》。"

这次朱自清和鲁迅一个要北上，一个要南下，在上海相逢。当时鲁迅因接受厦门大学聘请将赴厦门任教，于8月26日从北京南下，29日到达上海。郑振铎闻讯，代表文学研究会于30日专场设宴欢迎。

鲁迅在当年8月30日的日记中记载："下午得郑振铎柬招饮……晚至消闲别墅夜饭，座中有刘大白、夏丏尊、陈望道、沈雁冰、郑振铎、胡愈之、朱自清、叶圣陶、王伯祥、周予同、章雪村、刘勋宇、刘叔琴及三弟。"于此可见，当时在沪的文学研究会骨干成员几乎都到场了。

聚会结束后的情况，鲁迅在日记中也有记载："夜大白、丏尊、望道、雪村来寓谈。"鲁迅当时住在孟渊旅社，日记中所说的"寓"即是指这里。

朱自清是个处处留心的人，多年之后，他还记忆着当时夏丏尊讲给他的一个小插曲。到了旅馆之后，鲁迅将白色的纺绸长衫脱下，随手摆在床上。夏丏尊觉得放的不是地方，便跟鲁迅说："这儿有衣钩，你可以把长衫挂起来。"鲁迅没有理会，过了一会，夏丏尊又对鲁迅说起，鲁迅却答道："长衫不一定要挂起来的。"朱自清知道，鲁迅与夏丏尊是浙江省立第一师范时候的老同事，夏丏尊"心肠最好，爱管别人的闲事"。事后，夏丏尊告诉朱自清，那是鲁迅的俏皮话，并不把自己看作是"长衫阶级"。夏丏尊还告诉朱自清，说鲁迅在浙江时，抽烟最多，差不多是烟不离口，晚上总要到深夜才睡。

关于这次宴会的背景，王伯祥在日记中也有这样一段记载："公宴鲁迅于消闲别墅，兼为佩弦饯行。佩弦昨由白马湖来，明后日将北行也。"也就是说，这次公宴包含有为鲁迅接风和为朱自清饯行的两层意思。在此前后，鲁迅的心情较为复杂。因为"三·一八"惨案之后，他因发表谴责文章，被北洋军阀政府列入黑名单，他只得东躲西藏，避难于山本医院、德国医院、法国医院等外国人办的医院，五月之后才回到家里。形势稍微宽松之后，鲁迅每天去中央公园和齐宗颐一起翻译《小约翰》，心态才渐渐充实下来。但显然在北京不易再待下去了。他在《朝花夕拾》的前言里说到那段生活时，用了"流离"一词，写作只能在"医院和木匠房"里。能和这么多文学研究会的朋友们聚餐于上海，对鲁迅来说，也算是一种难得的宽慰了。

这是朱自清成名后第一次和鲁迅见面。分手后，朱自清即和文学研究会的朋友们告别，乘车北上了。

朱自清两次邀请鲁迅演讲未果

朱自清与鲁迅的第二次和第三次见面，时间只相差三天，地点都在北平宫门口西三条鲁迅的宅所里，都是朱自清邀请鲁迅到清华大学演讲，结果可能是行程安排太紧张，鲁迅没有答应朱自清的邀请，让朱自清颇感遗憾。

1932年11月，鲁迅为探望生病的母亲，由上海回到北平。北平各高校争相邀请鲁迅演讲，当时朱自清已出任清华大学中文系主任，得知这一消息，亲自出马恳请。

据《鲁迅日记》11月24日记载："上午朱自清来，约赴清华讲演，即谢绝。"朱自清在11月24日的日记中写道："访鲁迅，请讲演，未允。"朱自清后来这样回忆他头次到西三条拜访鲁迅时的情景："他大约刚起床，在抽着水烟，谈了不多一会儿，我就走了。他只说有个书铺要他将近来文字集起来出版，叫《二心集》，问北平看到没有。我说好像卖起来有点不便似的。他说，这部书是卖了版权的。"两人谈话中所说的书铺是上海合众书店，出版的《二心集》包括鲁迅1930年至1931年的作品。该书1932年10月刚刚出版，鲁迅当然很关心在北平的销售情况。

鲁迅自己对《二心集》比较满意，曾经说过"我的文章，也许是《二心集》中比较锋利"（1935年4月23日致萧军、萧红信），所以对朱自清才有此一问，而朱自清的回答"卖起来有点不便似的"也似乎有弦外之音，《二心集》后来果然被国民政府查禁了。

在鲁迅离开北平的前一天下午，即11月27日，朱自清又专程从城外清华园赶来，再次邀请鲁迅到清华大学演讲。当天鲁迅正在师大演讲，朱安夫人说，大先生很快就会回来，让朱自清在家里等候一会儿。

朱自清在当天的日记中写道："下午访鲁迅，请讲演，未允。"《鲁迅日记》中也有记载："午后往师范大学讲演。往信远斋买蜜饯五种，共十一元五角。下午台静农来。朱自清来。"朱自清后来回忆道："一会儿，果然回来了，鲁迅先生在前，还有T先生和三四位青年。我问讲的是什么，他说随便讲讲；第二天看报才知道是《穿皮鞋的人与穿草鞋的人》（原题记不清了，大意如此）。他说没工夫给我们讲演了；我和他同T先生各谈了几句话，告辞。他送到门口，我问他几时再到北平来，他说不一定，也许明年春天。"这里的T先生是代指台静农。鲁迅此次到北平，对鲁迅执弟子礼的台静农一直伴随左右。

朱自清两次邀请鲁迅遭到碰壁，未免感到沮丧。他的学生吴组缃后来对此有更为具体的回忆："他拿着清华中国文学会的请函去的，但结果碰了钉子回来。朱先生满头汗，不住用手帕抹着，说：'他不肯来。大约他对清华印象不好，也许是抽不出时间。他在城里有好几处讲演，北大和师大。'停停又说：'只好这样罢，你们进城去听他讲罢。反正一样的。'"

从吴组缃对当时情景的回忆来看，朱自清是一个纯朴拘谨、不善言辞不善交际的文人学者。

当时客观的情况是，前两天鲁迅已经在北京大学二院和辅仁大学分别作了一场讲演，朱自清来的当天又在女子文理学院讲演了一场。后三天，27日又到师大露天讲演，28日在中国大学讲演结束后，鲁迅便南返上海。这就是鲁迅著名的"北平五讲"。如若朱自清的邀请成功，鲁迅的"北平五讲"就成为"北平六讲"了。

鲁迅对朱自清的真实态度如何，我们不好做主观的臆测。有人说，他对学院派的作家或学者可能没有好感，直到去世之前，他都还在用尖锐的文风，批判朱自清所在的京派文学圈。事实上可能也不尽然。还有这样一段史料可以佐证。1934年4月25日下午，北平"左联"创办的文学杂志社在北海公园五龙亭举行茶话会，包括京派作家在内的许多作家都收到了邀请，但最后到会的只有朱自清和郑振铎。事后，北平"左联"负责人之一的万谷川（即陆万美）将这一情况函告给鲁迅，鲁迅十分高兴，在复信中说：郑朱皆合作，甚好。当时，"左联"正在做团结进步作家的工作，朱自清应邀参与"左联"组织的活动，被鲁迅视为进步作家是无疑的。

追忆鲁迅，学习鲁迅

1936年10月19日鲁迅在上海逝世。第二天，朱自清在日记中有"昨日鲁迅先生逝世"的记录，并提到自己进城到西直门鲁迅家，参加了吊慰活动。24日，清华大学的中国文学会在同方部举行鲁迅追悼会，朱自清和闻一多在大会上做了演讲。

据赵俪生《鲁迅追悼会记》一文记载："朱先生说鲁迅先生近几年的著作看的不多，不便发什么议论，于是就只说了几点印象。最后朱先生提到一点，那就是《狂人日记》中提到的一句话'救救孩子'，这句话在鲁迅不是一句空话，而是终生实行着的一句实话。在他的一生中，他始终帮忙青年人，所以在死后青年人也哀悼他。"在这天的日记中，朱自清还写道："闻一多以鲁迅比韩愈。韩氏当时经解被歪曲，故文体改革实属必要。"

1936年11月1日天津《益世报》刊出"追悼鲁迅先生专页"，专页首篇就是署名"佩弦"（即朱自清）的《鲁迅先生会见记》。文章记录的即是1926年8月和1932年11月两人三次直接会见的经过。开篇即说"和鲁迅先生只见过三面，现在写这篇短文作纪念"。与当时一些作家学者撰写纪念鲁迅文章洋洋洒洒几万言相比，朱自清只写了这篇不到一千字的纪念短文。文中的措辞和描述，都显得十分节制，十分谨慎，绝不多一分或少一分。他是一个"很学术"的人，不喜欢或者说不习惯于借题发挥。

鲁迅逝世后不到一个月，11月16日，朱自清又特地进城看望朱安女士。他在日记中说，"进城拜访鲁迅夫人，承告以鲁迅一生所经之各种困难"。这次看望，他听朱安说了不少话，应该有亲戚之间慰问的意思在里面，可见朱自清是重视亲情的人。

1944年10月19日，朱自清出席西南联合大学学生举行的鲁迅逝世八周年晚会，并作演讲。在朱自清的日记中，有这样的记载："晚参加鲁迅研究会主办之讨论会，广田讲话甚多，余只说数语。"

终其一生，朱自清对鲁迅都是非常敬重的。他喜欢鲁迅的小说，认为《阿Q正传》《药》《祝福》等，是"百读不厌"的。朱自清为中学国文教师写的教学参考资料中写有一篇《鲁迅〈药〉指导大概》。文中说："正题旨是亲子之爱，副题旨是革命者的寂寞的悲哀。……这人血馒头的故事是本篇的主要故事。所以本篇用'药'作题目。这一个'药'字含着'药'（所谓药），'药'？'药'！三层意思。"可见他对鲁迅文章理解之深。

朱自清曾著有《标准与尺度》一书，其中有一篇《鲁迅先生的中国语文观》，综合引述了鲁迅对中国语文改革的看法。在这篇文章的开头，朱自清说："这里就鲁迅先生的文章中论到的中国语言文字的话，综合地加以说明，不参加自己意见。有些就抄他的原文，但是恕不一一加引号，也不注明出处。"这段"说明"表明朱自清对鲁迅的尊重，表明他是赞赏鲁迅的"语文观"的。

在朱自清去世前不到一年，1947年10月15日，朱自清在《燕京副刊》上发表了《鲁迅先生的杂感》一文，专门从文体上分析鲁迅的作品。这篇文章是因讨论"百读不厌"这一话题而引发的，朱自清认为，

"所谓'百读不厌',注重趣味与快感,不适用于我们的现代文学,可是现代作品里也有引人'百读不厌'的,那就是鲁迅先生的《阿Q正传》"。之所以《阿Q正传》"百读不厌",是引入了幽默,"这幽默是严肃的,不是油腔滑调的,更不只是为幽默而幽默"。在表明了这个意思后,朱自清才对鲁迅的杂感做出议论,他认为,鲁迅的杂感之所以百读不厌,因为是"理智的结晶",也就是诗。鲁迅的杂感不仅包括《热风》里的随感录,也包括《野草》里的散文诗,这种诗的结晶在《野草》里达到了高峰。鲁迅的杂感增加了现实性和尖锐性以后,"杂感"又变为"杂文"了,"狭巷短兵相接处,杀人如草不闻声"。朱自清特别指出,这个现象虽然使我们损失了一些诗,可是这是个更需要散文的时代。鲁迅就是用杂文"一面否定,一面希望,一面战斗着"。他决意向鲁迅学习,面向黑暗的现实,高举起锐利的投枪。从此他的文风大变,且从一个狷者成长为一个民主主义战士。

在几天后的10月19日,朱自清参加在清华大学大礼堂举行的鲁迅逝世十一周年纪念会,并做演讲,高度评价了鲁迅对中国文学的贡献。

不过,可能是有同情朱安悲剧身世的因素(朱安是朱自清的远房族姑),朱自清对鲁迅与许广平的书信合集《两地书》颇有微词。在1933年5月11日的日记中,他这样写道:

"读《两地书》竟觉无多意义……鲁骂人甚多,朱老夫子、朱山根(顾颉刚)、田千顷(陈万里)、白果皆被骂及;连伏老也不免被损了若干次,更有长虹亦挨骂,书中于革命军消息颇多述及。"

朱自清认为,在这本书里,鲁迅骂人甚广,且对象都是些不必要的人,所以毫无意义。他的这一看法仅见于日记,没有公开发表。

在鲁迅和朱自清生前,他们曾共同参加了中国最早的大型现代文学选集《中国新文学大系》的编选。该书由赵家璧主编,蔡元培撰写总序,共分十卷,1935—1936年由上海良友图书印刷公司出版。其中,鲁迅编选了《小说二集》，朱自清编选了《诗集》，他们分别就所选内容撰写了长篇导言。朱自清虽然应算作鲁迅的学生辈，但应该都划入新文学阵营里的战友。

在这里再补上一笔。1948年8月12日朱自清逝世后，8月30日，上海全国文协和清华同学会在花旗银行大楼联合举行了朱自清追悼会。鲁迅夫人许广平到场并致辞。

从越走越近到渐行渐远

——朱自清与周作人

周作人（1885—1967），原名櫆寿，浙江绍兴人。中国现代散文家、文学理论家、文学翻译家，新文化运动的代表人物之一。曾任北京大学、辅仁大学等高校教授。1939年1月被汪精卫"南京政府"聘为国立北京大学图书馆馆长，后应聘兼任北京大学文学院院长及"华北政务委员会"常务委员兼教育总署督办。1945年12月，在北平以汉奸罪被南京国民政府高等法院判处14年有期徒刑。新中国成立后，在北京从事翻译和写作。1967年5月6日在北京病逝。

有学者这样评说："周作人的散文在中国散文史上有承上启下之功——上承苏轼、李渔、袁枚等小品文，下泽俞平伯、废名、梁实秋乃至冰心、朱自清、沈从文、钱锺书、余光中、汪曾祺、余秋雨等人的审美情趣。"的确，作为中国现代新文化运动的精神先驱，周作人不仅在文学上，而且在思想上，影响了几代中国知识分子。由于周作人后来堕落为文化汉奸，所以这种影响，对朱自清来说又是复杂的，纠结的，充满矛盾的。

缘起"五四"：思想上的走近

　　朱自清最早见到周作人的时间，朱自清日记中没有记载。据推测，应该是在他就读于北京大学之时。因为朱自清在北大读书期间参加了新潮社，周作人作为北大教授也参加了新潮社，而且还担任过《新潮》杂志主编。新潮社成立不久，周作人发表了《人的文学》《平民文学》《新文学的要求》等几篇影响很大的文章，被青年学生奉为精神导师之一。当时新潮社的活动很频繁，他们应该是见过面的，而且周作人关于新文学的这几篇著名文章在青年学生中反响极大，朱自清可能也是读过的。

　　北大毕业后，朱自清在江浙一带度过了大约五年中学教师生涯。1921年，中国现代文学史上第一个纯文学团体文学研究会成立，朱自清是早期会员，周作人是发起人之一。周作人起草了《文学研究会宣言》，主张"为人生"的文学。后来周作人进一步把"文学表现人生"的观点变更为"文学表现自己"。在此期间，朱自清在新诗和散文创作中已小有成就，在他的创作中也已经透露出周作人对他的一些明显影响。在1924年发表的《文学之力》和1925年发表的《文学的一个界说》两篇文章中，他表达了与周作人相似的文学观（如"文学是用真实和美妙的话表现人生的"）。在具体的解说中，朱自清进而将关键词"表现人生"改为"表现自己"，可见青年作家朱自清在文学思想上是追随周作人的。

　　1925年1月，在春晖中学任教的朱自清写给俞平伯的信中说："《语丝》弟觉其太'小'，就是太俏皮了。全是这一路，未免单调，且每周一次，究竟不免懒了。只周二始终不懈。"朱自清身居江南白马湖畔，却关注着北京出版的《语丝》，在与友人私下的通信里，在随意的闲谈中，常常有对周作人文章的由衷褒扬。在此前后，俞平伯给周作人寄去了自己和朱自清合编的文艺集刊《我们的七月》和《我们的六月》，周作人应该读过刊载其中的朱自清的文章。

1925年，朱自清北上进入清华园任教。来到北京不久，他就约上好友俞平伯，一起前往八道湾拜会周作人。当年8月27日，周作人在日记中写道："上午冯文炳君来，赠山茶一盒；下午，平伯、佩弦来……"这可以说是朱自清在清华时期与周作人交往的开端。

俞平伯是周作人的"在文坛上露头角的得意门生"，朱自清最初与周作人的交往大多有俞平伯参与其中。

俞平伯在1927年1月21日写给周作人的信中说：

"佩弦因联帅兵至曹娥，想回去帮着家人们去预备箪食壶浆，遂匆匆出京。日本记者的盛意只好代他谢谢罢。他不久仍北返，或偕其夫人来。"

此前，周作人写信告诉俞平伯，有日本记者要采访朱自清或向朱自清约稿，请俞平伯向朱自清转告这件事。俞平伯在信中回复说，近来浙江遭遇兵乱，朱自清从北京赶回去安排家事去了，近几日赶不回来，只能谢绝那位日本记者了。

同年12月15日，周作人写信给俞平伯说："昨得绍原杭州来信，问及近状，我答以兴致如昔，引佩弦所说拍曲为证，想去事实不远。"

江绍原也是周作人的得意门生之一，此前任中山大学英文系主任，1927年"四·一二"大屠杀后离开广州，到杭州靠卖文度日。在杭州，他想念在北京大学读书时的老师周作人，于是致函周作人，并问及在北大读书时的好友俞平伯。周作人复信说，俞平伯像以往一样有雅兴，并引朱自清说的俞平伯拍曲为证。

1928年10月1日，周作人致函俞平伯说："说及佩弦，因想起一件事：前到西三条，家嫂属见佩弦时转告，便中到那边去坐坐，盖她亦颇想见本家的人也。我不常见到佩弦，请你去清华时代达一声为嘱。"信中周作人的家嫂朱安即鲁迅的原配夫人，是朱自清的同族姑母，因长期家居寂寞想和侄子谈谈天，这也是人之常情，因而请周作人转告，周作人又托俞平伯传达。

同年11月2日，周作人告知俞平伯："下礼拜三的晚间准在清华园住宿，请费神转告佩弦一声，为代办卧具是幸。"7日，周作人和钱玄同一起到清华园访友，当晚留宿在清华园，俞平伯和朱自清热情招待了他们。

就这样，思想上的接近，情趣上的相近，使朱自清和周作人日益亲近起来。

走近苦雨斋：敬重中的请益

在古都北京（1928年更名为北平），学生辈的朱自清跟先生辈的周作人，有了更多的交往。

周作人早在1923年就开始担任燕京大学中国文学系主任。他与朱自清交往过几年之后，越来越感到朱自清比一般的教授在学术上更加严谨，在教学上更加认真。后来有了一个机会，周作人便邀请朱自清到燕京大学兼任课程。

1928年11月21日，周作人写信给俞平伯说："尹默因时间不够，想把燕大的'诗'（二或三小时）让给人，本拟请你，但后来他说拟留给北大（将足下留给北平大学也），所以想请佩弦代他，望便中一问佩弦，以便转复，至于'宣誓就职'之期不知系在下月抑在下学期也。"当时，沈尹默在燕京大学教诗学课程，想找一个合适的人代他，周作人想请俞平伯，而沈尹默的意思是北平大学需要俞平伯，便想让朱自清来上这门课。

几天后，俞平伯两天里连写两信，11月24日的信中说："佩弦今日上午在燕大讲'歌谣之起源与发展'，彼大努力，大有不日成为歌谣专家，与常维钧、顾颉刚等齐名之势。"在次日的信中说："诵来书，燕京延佩弦一节，已为转达，并略致劝驾之意，他在清华今年本教'诗'，故兼课殊便耳。"前面信中提到朱自清在燕京大学作了一次关于歌谣课程的学术讲座，第二封信说的是，俞平伯接到周作人的信后，去敦请朱自清接受。后来，朱自清接受了周作人的邀请，到燕京大学讲"诗学"课程。

周作人知道近年来朱自清在清华大学讲授中国新文学课程，很受学生欢迎，因为这是国内大学里首次开设的新文学史论课程，在教育界影响也很大。于是周作人于1929年6月3日写信给俞平伯，托他向朱自清借阅在清华开的课程"中国新文学研究"的讲义："往清华去时，乞代向佩弦索取《新文学纲领》二三份来，虽然佩公说在改订，但有师大学生要求甚急，便请将未改订的给他们一看亦大可作参考，故望此次能带回几纸也。"

偶尔得到一些稀缺难见的书籍，周作人也不会忘记与朱自清分享。同年10月，他得到两本《清平山堂话本》。此话本原为明代嘉靖时洪楩所刊刻，后来在中国失传，但在日本内阁文库有收藏，当年北平古今小品书籍印行会找到此书照片影印，中国学者才得以再次目睹这部难得之书。周作人赠予俞平伯、朱自清两人各一本。由此可见，朱自清在他心中有很重的分量。

当然，作为后学，还是朱自清向周作人请教的时候更多。1928年，根据清华大学中文系的课程开设计划，朱自清将在下学期给本科学生开设歌谣课程。据朱自清的清华同事浦江清在当年9月1日的日记中记载："至佩弦处闲谈。佩弦方治歌谣学，向周作人处借得书数种在研读。"

为了讲好这门课程，朱自清多次到八道湾周作人寓所，借阅相关书籍认真研读，还在书信中探讨有关学术问题。

这门"歌谣"课程，于翌年在清华开课。在朱自清的歌谣讲稿中，大量引用了周作人的文章，如《歌谣》《儿歌之研究》《读童谣大观》《吕坤的演小儿语》《读各省童谣集》《猥亵的歌谣》《诗的效用》等，还采用了一些周作人的译文，如《不安的坟墓》、英伦儿歌"白者百合红蔷薇"等。在歌谣的分类中，也对周作人的观点多有借鉴。另外，在讲稿中所采用的中外之歌谣著作，如《古谣谚》《白雪遗音》《霓裳续谱》《越谚》《五杂俎》《孺子歌图》《北京歌唱》等，在周作人的文章里也多有涉及。在1933年3月9日的日记中，朱自清谈到阅读《白雪遗音续选》的感悟："这本书自有它的记载的价值，至所选的歌，大抵太粗疏幼稚；我现在还相信周岂明的话，民歌的生命唯在音乐而不在意义。"可见周作人的歌谣理论在许多方面对朱自清产生了影响。

一同见证"京派文学圈"的形成

20世纪30年代初，以周作人为首的苦雨斋文人坚守纯文学立场，创办了以大学师生为读者对象的《骆驼草》周刊（1930年5月创刊），这个杂志虽然只出版了26期，但在无意之中为京派文学储备了人才，提供了实践平台。朱自清在《骆驼草》上发表过一些文章，如《南行通信》《南行杂记》等，是该刊的一位重要作者。

1935年，上海良友图书公司筹划编辑出版《中国新文学大系》十卷本，聘请了10位声望颇高的学者和作家编选，其中"散文一集"编选者为周作人，"诗歌集"编选者为朱自清。在1935年7月22日的日记中，朱自清记述了向周作人求教编选新文学大系一事："下午进城，见周岂明，借新诗集甚多。询以散文一集之选编方法，并承答，谓搜集全部材料并选编，共费时一年。而在我则不可能有此余裕。又谓彼先主观确定十七八位作家，再从中选取作品，这却很有道理。看来我的计划也要加以改变。"周作人藏书丰富，朱自清经常到周作人处借书。为编好这部"诗歌集"，他一方面向周作人"借新诗集甚多"，一方面探讨编选方法，从周作人编选"散文一集"中得到启发，明晰了编选思路，加快了编选进度。

作为京派作家的重要一员，"京派"文学圈的形成，在朱自清的日记中也存留着一些珍贵的细节，其中有多处与周作人相关的记载。在1933年10月15日的日记中，他写道："早入城，与公超同访岂明先生。……岂明先生论文字学、修辞学作者大抵用旧法及日本系统（岛村抱月），无活泼有趣之研究法。"这里记的是朱自清与清华英文系教授叶公超到苦雨斋做客，互相交流学问的情景。

当天中午，"午宴客，到今甫、宗岱、振铎、中舒、孟实、健吾、季斌、石荪、二弟。晦闻、周岂明未来"。这位宴会邀请了朱自清老师辈的黄晦闻（黄节）和周作人两人，两人因故未来。来客中的孟实（朱光潜）、宗岱（梁宗岱）、健吾（李健吾）等，都是"京派文学圈"中特别活跃、起到重要联络作用的作家，他们一起出现在朱自清的宴客中，表明朱自清自然融入京派文学圈，成为京派文学的重要作家。

在10月31日的日记中，朱自清又记载了京派文学圈里一个特别的事件——李健吾结婚："下午入城，至李健吾处道喜，因岂明证婚，说明结婚之重要；余亦胡来几句，盖被推不得已也。"可见，"京派"同人们视年近五旬的周作人为德高望重的核心人物，一些重要场合非周作人到场不可。

在1935年9月5日的日记中，朱自清还记载了一件京派文学圈内，闻一多指责周作人的事。"赴杨（杨振声——引者注）之宴会。闻一多指责周作人之虚伪态度。他认为周急于出名，却又假装对社会漠不关心。闻称为'京派流氓'。诚然，周之人生态度确有某些矛盾之处，他不会做如其宣称之引退。不管怎样，他承认自己性格中的这些矛盾之处。一致性是颇难达到之完美典型。"

闻一多是原来新月派的成员，周作人在20世纪20年代与新月派有过矛盾。闻一多指责周作人一方面宣称要"闭户读书"，"避难到艺术的世界里去"，另一方面却不能完全忘怀现实世界，写了许多"察明同类之狂妄和愚昧，与思索个人的老死病苦"之类的小品文，认为周作人态度虚伪，甚至骂其为"京派流氓"。朱自清听了这样偏激的话很不舒服，他在日记中解释了周作人虽然性格中有矛盾之处，但对周作人充满着"同情之理解"。

此事当时没有公开发表，只是写在朱自清的日记中，可谓一个重要的历史细节。

周作人"下水"：巨大的精神打击

20世纪30年代初期到中期，朱自清把周作人视为尊敬的师长，在思想感情上比较契合，彼此交往也比较密切。甚至在写给陈竹隐的情书里，也多次提到周作人。有一次说在苦雨斋谈天太久，就在周家吃了饭，又有一次说本来准备去周家，因电车不通而作罢。1931年1月20日，正处在热恋中的朱自清在写给陈竹隐的信中说："你论饮酒，像个有经验的内行。我也是服膺岂明老人的，'一口一口地喝'，可以慢慢品出味儿；但有时候自然也须痛饮的。……"在情书中尚引用周作人的话，足可见朱自清对周作人那种由衷的敬意。

这种敬意在1937年7月全面抗战爆发后，随着周作人的附逆落水而画上了句号。

从此之后，在朱自清的所有文章乃至日记中，都再也没有出现过周作人的名字。即使在文章中讨论的问题涉及周作人，他也避免提及周作人的名字。唯一的一次例外，还是因为在文章中说到冯雪峰的文章《谈士节兼论周作人》，是因为冯雪峰文章的题目中有周作人的名字。

朱自清在文章和日记中刻意讳言周作人，但在私人之间的书信中，偶尔出现过周作人的影子——当然也是实在无法回避，不得不提。1943年，朱自清从昆明西南联大写信给滞留在北平的俞平伯，劝阻老友不要为日伪背景的杂志写稿，连续致函，对俞平伯的关切溢于言表。因为他知道，俞平伯是周作人少数几个得意门生之一，很担心他在民族大义面前受到老师周作人的负面影响。另有一封不太为人注意的信，写于1946年3月，是云南临沧本土作家彭桂萼搜集了许多民间文学的材料，来信请教关于小调和歌谣的编排方法。朱自清在回信说："……歌谣也可按内容分，分目可以参考周作人《自己的园地》歌谣一段中的分目，当然用不着提他的名字。分目不可太细，太细就无谓了。"

大敌当前，国家和民族的灾难与命运，成为每一个中国人时时关注的十分重大而迫切的问题。朱自清眼看着自己由衷尊敬的前辈周作人"下水"，自己却无能为力，这件事成为郁结在他心头永远无法祛除的巨大的痛。

感念与理解　欣赏与器重

——朱自清与胡适

胡适（1891—1962），安徽绩溪人。早年留学美国康奈尔大学和哥伦比亚大学，在思想和学术上深受美国实用主义哲学家杜威影响。率先倡导文学革命和白话文运动，是中国新文化运动启蒙者。曾任北京大学教授、校长，中华民国驻美国大使、联合国教科文组织世界人类科学文化史编辑委员会委员、台湾"中央研究院院长"等职，著有白话诗集《尝试集》和《中国哲学史大纲》等学术著作，在中国近现代思想史、文化史和学术史上具有深远影响。1962年2月24日在台北病逝。

　　朱自清是胡适在北京大学执教的第一届学生，也是胡适一生中最为欣赏的弟子之一。两人交往虽算不上十分频繁和密切，但都一直在心底里记念着对方。胡适曾为年轻的朱自清介绍工作，朱自清多次对胡适著作进行点评，显示出他们之间超越一般师生关系的非常友谊。

新文学道路上的追随·关键时刻的提携

1917年夏，时年19岁的朱自清从北京大学预科考入本科中国哲学门（系），几乎与此同时，这年9月，刚刚从美国回国不久的胡适，应蔡元培之邀，到北京大学担任文科教授，讲授中国哲学史并兼哲学研究所主任。那时的胡适，不仅是美国康奈尔大学、哥伦比亚大学的高才生，是美国著名实用主义哲学家杜威的得意门生，而且在国内已经发表了著名的《文学改良刍议》《诸子不出于王官论》等文章。他虽然只比朱自清年长7岁，却在思想界、文化界、教育界具有很大的影响。在北京大学，他亦十分活跃，支持蔡元培对北大的革新事业，还用白话文出版了《中国哲学史大纲》（上卷），成为国内很有影响的文化名流。

朱自清在北大就读哲学系一年级时，胡适给他们班讲授中国哲学和中国哲学史，第二学年，又给他们讲授西洋哲学史大纲。朱自清对这位学识渊博、引领时代风气之先的老师十分钦佩，在每一节课堂上，他都认真听讲，仔细记笔记，深入思考每一个问题，把有疑问的地方记下来。为了拓展自己的视野，他还在课外广泛阅读与哲学专业相关的书籍。有时，为了弄清楚一些疑难问题，他还专门写信向胡适先生求教，胡适也总是认真地一一作答。胡适发现，朱自清提出的许多问题都是一般学生尚未发现的问题，而且有些问题是他在课堂上未曾讲授过的。朱自清勤奋好学、勇于钻研、广泛阅读的精神，给初入教职的胡适留下了深刻的印象。

作为新文化运动的领袖，胡适倡导白话文写作，朱自清也积极响应。他加入了以胡适为顾问的新潮社，尝试创作新诗，并在《新潮》《北京大学学生生周刊》《晨报》《时事新报》等报刊上发表了一批新诗，成为新文化运动初期用语体创作新诗的拓荒者之一。另外，他也开始了早期的白话散文创作，发表了一批散文作品。可以说，在新诗和白话文创作方面，朱自清都是胡适的积极追随者之一。

朱自清从北京大学毕业后，胡适一直惦记着他这位性格朴实温厚、品行端正中和、学业成绩出色的学生。1921年10月，胡适在北京得悉，上海的中国公学闹起了风潮，朱自清等一些新到的新派教员受到旧派人员的攻击。他认定"旧人把持学校，攻击新人"是引起这次风潮的重要原因，在10月24日的日记中写道，朱自清"是很好的人"，并愤怒地表示："这种学校，这种学生，不如解散了为妙。"因为他深知朱自清的学问和人品，因而旗帜鲜明地站在朱自清等"新人"这一边。

朱自清初入职场，漂泊多地，大约五年的时间里，在江浙地区多所学校辗转流离，疲于奔命。当然，性格内向的朱自清不会主动向胡适提出工作方面的请求，但当1925年，胡适得知朱自清厌倦了数年来动荡不安的教学生涯而托俞平伯想另找一个比较安定的工作时，就立即介绍他到北京清华学校大学部任教。作为新文化运动的领袖，胡适一直想在大学里增设新文学习作这类的课程。他一直关注着朱自清，知道此时的朱自清已经用他的文学创作实绩展现了新文化运动的成果，因此他很乐于将朱自清这位新文学骁将引进大学里。对于朱自清来说，胡适这次介绍他到清华园任教，奠定了他一生人生道路和学术事业的方向，其意义是不可估量的。

正如朱自清在《那里走》一文中的一段表白：

我从前本是学哲学的，而同时舍不下文学。后来因为自己的科学根底太差，索性丢开了哲学，走向文学方面来。……胡适之先生在《我的歧路》里说，"哲学是我的职业，文学是我的娱乐"；我想套着他的调子说："国学是我的职业，文学是我的娱乐。"这便是现在我走着的路。

朱自清所理解的国学已不是传统意义上囿于经史子集的狭隘的"国学"概念，而是胡适所主张的国学研究既要用现代科学的方法研究古代典籍，又要把现代研究纳入其中，改变前辈国学家们崇古轻今的守旧之风。因此，朱自清进入清华园担任国文教授，除了古代文学的教学研究外，他还十分重视新文化运动以来新文学的研究和传播。

1928年，清华学校改为国立清华大学，罗家伦出任校长，杨振声担任文学院院长兼任中国文学系主任。罗、杨和朱自清一样，都是胡适的学生，他们在教育上的思想比较一致，合作起来非常融洽愉快。当时一般大学国文系的课程设置大多仍然是旧国学的"一统江山"，朱自清不仅直接参与了中文系教学计划的制订，而且提出了许多创见，成为计划中的主导意见，比如，认为中文系应树立"新方向"，除确定新旧文学的接流与中外文学的交流外，还应添设比较文学和新文学习作，中文系学生必修几种外文系的基本课程，外文系必修几种中文系的基本课程，做到中外文学的交互修习。

为了贯彻执行这个具有创新性的教学计划，朱自清在1928年度第二学期，亲自开设中国新文学研究课，并在教学过程中开创性地编写了《中国新文学研究纲要》讲义。在这部讲义中，朱自清对新文化运动以来的新文学创作做了比较系统的总结，对当时的新文学作家和新文学现象进行了比较准确的分析研究，尤其是对胡适在"五四"时期发表的一系列重要文章和译作，做了分门别类的研究，一一进行列举和说明，由此可见胡适新文学思想和作品在他心目中的巨大价值。

20世纪30年代是朱自清与胡适来往比较频繁的时期。凡是胡适到清华做学术报告，或为毕业生做演讲，或胡适应邀参加清华考试委员会会议，朱自清几乎每次都参与其中，悉心聆听，唯恐失去就教的机会。

在朱自清的日记中，这一时期有多次关于胡适言行方面的记录。

1934年7月24日　日记记载：

参加C.C.吴的晚宴，胡适博士及S.Y任夫妇在座。胡与任夫人都很健谈。

11月17日　日记记载：

参加在励志社举行的晚宴会，东道主是五位将军。胡适也到场，谈到了在军队内建立考核和晋升委员会之事。……胡指出在军队里建立考核和晋升制度的必要性，并引证丁文江对中国军事教育的批评，提出两点事实：一是中国的将军不会看地图，另一点是中国军事大学里上的课都是从外国翻译过来的。说二十年前的洋学堂里，普遍有外国教师和翻译，但近年情况发生了很大变化。现在学校里的外国教师不多了，而学生们却能听懂他们的讲课，只有军事教育是例外。何应钦将军致答词时不大同意胡适先生的看法，使晚餐会的东道主颇为尴尬。

11月23日　日记记载：

胡先生作《日本法隆寺与正仓院所藏唐代文物》的演讲。内容颇丰富，但他不善于表达。冯友兰和叶企荪两位先生也来听课。我想他们会感到失望的。

1936年5月14日　日记记载：

访胡适博士。他表示不喜欢现代诗歌，并告诉我他的新文选只收入一百五十至二百首诗。他希望那文选也如齐的文选一样代表其个性。他说已将齐的文选分送副本给朱大微、夏敬观、徐仲珂。朱不能同意它，但认为是本好书。夏与徐也都赞扬此书。

胡适也时时关注着朱自清在新文学创作中取得的成就，并不忘在一些重要时机予以提携。1937年4月，胡适与杨振声为了把在北平的文艺工作者聚集在一起，决定筹办《文学杂志》，由朱光潜担任主编，朱自清是"八人编委会"委员之一，其他几位如沈从文、俞平伯、林徽因等也都是胡适所信任和器重的新文学作家。胡适对朱自清的关心，甚至涉及家庭事务。1937年4月20日，朱自清在日记中记载，当时朱自清的二弟朱物华得了重病，胡适亲自出面，与自己的好友、协和医院院长刘瑞恒商谈住院事宜，不厌其烦，终于使朱物华顺利住进当时国内医疗条件一流的协和医院。

学生的全面评价·老师的深以为然

有学者进行过统计，在《朱自清文集》中，至少有29篇文章直接谈到胡适的言行。其中，有的是专题评论，有的是穿插于论述之中，至于胡适的名字在朱自清文章中重复出现的次数，更是不胜枚举。在朱自清所写的有关文学革命或新文化运动的评述文章中，几乎每篇都要谈到胡适。可以说，朱自清是早期胡适研究的最重要学者之一。

可以说，朱自清是胡适一生的学术知音。无论是在胡适作为新文化运动领袖的早期，还是在20世纪三四十年代胡适遭到左翼文化界围攻和批判、被视为文化落伍者的时期，朱自清一直秉承着一名严谨的学者态度，对社会上一些曲解或攻击胡适思想的偏颇言论进行了辩解，处处维护着胡适的学术思想和学术地位。最为突出的是在20世纪40年代初，他利用四川教育科学馆组织出版《国文教学丛刊》的机会，编撰了两本胡适著作和作品导读本《胡适〈谈新诗〉指导大概》和《〈胡适文选〉指导大概》。针对当时文化界对胡适的非议，朱自清毫不回避地说："这些年很有些人攻击胡先生的思想，青年学生以耳代目，便不大去读他的书，这不算'一个不受人惑的人'。""青年学生若不读胡先生的书，也不配反对他的思想。况且就是反对他的思想，他的文字，也还值得学的。"他唯恐青年学生不去认真读胡适的书，人云亦云地跟风，造成对胡适思想的误解，因而，他在导读本中从胡适的学术思想、治学方法和学术地位等方面进行了系统的全面的深入浅出的阐述。

针对有人认为，胡适倡导整理国故是有意识引导青年人走脱离现实、不问政治的道路的观点，朱自清明确指出，在新文化运动中，"胡先生的大成功就在他的破坏的工作达到了那解放的目的"，"可是他的最大的建设工作还在整理国故上"。他认为，这是胡适"对于旧有的学术思想给了一道新的光"，是胡适"对于再造文明的贡献"。他认为，以"评判的态度""科学的精神"和四个具体步骤以及"严格的考据方法"统摄的整理国故，充分彰显了胡适突破"旧国学"窠臼，建立现代科学学术谱系的重大意义。他的结论是："他在文学革命和整理国故方面的功绩，可以说已经是不朽的。"他进而对胡适的整体贡献做出判断，认为胡适是"新文化运动的领袖之一"，"思想革命的一员大将"。

针对在20世纪20年代思想文化领域中颇为热闹的"问题与主义"之争，朱自清认为许多反对胡适"多研究些问题，少谈些主义"的文章都是"断章取义"，曲解了或肢解了胡适的本意。为此，他在导读本中，不惜篇幅把胡适的主要论点原原本本地抄录出来，并得出结论说：胡适"不是空谈外来进口的偏向纸上主义的人，他说主义应该和实行的方法合为一件事。他做到他所说的。"他进而指出，"胡先生的贡献，大部分也在问题的研究上。文学革命是一些具体问题，整理国故也是一些具体问题，中西文化，问题与主义，都是一些具体问题"。他特别认同胡适的观点："新文化运动的目的是再造中国文明，而再造文明的途径全靠研究一个个的具体问题。"

　　对《胡适文选》中五组文章分别表述的一些现代学术思想，如，建立在存疑主义和实验主义基础上的科学的思想方法，自然主义和个人主义的人生观，对中西文化所取的"鲜明的表示"，"历史的文学进化观"，等等，朱自清一一进行了精到的评述。如这样的表述："他的《中国古代哲学史》和《白话文学史》上卷，固然是划时代的，这些篇旧小说的考证也是划时代的。而将严格的考据方法应用到小说上，胡先生是第一个人。他的收获很多，而开辟了一条新路，功劳尤大。"这样的观点，阐述了胡适学术思想在文化史或学术史上的意义，可谓史家之论。

　　作为教育家和文体家，朱自清特别注意到了胡适的"文体"："他的散文，特别是长篇议论文，自成一种风格，成就远在他的白话诗之上。他的长篇议论文尤其是白话文的一个大成功。一方面'明白清楚'，一方面'有能力动人'，可以说是'立意达得好，表情表得妙'。"还指出了胡适文体的来路："但他那些长篇议论文在发展和组织方面，受梁启超先生等的新文体的影响极大，而笔锋常带情感，更和梁先生有异曲同工之妙。"

　　不过也应该指出，朱自清对胡适在学术上也不是一味盲从的。如胡适在《中学的国文教授》一文中，对中学生开列了数目众多的阅读书目，朱自清却不以为然。他根据自己在中学任教的实际体会，直言不讳地指出胡适"所希望中等学生读的书，那是在超乎现在一般中等学生的时间与精力"。他认为对中学生来说，"无论怎样周密的计划，都是可望而不可即，都是空话。"

　　再如对新诗的看法，朱自清虽然肯定了胡适在《谈新诗》中所谈的新诗的写法是为新诗创作"指出一条好路"，与此同时他又指出胡适的新诗"所用具体的譬喻似乎太明白，譬喻与理分成两橛，不能打成一片；因此缺乏暗示力量，看起来好像是为了那理硬找一套譬喻配上去似的"。这种坦率的批评，让胡适也深以为然，他在《〈尝试集〉四版自序》和《〈蕙的风〉序》中都特别指出过自己新诗存在的类似弊病。

学生在矛盾中的辩护·老师难言的痛惜

抗日战争胜利后，国民党政权进一步走向反动，朱自清也在残酷的现实面前，一步步丢掉了对国民党的幻想。而胡适囿于他的思想政治立场，在国共两党的矛盾中，越来越倒向国民党一边。对此，朱自清是不赞成的。

1948年3月，清华大学一位教授参加"国民大会"代表的竞选，专门找到朱自清请求帮忙投他一票，朱自清不仅直接表示拒绝，而且还直言不讳地拿他的老师胡适来说事："胡适先生是我的老师，我都不投他的票，别的人我也不投。"从这个表态中，可以看出他对胡适或主动或被动地过多地参与国民党政府的政治活动，是不赞同的。他虽然不喜欢参与政治，但对老师胡适的政治态度一直是很关注的。他知道，胡适一直坚持不参加国民党，不热衷政治上的名利地位，多次婉拒蒋介石的封官许愿，虽然在抗战的特殊时期，在中华民族面临着生死存亡的危机情势下，他被逼上梁山当了四年驻美国大使，但一有机会，他还是想回归学术。抗战胜利后，胡适出任北京大学校长，后来为蒋介石政权强势拉拢，与国民党政权一步步靠拢在一起，这让朱自清十分担心老师深陷政治旋涡，但作为一名学者教授，他对此无能为力。

在此之前，学术界文化界一些进步人士对胡适的政治态度十分失望，有些激进学者甚至对胡适发起了公开的攻击。朱自清在此时仍然处处维护胡适，仍然与胡适保持着往来。1947年5月，朱自清撰写了

《五四时代的文艺》一文，明确指出，胡适当年在《文学改良刍议》中提出的"三不主义"（不要言之无物，不做无病呻吟，不避俗语俗字），"用今天的话说便是属于人民的"。这年6月，朱自清在《文学杂志》上发表了《古文学的欣赏》一文，在文章的开头，他又直截了当地为胡适做起了辩护："新文学运动开始的时候，胡适之先生宣布'古文'是'死文学'，给它撞丧钟，发讣闻。所谓'古文'，包括正宗的古文学。他是教人不必再做古文，却显然没有教人不必阅读和欣赏古文学。可是那时提倡新文化运动的人如吴稚晖、钱玄同两位先生，却教人将线装书丢在茅厕里。"可见，二十多年过去后，相比于那种极端的言论，朱自清更加认为胡适在新文化运动中持论公允，更堪称新文化运动的领袖。

胡适也认为，在自己的诸多学生当中，朱自清是最为懂得他的学生之一。他也知道朱自清晚年多次参加抗议国民党政权的活动，知道朱自清已被国民党当局列入黑名单之中，他也很为朱自清与国民党政权越来越不合作的政治态度而担心。

朱自清英年早逝，胡适十分痛惜。1948年9月29日在南京文化剧院举行的朱自清追悼会上，胡适一口一个"佩弦"，其亲切悲痛之状让参加追悼会的各界人士颇为动容。

"我们承认佩弦是文学改革的大将，最努力，最有成绩，他的逝世，使北大失去一校友，清华失去一位教授，青年人失去最诚恳、诲人不倦的教师，朋友们失去一个最可爱的人，这都是无可补偿的损失！"

这样深沉的感情，这样中肯的评价，让参加追悼会的人们久久难忘，铭记在心。

第三辑

友人（上）

白马湖畔沐春晖

——朱自清与夏丏尊

夏丏尊（1886—1946），原名铸，字勉旃，浙江上虞人。中国现代文学家、教育家、翻译家、出版家。曾在浙江省立第一师范、湖南第一师范、浙江春晖中学、浙江省立四中、上海南屏女中和暨南大学任教，曾参与创办《教育潮》《立达季刊》《一般》《中学生》《新少年》《月报》《救亡日报》等报刊。1929年任开明书店编辑所所长，1936年当选中国文艺家协会主席。抗战胜利后，被选为中华全国文艺家协会上海分会理事，并发起组织中国语文教育会。1946年4月23日，在上海病逝。著有《平屋杂文》《文章作法》《阅读与写作》《文艺论ABC》《生活与文学》《现代世界文学大纲》，编著有《芥川龙之介集》《国文百八课》《开明国文讲义》，译著有《社会主义与进化论》《蒲团》《国木田独步集》《近代的恋爱观》《近代日本小说集》《爱的教育》和《续爱的教育》等。

1924年3月，应夏丏尊之邀，朱自清在位于浙江上虞县白马湖畔的春晖中学开始担任国文教员，直至1925年8月，到清华园担任国文教授。

这是一个让朱自清终生难忘的地方：在这里，他得机缘走向清华园；在这里，他的次子朱闰生呱呱坠地；在这个"有诗有画的学术环境"里，他与一些同样具有教育信仰和教育理想的同道们一起，致力于教育事业，度过了一年多既畅快又充实的诗意生活。而"以宗教的精神献身于教育"的夏丏尊，更是给了他如兄长般的关切和影响，让他一生难以忘怀。

求贤若渴

夏丏尊出生于一个日渐破落的商人家庭里。他15岁即考中秀才，曾先后在日本东京弘文学院和东京高等工业学校就读，因家里债台高筑不得不辍学。22岁时到杭州浙江省两级师范学堂（后改为浙江省立第一师范学校）任教，与鲁迅、许寿裳成为同事，受到鲁迅的影响，开始对文学和艺术产生兴趣。1919年，与陈望道、刘大白、李次九等三人在校内积极支持"五四"运动，推行革新语文教育，被称为第一师范的"四大金刚"。

受到守旧势力的排挤，浙江省立一师范校长经亨颐被迫离职，他回到家乡浙江上虞，于1922年创办了贯彻新学风的春晖中学。夏丏尊是被经亨颐最早请来春晖任教的教员之一。经亨颐非常信任夏丏尊，包括物色教员、招收学生等诸多学校事务都交给他来办理。

为了实现心目中的理想教育，夏丏尊需要一批志同道合的教员来加盟春晖，他立刻想到了前几年结识的青年才俊朱自清。

1921年，夏丏尊与朱自清在上海吴淞中国公学由青年诗人刘延陵介绍而相识，两人一见如故，相见恨晚。夏丏尊十分欣赏比自己年轻12岁的朱自清，认为他虽然只有二十出头，却有超出常人的成熟，不仅学术造诣精深，而且为人又朴实诚恳，是难得的德才兼备的人才。

1922年，朱自清到温州省立十中教书，他们之间开始了书信往来。夏丏尊将自己主编的《春晖》半月刊寄赠给朱自清，朱自清看后非常喜欢，认为不仅内容丰富充实有特色，而且"印刷的形式也颇别致，更使我有一种美感"。朱自清知道，夏丏尊也是文学研究会的第一批会员，在文学上多有自己的见地，因此也将自己创作的《桨声灯影中的秦淮河》《温州的踪迹》等多篇散文寄给夏丏尊，夏丏尊读后，认为朱自清的作品清新朴素、平易自然，自成一种风格，因而更增加了对朱自清的好感。

朱自清的家庭负担沉重，而在温州省立十中教书，每月的薪水仅有30元，校方还经常拖欠。夏丏尊得知这个情况后，立即写信给朱自清，告诉他春晖中学校长经亨颐正兼任着宁波省立四中校长，该校正在实行学制改革，急需补充一些教师，而春晖中学新年学生招生人数增加，相应地教师也需要增加；宁波到上虞两地交通方便，路程也不算很远，若能到宁波四中和春晖两所学校同时兼课，可得两份薪水，自然要比温州的一份工资要多出很多；加之，在宁波可尽享"江上清风"，在春晖又可独品"山间明月"，夏丏尊建议朱自清辞去温州的工作。朱自清看了夏丏尊的来信，觉得夏丏尊的建议切实可行，于是在学期结束前，他正式向十中校长提出了辞职，这边夏丏尊已经给朱自清办好了下学期到宁波省立四中兼任、到上虞春晖中学专任的相关手续。

为表示郑重起见，夏丏尊还将朱自清即将来校任课的消息刊于《春晖》半月刊："本校于寒假前聘定朱自清先生为国文教员，分授一组，朱先生兼任第四中学国文课，闻不久即可来校。"

如沐春风

春晖中学位于上虞县波光潋滟的白马湖畔。1924年3月2日，朱自清一到这里，立刻喜欢上了这所周边环境风景美如世外桃源的学校。在春晖中学工作生活了一个月之后，他写下散文《春晖的一月》，说春晖中学给了他"三个礼物"：一是"美的一致，一致的美"，二是"真诚，一致的真诚"，三是"闲适的生活"。

在文中，朱自清以生花妙笔描绘了白马湖的美景："湖有这样大，使我自己觉得小了。湖水有这样满，仿佛要漫到我的脚下。湖在山的趾边，山在湖的唇边；他俩这样亲密，湖将山全吞下去了。吞的是青的，吐的是绿的，那软软的绿呀，绿的是一片，绿的却不安于一片；它无端的皱起来了。如絮的微痕，界出无数片的绿；闪闪闪闪的，像好看的眼睛。"

后来，朱自清在《白马湖》一文中对白马湖又有这样的描写："白马湖最好的时候是黄昏。湖上的山笼着一层青色的薄雾，在水里映着参差的模糊的影子，水光微微的暗淡，像是一面古铜镜。轻风吹来，有一两缕波纹，但随即平静了。天上偶见几只归鸟，我们看着它们越飞越远，直到不见为止。这个时候便是我们喝酒的时候……"

比美景更醉人的，是这里有一群与自己气味相投的年轻教师，匡互生、丰子恺、朱光潜、刘熏宇、夏承焘、刘延陵等，大都是二十几岁到三十出头的年轻人，即使是最年长的夏丏尊，也只有38岁，也算是中年人中的年轻人。他们精力充沛，无拘无束，欢畅聚谈，真挚交往，在白马湖畔留下了一段难忘的青春岁月。他们在白马湖畔形成了一个重要的文艺圈子，后人称为"白马湖散文作家群"。

为了照顾朱自清，夏丏尊把自己教的一个班的国文课让给了他。朱自清第一天去上课，夏丏尊亲自带他走进教室，并向初二年级的学生介绍说："朱先生年龄比我小，但学问比我好。上学期我已介绍过几篇他所写的文章给你们看，不是都觉得很好吗？现在请他教你们这一年级，我仍教一年级。"

有了《春晖》半月刊上对朱自清来校任教的预告消息，再加上夏丏尊这一番郑重的介绍，使学生对朱自清更加肃然起敬。面对兄长般的温暖和盛情，朱自清内心感动至极。他觉得夏丏尊如此信任、推崇自己，实在是难得的知己，因而更加敬重夏丏尊，更加觉得要以出色的教学成绩来回报这位好友。

朱自清在国文教学上有自己独到的见解，他注重从《新青年》《新潮》《向导》《创造季刊》等当时一些引领社会先进理念的报刊上选取一些时文进行解读，也不排斥优秀的古典文学的传授。他将新文艺与白话文的训练全面安排到课堂中，古代的与今天的、东方的与西方的，在讲堂上融为一炉，他感受到了教书育人的快乐和自由。在指导学生学业进步的同时，他还特别注重对学生进行全面的人格培养。他的教学和工作，受到同事的好评，也受到学生们的普遍赞扬。

惬意时光

1924年10月，朱自清将家眷也接到了白马湖，刘熏宇把自己以前盖的小屋让了出来，这样朱自清家就与夏丏尊的"平屋"毗邻而居了。

关于"平屋"，夏丏尊曾经这样解读："高山不如平地大。平的东西都有大的含义。或者可以竟说平的就是大的。人生不单因了少数的英雄圣贤而表现，实因了蚩蚩平凡的民众而表现的。"

朱、夏两家的前院只隔着一垛矮墙，两家人互相照应，互相体恤，相处得像一家人一样融洽。那时，朱自清的长子朱迈先刚满六岁，长女朱采芷三岁，次女朱逖先还不满周岁，小孩子之间吵闹个不停。朱自清要备课，要写作，总是把时间安排得很紧，小孩们的喧闹给他带来不小的烦恼。每当吃晚饭的时候，常常能听到朱家院子里大的喊，小的哭，还有孩子们在饭桌上的斗嘴声。每每这时，夏丏尊就会在廊檐下或用一些小吃食哄他们，或者逗着他们玩儿。一次，夏丏尊、丰子恺同在朱自清家，丰子恺见桌上有现成的笔墨，便为朱自清四虚岁的女儿阿菜（即朱采芷）画了幅肖像，朱自清见画得实在可爱，爱不释手，就请夏丏尊题写几个字，因而画的上方有"丫头四岁时，子恺写，丏尊题"的字样。朱自清后来将此画制版，作了散文集《背影》的插页。当时夏丏尊的儿子夏文龙已有十多岁，朱自清经常抽空带他去春晖中学仰山楼前的游泳池里学游泳，有时也会在平屋前面的石凳上和他玩纸牌。

有了闲暇，夏丏尊常常约朱自清在一起开怀畅饮，倾心交谈。他们随性所至，海阔天空，谈得投契，谈得尽兴。那时，夏丏尊正在将意大利作家亚米契斯的儿童小说《爱的教育》从日译本译为中文，一边翻译，一边在胡愈之主事的上海《东方杂志》上连载。在翻译过程中，朱自清成了第一位读者，并热忱帮助夏丏尊校正译稿。在春晖中学，夏丏尊以宗教般的虔诚竭力推崇"爱的教育"，被师生们亲切地昵称为"妈妈的教育"，这些事迹早为朱自清所熟知。在《爱的教育》的译者序言里，夏丏尊说："好像掘池，有人说四方形好，有人又说圆形好，朝三暮四地改个不休，而于池的所以为池的要素：水，反无人注意，教育上的水是什么？就是情，就是爱。教育没有了情爱，就成了无水的池，任你四方形也罢，圆形也罢，总逃不了一个空虚。"朱自清非常认同夏丏尊的教育主张，这些教育思想对走上教育道路只有短短几年的朱自清，产生了一生的深远影响。

夏丏尊的"平屋"虽然只有四间，却被主人设计得非常考究。屋里布置有名人字画，还摆放着古瓷、铜佛等古玩，院里则有精心栽种的各种花木。朱自清平日一有空，就和丰子恺、朱光潜等到夏丏尊的"平屋"赏花、喝酒、谈天，好客的夏丏尊总是热情接待，还时常留他们吃饭。而夏夫人金嘉总会准备一大桌的菜，每回又总是满满的盘碗拿出来，最后空空的收回去。身处这样的环境，拥有这样真挚豪爽的朋友，朱自清不禁产生"如归"之感，因而不止一次由衷地发出"我爱春晖"的感慨。

1924年年底到1925年年初，因同校方在教育管理上意见不合，夏丏尊和匡互生、丰子恺、刘薰宇、朱光潜等先后愤然辞职。夏丏尊到上海，先后参与了立达中学（后改为立达学园）、立达学会及该会《立达季刊》《一般》月刊、《中学生》等杂志的创办工作，同时兼任开明书店的编辑工作。1925年8月，朱自清也离开春晖中学，走进北京清华园，由此开始了在大学讲坛的耕耘生涯。

朱自清和夏丏尊在春晖中学相聚的时间虽然不长，但他们的友谊却是醇厚的、长久的。这段日子成为朱自清"一生中难得的惬意时光"。后来两人虽然各奔东西，各处一方，但彼此始终惦念着对方。

空间的距离没有阻断他们在文学艺术上的继续合作。朱自清的散文集《背影》出版时，夏丏尊专门为其题写了插图画的画款。朱自清也不时为夏丏尊在上海编辑的刊物《一般》月刊、《中学生》等撰稿，还为《文心》作序，为开明书店编写语文教材。此外，他还在一首《怀旧诗》和散文《白马湖》中，深情地表达了自己与夏丏尊在白马湖结下的深厚友谊和对夏丏尊的感恩之情。

1943年12月15日，夏丏尊被指为"反日分子"，在上海被日本宪兵队拘捕。在狱中，备受拷打，百般凌辱，但始终刚正不阿，坚贞不屈。后经日本友人内山完造营救出狱。但肺病复发，精神和身体都受到严重摧残。在大后方西南联大任教的朱自清，后来得知夏丏尊在日寇面前坚守民族气节，在心底里对这位莫逆之交更加钦佩。

1946年4月23日，夏丏尊在上海病逝，终年60岁。两个月后，朱自清写下《教育家的夏丏尊先生》一文，回顾了夏丏尊以理想主义和宗教精神服务教育的一生，热忱赞扬夏丏尊是"一位诲人不倦的教育家"。这篇文章被誉为是对夏丏尊的"最真切的纪念文字"。

留在温州的踪迹

——朱自清与马孟容、马公愚兄弟

马孟容（1892—1932），谱名瑞萱，名毅，字孟容。曾任上海美专国画系教授，创办东瓯美术会、中国文艺社，与吴昌硕、王一亭、朱古微等书画名家多有交往，在书画艺术上造诣精深。作品曾被选送巴拿马万国博览会、比利时博览会、法国美术展览会、日本东京绘画展览会。编著有《墨趣专述》《马孟容花鸟画集》《草虫鱼蟹谱》等。

马公愚（1893—1969），马孟容的胞弟，谱名瑞华，名范，字公驭、公愚，晚号冷翁，别署畊石簃。曾创办永嘉启明女学，后赴上海，历任存德中学、勤业中学董事长，上海美专和大夏大学教授。1929年教育部举办第一次全国美术展览，马公愚被聘为委员。1931年任中国艺术专科学校国画与书法教授。1941年与马碧篁等人在上海画厅举办"永嘉五马画展"。在上海美术会、中国画会等团体担任常务理事等职务。新中国成立后，被聘任为上海国画院首批画师，上海文史馆馆员及中国文字改革委员会委员，有《书法讲话》《书法史》《耕石簃杂著》《耕石簃墨痕》等著作传世。

1923年2月，由温州籍在京好友周予同介绍，经浙江省立第十中学研究部部长兼图书馆主任金嵘轩提议聘请，朱自清携妇将雏来到位于瓯江下游的温州古城任教。

　　浙江省立第十中学的前身是温州府学堂，辛亥革命后改为省立第十学堂。第十师范学校前身为温州师范学堂。1923年实行新学制，十中与十师合并，仍称省立第十中学，分中学部和师范部。朱自清先是在中学部担任初二年级国文课教学，兼任师范部公民课和科学概论课，后又教授国文课。

　　在温州执教大约一年半时间，朱自清结识了一些新的朋友。其中交往最密切的，情谊最深厚的，当属同在浙江十中任教的同事马孟容、马公愚兄弟二人。

为马孟容兄弟画作属文赋诗

　　百里坊马氏家族，是温州著名的文化世家。自明末清初以来，十几代人文风昌盛，绵延不绝，有"书画传家三百年"之誉。马炅中、马昱中、马元熙、马祝眉、马孟容、马公愚、马味仲、马大韶、马亦钊、马天戈等一代又一代名家，皆以书画篆刻著称；其中尤以马孟容、马公愚兄弟最为出类拔萃，他们既有渊博深厚的中国传统文化素养，又经过比较系统的现代新式教育，可谓贯通古今，融汇中西，在书画艺术等领域卓有成就，被誉为"马氏双璧""海上艺苑的双子星座"。

　　马孟容自幼聪慧，八岁就为祖父画像，神形毕肖；后来又拜著名画家汪如渊（香禅）为师，得其精华，当时就有"出蓝"之誉。1909年毕业于温州府中学堂，后考入浙江高等学校。他常年浸染书画，而立之年已卓然成家。民国书画大家曾熙（曾任张大千的老师）曾经盛赞："近时花鸟求其笔致高雅当推孟容。"民国年代，其作品曾在巴拿马万国博览会、比利时博览会、法国美术展览会、日本东京绘画展览会展出，享誉一时。

马公愚与兄长马孟容同年毕业于温州府中学堂，同年考入浙江高等学校。毕业后曾多年从事教育工作，郑振铎、苏步青、夏鼐、高觉敷、蒋经国等都是他的得意门生。他早年学习赵之谦、吴昌硕等人的书法，又受经学大师孙诒让的训导立志做金石家，书画造诣享有盛名，素有"艺苑全才"之誉。民国年代，海上书画界流传一句话："四体书应以马公愚为第一。"他的楷隶功力深厚，醇厚雅正，所作书碑遍及大江南北。他不仅擅书画，精篆刻，亦能作诗，是西泠印社和南社的早期会员。

在温州期间，朱自清租住在四营堂，马家居住在百里坊，两家相距不过几百米。马家客厅里悬挂着许多名人字画，庭院里花木葱茏，环境十分优雅。因为是同事，又同是文艺爱好者，朱自清与马家兄弟交往十分频繁。朱自清在教书之余暇，喜欢到马家赏花品画，有时还带着妻子武钟谦和儿女们一起去，你来我往，两家相处得像一家人一样。

朱自清对国画有着很高的鉴赏力。虽然自己不作画，但很喜欢看别人作画。他曾多次观摩马孟容现场作画的场面。每当看到马孟容的画笔在画纸上挥洒时，就格外心动。在即将结束在浙江省立第十中学的任教生涯时，他特地提出，请马孟容为自己画一幅画作作为纪念。

马孟容虽然比朱自清年长六岁，是老大哥，但他很钦佩教书认真又才华横溢的朱自清。他郑重地表示，一定要画一幅自己和朱自清都满意的作品，赠给这位年轻的好朋友。1924年1月底的一天，朱自清来到马家，正碰上马孟容在作画，站在旁边的马公愚轻声地对他说："大哥这张画是特意为你画的，他说你喜欢海棠，喜欢月夜。"

朱自清听罢，静静地站在画家身后，端详着画面：只见两只八哥儿似睡非睡地栖在画面上，一轮朦胧的冷月高悬在天幕上；那一丛海棠花在月光下掩映着，显得格外妖娆……整幅画面布局合理，着色柔美和谐。马孟容在画作上题款盖印，郑重其事地将这幅画送给了朱自清。

欣喜地将画作拿回家中，朱自清展开画作仔细欣赏，越看越有味道，画中的意境，让他浮想联翩："在圆月朦胧之夜，海棠是这样的妩媚而嫣润；枝头的小鸟为什么却双栖而各梦呢？在这夜深人静的当儿，那高踞着的一只八哥儿，又为何尽撑着眼皮儿不肯睡去呢？他到底等什么来着？舍不得那淡淡的月儿么？舍不得那疏疏的帘儿么？"

在刹那间，朱自清想到了许多古人咏颂海棠的诗句。苏东坡有"只恐夜深花睡去，故烧高烛照红妆"，秦观有"有情芍药含春泪，无力蔷薇卧晓枝"，晏殊有"紫薇朱槿花残，斜阳却照阑干"。

画上的每一笔都是那样缠绵缱绻，委婉动人，让朱自清产生了共鸣，他一气呵成一篇散文《月朦胧，鸟朦胧，帘卷海棠红》，以纪念这一段难忘的赠画因缘。这篇短文是《温州的踪迹》中的开篇之作。

在1925年春节，马公愚给朱自清写去一封信，请朱自清为他的一幅画作题诗。画作的内容是记他前不久同朋友黄公藩及五弟游华盖山时，发现山顶上大观亭里原有的几个石鼓中的一个被"无赖"之徒推下山去，于是他们三人并拉来两个过路的青年一起，将此石鼓推回上山放回原处的经过。他认为此事很有意义，回家后画了这幅画，还在画上题了一首诗，并请时在宁波浙江四中任教的朱自清为画题诗。在这样的画上题诗，照例应该是旧体诗。朱自清揣摩了画意后，遵嘱赋诗一首，在给马公愚的信中说："旧体诗非所素习，颇畏其难。"并谦虚地说，"搜索枯肠，勉成一绝"：

文采风流照四筵，每思玄度意悠然。
也应有恨天难补，却与名山结善缘。

据学者考证，这是朱自清最早的一首旧体诗。与他后来写的旧体诗比起来，或许还有些生涩，但绝不是他自己在信中所说的"弟系生手，所作自不脱'打油'风味；友人某谓只可算逻辑的诗"。同他以后写的旧体诗相对照，其清新雅逸的风格可谓是一脉相承的。

与马公愚结伴游温州名胜古迹

温州名山秀水众多，罗浮雪影、沙丁渔火、翠微夕照、孟楼潮韵等名胜古迹星罗棋布，素有"东南山水甲天下"之美誉，吸引了无数文人骚客前来探古寻幽。

1923年10月的一天，时值重阳节前后，恰是一个微阴的天气，天气凉爽宜人。马公愚邀约两个当地朋友陪朱自清一起到仙岩山游玩。

对仙岩山，朱自清早有耳闻，刚到温州任教时去过一次，因时间匆忙，未得尽兴。相传黄帝曾经在此修炼，因有仙迹，故得名"仙岩山"。这是一座道教名山，历史颇为悠久。南朝诗人、中国山水诗的鼻祖谢灵运曾在永嘉担任过太守（当时的永嘉为永嘉郡，即现在的温州），他遍游永嘉山水，写下了许多传颂千古的优秀山水诗篇，其中游览仙岩山后留下了著名的诗作《舟向仙岩寻三皇井仙迹》：

> 弭棹向南郭，波波浸远天。
>
> 拂鲦故出没，振鹭更澄鲜。
>
> 遥岚疑鹫岭，近浪异鲸川。
>
> 蹑屐梅潭上，冰雪冷心悬。
>
> 低佪轩辕氏，跨龙何处巅。
>
> 仙踪不可即，活活自鸣泉。

他们先到仙岩寺逗留了片刻，由马公愚指点他仔细辨认传说中仙岩周围的象青狮、白象的山形，随后拾级而上，前往梅雨亭。梅雨亭原名观瀑亭，坐落在瀑布前突出的一块巨石上，非常显眼，乍一看去，"仿佛一只苍鹰展着翼翅浮在天宇中一般"。此亭正对着瀑布，原为明代少师张孚敬所建，初名泽润亭，因为安坐其中可观赏瀑布的全貌，作为建筑物又恰到好处地与梅雨潭的自然景色融为一体，故后人改称为"梅雨亭"。

在梅雨亭，朱自清先是端详着"疑是银河落九天"的瀑布，后又站在悬崖边上，俯下身子仔细欣赏一汪绿绿的潭水。马公愚立即制止他说：这样太危险了！

从飞崖上下来，马公愚领着朱自清俯身攀着乱石，穿过亭下的一道石穹门，来到汪汪的一碧潭边。经过石穹门走到潭边，只见巨大的瀑布从上面冲下，一经岩石撞击，如飞花碎玉，纷纷扬扬，丝丝缕缕，犹如江南四五月的梅雨。再看，只见水珠、雾气、绿水、悬崖构成一幅奇妙壮观的图画，那飞溅着的水花晶莹剔透，远远望去，像一朵朵小小的白梅，飘飘洒洒，微雨似的纷纷落下。

朱自清站在潭边一个小坪上，饱赏着潭色水光，激动的心情随着那汪绿水而激荡着，涌动着。他对马公愚说："这潭水太好了，我这几年看过不少好山水，哪儿也没有这潭水绿得这么静，这么有活力。平时见了深潭，总不免有点心悸，偏这个潭越看越可爱，即使掉进去也是痛快的事。"过了一会儿，他又感叹着："这水是雷响潭下来的，那样凶的雷公雷婆怎么会生出这样温柔文静的女儿呢。"

第一次游过后，朱自清就有心写一篇梅雨潭的文章，这次回去，文情奔涌，更是抑制不住，非写不可了。他所说的这篇文章，就是《温州的踪迹》中的《绿》。在他离开温州赴宁波任教前夕，于1924年7月，发表于《我们的七月》上。文章脱稿后，他曾用钢笔字抄写了几份，分别送给马公愚及另外两位同游者。

在文中，朱自清运用对比手法，将北京什刹海的绿杨，杭州虎跑寺旁深深的绿壁，以及西湖的波、秦淮河的水作为对比，让读者在对比中产生联想，使梅雨潭这令人诧异、让人心醉的"绿"更加鲜活而生动，更加增强艺术上的美感。《绿》被收入中学语文课本，成为现代游记散文的典范。

在温州，朱自清还写了另一篇描写瀑布的《白水漈》，也发表在《我们的七月》上，可视为他在温州所写的游记散文的姊妹篇。

人离别，情不断

1924年3月初，朱自清离开温州后，同马公愚仍然保持着通信联系。先是为赎回临走时当押在小南门长生库当铺里衣服的事，他写信给马公愚，并寄来款项，请马公愚代为办理，又请他设法将这些衣服连同以前存放在他家里的一个书箱交给开往宁波的船转给他。马公愚对朋友的事尽心竭力，一一照办。

不久，第二次直奉战争爆发。直系军阀彭德铨率军从福建福鼎北犯平阳、瑞安，直逼温州城。温州居民纷纷出城避乱兵祸，一时人心惶惶。这时朱自清已离开浙江十中，只身在宁波教书，温州家中留下母亲朱老太太、妻子武钟谦和三个幼小的孩子。大的七岁，最小的只有两岁。老的老，小的小，母亲和妻子提心吊胆，不知所措。她们只得给朱自清发电报，促他回温州来接。由于战事紧迫，交通中断，朱自清在短时间内无法赶到温州，而此时温州城里的居民已纷纷疏散，避乱于偏僻山村，气氛十分紧张。

朱自清在温州没有亲属，无处避乱，心急如焚。正当朱母和妻子一筹莫展束手无策之际，马公愚匆匆来到朱家，要他全家立即收拾行李，随同马家去永嘉楠溪枫林避难。武钟谦虽不好意思，可患难之时能得到帮助，真是喜出望外。次日一早，便坐上马家租的一只舴艋船一同出发了。据说，朱家在枫林住的时间不长。时局稍平，武钟谦担心丈夫回到温州找不到他们会着急，就要返回温州城里，马公愚劝她等时局大定时再走，她不同意。马公愚只好让一位佣人送他们先回温州，并借十元大洋给她备用。家庭危难之际得到朋友的帮助，朱自清非常感激，所以朱自清在给马公愚的一封信中对他"于荒乱之际，肯兼顾舍间老幼，为之擘画不遗余力"表示感谢。称赞马公愚先生"真为今日不可多得之友生"，并表示，"大德不敢言谢，谨当永志弗谖耳！"

在温州期间，朱自清的散文创作热情高涨，佳作迭出。他的次子朱闰生曾说："温州相对安定的生活，给了父亲短暂的恬静，使他写出了《桨声灯影里的秦淮河》；温州美丽的山水资源，给了父亲灵感，使他写出了《绿》；温州淳厚的人文资源，给了父亲启迪，使他写出了《月朦胧，鸟朦胧，帘卷海棠红》；温州社会的生存状况给了父亲激情，使他写出了《生命价格——七毛钱》……"

附：朱自清致马公愚信两封

第一封

公愚先生：

弟前晚由江厦到家，舍间已迁回原处（曾住中学数日），大小均安，甚慰！内人言及此次承先生贷款及照料一切，具见朋友风义！曩以家事烦琐，未敢以之相托；在甬时辄悬念舍间不已。固不料卒以累先生也！先生于荒乱之际，肯兼顾舍间老幼，为之擘画不遗余力！真为今日不可多得之友生！大德不敢言谢，谨当永志弗谖耳！

弟接家电促归，即乘永宁回。至海门，轮忽停驶。不得已改道温岭街、江厦而来温。途中凡历六日，尚安谧。此间闽兵已到，绅耆辈郊迎十里，羊酒犒师，幸能博得无恙。然此辈服装、纪律，实足惊人！据见者云，实不类百战之健儿也。入市先问鸦片烟，盖军中瘾君子甚多也。地方本已平靖，而近日乃有拉夫之事！于是又大骚扰。幸昨早已止。闻此间军队将开温岭与浙军接战云。民家迁回者渐多。府上在楠溪，想尚平安，为念！不知何时迁回？现在温州无他虑，惟虑他日或有之溃兵耳。

弟因四中暂停，已应春晖代课之约。此来系为接眷。荣轩先生曾约相助为理，因事先未知此间开学，既许春晖，势难翻矣，已辞之。弟拟明日行。所有存尊府之件，除木盒、凉橱、锅镬、报纸拟取回外，尚有书箱一只，拟暂存尊处。费神之至！弟寒假或尚须来温一行，因尚有数衣存长生库中，待来料理也。

孟容先生前托询宁波幼稚师范事，查该校已经停办。前曾有一笺附致荣轩信中，托其转交。不料此信全部遗失，荣轩未曾接到。致此事至今始得相告，甚以为歉！

祝安好！

弟朱自清

（一九二四年）十月二日

第二封

公愚先生：

两月前曾奉手教，承嘱题诗于石鼓图。弟以旧体诗非所素习，颇畏其难，故久久未报。得罪！得罪！大作甚亲切有味，读之想见豪情感慨。前日偶发旧箧，觌手教所署月日，去今已两月馀，不觉大惊，因而搜索枯肠，勉成一绝。明知画图当已久付装潢，此作已是明日黄花之类。惟既承不弃，终无以报，究属难妥，爰录呈以博一粲；弟系生手，所作自不脱"打油"风味；友人某谓只可算逻辑的诗，诚然，诚然！所谓"博一粲"乃系由衷之言，非谦语也。且请观不成诗之诗：

文采风流照四筵，每思玄度意悠然。

也应有恨天难补，却与名山结善缘。

半年来弟仍碌碌两校，火车生活，竟习以为常矣。月前曾赴沪一行。久居乡间，偶到上海，真如入五都之市，乐不可支！就中以在日本面馆吃面为最有趣！近来对日本人之生活，颇为欣羡。饮食起居之术，学问之工夫，皆有令人佩服之处。姑举是餐吃面情形，略述一二。如窗壁之素雅，下女之温文，酒瓶如花瓶，皆令人穆然神往也。弟居白马湖尚觉幽静，但颇厌宁波；在宁波时，常忆温州，温州之山清水秀，人物隽逸，均为弟所心系；唯弟不喜"鱼咸"，偶思及辄掩鼻耳。四营堂之塔想无恙？他日有缘，当再图相见！

梅思平君婚事，前闻有与令妹志芸君缔婚之说；不知成事实否？

弟等现办一杂志，曰《我们》。内有"信札"一门。先生前由处州寄示一图，甚为隽美。将来或拟载入，先此征同意！

便中烦告天糜、荣轩，弟不日将有信去。

孟容先生均此致意！

自清顿首

（一九二五年）五、廿一

声应气求的书生之交

——朱自清与舒新城

舒新城（1893—1960），湖南溆浦人。现代出版家、教育家、辞书编纂家。早年毕业于湖南高等师范学校。曾任湖南省立第一师范学校教师兼教育科主任、上海吴淞中国公学中学部主任、南京东南大学附中研究股主任、成都高等师范学校教授等职，因最早在中国教育界推行"道尔顿制"而闻名。1928年后，先后任《辞海》主编、中华书局编辑所所长兼图书馆馆长。新中国成立后，历任全国人大代表、上海政协副主席、《辞海》编委会主任委员等职。1960年11月28日，在上海病逝。编辑或撰著有《现代心理学之趋势》《近代中国留学史》《教育通论》《人生哲学》《道尔顿制研究集》《中华百科辞典》《近代中国教育思想史》《近代中国教育史料》《蜀游心影》《漫游日记》《故乡》《狂顾录》《十年书》等。

一同应对中国公学风潮

朱自清与舒新城的交往，起始于在上海中国公学共同任职时期。

从湖南高师毕业后，舒新城先后在长沙兑泽中学、湖南省立一中、福湘女学、湖南省立一师等校任教，因创办《湖南教育月刊》，成为湖南教育界的少壮派风云人物。1921年6月，担任湖南省立一师教师兼教育科主任的舒新城，因不满校方的教育主张而辞职。这时，中国公学教务长张东荪得知这一消息，立即邀请他出任中国公学中学部主任。

中国公学校址在上海吴淞，以新学教育而名重一时，梁启超曾一度担任学校董事长。舒新城是一个有自己教育思想的青年教育家，他认为，要实现自己的教育主张，就必须有一批志同道合的教师共同推动实行。于是他上任伊始，就立即约请一批年轻有为的青年教员，"教员之以'声应气求'而来者，有叶圣陶、朱自清、陈兼善、常乃惠、刘延陵、刘建阳、吴有训、许敦谷诸人"，再加上舒新城本人，合为九名"自愿负学校全责的所谓专任教员"。

1921年9月，担任扬州江苏省立八中教务主任的朱自清因与校方的工作纠纷愤而辞职，在刘延陵的介绍下，转赴中国公学中学部任教国文。在中国公学中学部，舒新城与朱自清虽然是上下级关系，年龄仅相差五岁，因教育主张的相似，两人互相欣赏，很快成为关系密切的同事兼朋友。

这学期开学不久，中国公学发生了一场风潮：先是旧派教员煽动学生闹事，反对中学部主任舒新城推行的教育改革，同时攻击朱自清等八名新派教员，后来升级为驱逐锐意革新的教务长张东荪。为表抗议，朱自清提议采取停课这样的强硬对策，得到叶圣陶、刘延陵等人的赞成，于是几人相携离开吴淞，返回上海。同年11月9日，朱自清与中国公学中学部的同人叶圣陶、吴有训、舒新城、陈达夫、常乃惠等人游上海半淞园，并合影留念。当月，在胡适的调停下，这场风潮以反对革新的旧派教员被辞退的方式宣告结束。

风潮结束后，朱自清与叶圣陶、刘延陵也离开了中国公学，返回杭州继续任教于浙江省立一师。舒新城则继续在中国公学大刀阔斧地推行改革，实行男女同校、分组制与选课制、试行道尔顿制，一时成为教育界的风云人物。在中国公学，朱自清与舒新城两人共事仅有两个多月，但作为同一战壕的战友，他们在应对风潮的经历中结下了深厚的友情。

先后加入少年中国学会

在此后大约十年的时间里，朱自清与舒新城没有机会见面，却又有了新的交集——他们先后加入了"少年中国学会"。

少年中国学会成立于1919年，由李大钊、王光祈等发起，以"本科学的精神，为社会的活动，以创造少年中国"为宗旨，是"五四"时期最重要的进步社团之一。1921年11月，朱自清由邓中夏、左舜生等介绍加入少年中国学会。1922年7月，少年中国学会第四次会员大会在杭州西湖船上召开，正在杭州浙江省立一师任教的朱自清参加了这次大会，并负责记录。1923年4月，学会以通讯投票选举第四届评议会候补评议员，朱自清与邰爽秋、恽代英、杨贤江、高君宇、刘仁静等八人当选。同年11月，在恽代英等人介绍下，舒新城也加入了少年中国学会。

少年中国学会以"奋斗、实践、坚忍、俭朴"为信约，吸收会员要求十分严格，凡是有宗教信仰的人、纳妾的人、做官的人均不能成为会员，即使已经做了会员出现上述情况，也要清退出会。因此，在该学会存在活动的7年间（1925年底停止活动），仅仅吸收了会员120余人，毛泽东、恽代英、邓中夏、杨贤江、高君宇、李达、黄日葵、缪伯英、蔡和森、向警予、赵世炎、张闻天、许德珩等年轻人都在其中。有人说，当年"中国少年精英，尽数在此"了。时任北京大学校长蔡元培曾评价说："现在各种集会中，我觉得最有希望的是少年中国学会。因为他的言论，他的行动，都质实的很，没有一点浮动与夸张的态度。"后人称少年中国学会的会员为"精英中的精英，人杰中的人杰"。

舒新城出书，朱自清评论

1932年7月31日，朱自清结束了在欧洲为期一年的游学访学之行，乘船抵达上海。8月4日在杏花楼酒家与陈竹隐举行婚宴之后，8月6日赴普陀度蜜月，16日返沪后，又在上海逗留四五天，访问了舒新城和叶圣陶、夏丏尊、王礼锡、柳无忌等友人。

当年12月22日，朱自清在致舒新城信中写道：

新城我兄：

前奉惠示谨悉——。本拟勉力凑一文奉上，课务碌碌，卒不如人愿，思之恨恨，乞谅之。倘承少假时日，当能有心报雅命成都任高等师范学校教授。在沪时，叨扰，谢谢。是日谈笑极痛快，至今念及，脸上犹浮微笑也。刘君均此、内子附笔问候。弟自清顿首。

这封信主要回应舒新城约稿之事。此时的舒新城在中华书局担任编辑所所长，为中华书局主办的《新中华》杂志向朱自清约稿。朱自清因这年9月刚刚被任命为清华大学中文系主任，既要忙于系务，又要承担"国文""中国新文学研究"等课程，难以静下心来写文章，因此只得写信告以实际情形，请其见谅。信中提到8月间两人在上海痛快谈笑的场景，"是日谈笑极痛快，至今念及，脸上犹浮微笑也"，还代表妻子陈竹隐问候舒新城的妻子刘君（原名刘舫，又名刘济群，舒新城日记中多称其为楫君）。

1934年，舒新城的纪实散文集《故乡》由中华书局出版。当年10月13日，朱自清特地写了评论文章《内地描写——读舒新城先生〈故乡〉的感想》。

《故乡》一书缘起于几年前舒新城一次回故乡期间的见闻经历。1931年10月，舒新城接到家信，得悉父亲在老家患了重病，于是从上海启程返乡探视。这是他阔别七年后重返故乡溆浦。在返乡期间，他持续给正在镇江中学担任女生训育主任的楳君（即刘济群）写信，后来他把这些书信整理出来，集成《故乡》一书。

全书由116篇短文组成，以一个在大都市生活的知识分子的特殊视角，描写当时中国内地农村的社会风貌和乡村家庭生活的情况，是一部兼具文献资料价值与文学艺术价值的乡村考察记。舒新城自言："此书所述，虽然是以我父亲为中心的家庭琐细与当时耳闻目见的社会断片，大概是现在中国农村家庭与农村社会的普遍现象，则此亦可视为'现代中国'之部分的真实史料。"

朱自清向来重视对民间生活、底层生活的访集，在他的散文创作中，就有一类题材即是倾心记录和思考民间生活的趣味的，如《温州的踪迹》《旅行杂记》等。1928年，他还特地为清华毕业生罗香林的《粤东之风》作序。他认为，知识分子要认识内地、认识农村，才能认知国家。

在这篇评论文章中，他高度估价了内地描写这种题材的重要性，表示自己读了《故乡》一书，"知道了内地的许多情形，觉得很有意思"，认为该书"很显豁，很活泼……像寻常谈话一般，读了亲切有味。这种谈话风的文章，正是我们所需要的"。在文章中，他呼吁人们要多关心内地，以写出中国社会的切实的情形。他还特别指出，要胜任这种"内地描写"，最适合的就是像舒新城这样"生长在本地而又在外边来去的人"。

1936年7月，舒新城的杂文集《狂顾录》由中华书局出版。全书分随感、纪游、谈影、剩简、杂文五类，共收文章35篇。朱自清收到舒新城的赠书后，于当年11月26日致信舒新城："承赐《狂顾录》，得快读，为感！尊著直白心怀，不加雕饰，与陆费诸君书，尤为透达，具见真诚，其味甚厚。"

虽然在文风方面，朱自清与舒新城具有明显的差异，但在严肃而理性的生活态度上两人十分契合。正因为如此，对舒新城《狂顾录》一书，朱自清表现出不加掩饰的欣赏之情。

1937年6月，清华大学中国文学会创办的《语言与文学》（不定期学术刊物）由中华书局出版。该刊主编虽然由闻一多担任，但实际负责策划的是该刊编委朱自清，在具体出版运作过程中，也是由朱自清与中华书局编辑所所长舒新城进行具体的联络。在刊物定价、篇幅上考虑到中华书局的成本压力，朱自清致信舒新城，主动表示可以删稿，而首选删掉的是自己的《诗言志说》。舒新城深知朱自清文章的学术价值，在该信右侧批示了"不删"两个大字。朱自清对于这次合作显然十分满意，刊物出版后，朱自清在1937年7月16日致信舒新城，表示"封面式样及印刷，皆颇清新，同人等甚为满意"。由于不久后卢沟桥事变的爆发，《语言与文学》这本原拟定期出版的学术刊物，只出一期就再无续篇，成为清华学术史上一件令人惋惜的事件。抗战胜利后，经过朱自清、余冠英等人的努力，1946年10月21日，新的《语言与文学》周刊在《新生报》上开始发刊，后来成为北平学术界一个重要学术阵地。

寄予厚望的"救命之书"

进入1948年，朱自清积累十多年的胃病时常发作，一次比一次严重，加上日常生活的拮据窘境，使他备受折磨，苦不堪言。这时，他的次子朱闰生在中央日报社担任编辑，不时汇款资助贫病交加的父亲。这年的5月28日，朱自清在写给朱闰生的一封信中，除了照例对闰生在工作和生活上多所叮咛外，最后附笔询问说："你仍在资料室工作吗？舒新城书甚盼一读，久闻其名矣，又及。"

朱自清所关注的"舒新城书"，是指1947年7月出版的《我怎样恢复健康的》一书。当时舒新城出版业务十分繁忙，为什么会出版一本这样的书呢？事情的缘由是这样的：1941年7月，时任中华书局总经理的陆费逵在香港突患脑溢血病逝，中华书局在抗战相持阶段的内外交困中面临巨大危机，舒新城数番到香港处理一些棘手事务，同时还要主持上海的出版业务。期间，书局发生数次工潮，舒新城不得不多方周旋。在沉重的压力面前，舒新城渐渐感到力不能支，到了1943年，他大病一场，迁延数年。他"于医药无效之际，抱着极其沉重的心情，努力于健康方法的追求"，后来终于战胜疾病，身体渐渐康复。后来，他应《大公报》社长胡霖邀请，于1945年秋在该报"现代人生"版（后来转移到"大公园"）开辟专栏写作"健康与人生"（后改题为"我怎样恢复健康的"）系列文章，介绍自己面对疾病身体康复的过程与经验。文章发表后产生了很大影响，读者来信一拨又一拨涌来，于是他又在《新中华》开辟《健康通讯》专栏。这些专栏文章，后来结集为《我怎样恢复健康的》一书，由中华书局出版。

该书面世后风行一时，成为发行量极大的畅销书。这本书对于迁延十几年的"老病号"朱自清来说，极具吸引力。但由于当时内战正酣，货物流通不便，舒新城这本书在北平难以见到，直到出版一年后，朱自清还没有读到这本书。

在写这封信仅仅两个多月之后，朱自清即于8月12日在北平病逝。在上海闻知这一噩耗，舒新城在8月13日的日记中写道："报载朱自清于昨日死于北平，现年五十一，友好又弱一个，其死也可称完全于穷困，中国文人之寿命大多为五十余岁，可见社会环境之促人寿命也。"

这本朱自清寄予厚望的"救命之书"，最终他有没有读到，已成了一个难以考证的事件了。即使朱自清读过这本书，在那样一个动荡不安、朝不保夕的特殊时代，或许也难以挽救他那久积沉疴的生命。

一生一世的知音

——朱自清与叶圣陶

叶圣陶（1894—1988），原名叶绍钧，字秉臣、圣陶，江苏苏州人。中国现代作家、教育家、文学出版家和社会活动家。早年担任小学教师，参加新潮社和文学研究会。后长期从事编辑出版工作，主编或编辑过《文学周报》《小说月报》《中学生》《国文月刊》《笔阵》等杂志。1949年后历任国家出版总署副署长兼编审局局长、国家教育部副部长兼人民教育出版社社长和总编辑、中国作家协会顾问、中央文史研究馆馆长、全国政协副主席等职。1988年2月16日，在北京逝世。著有长篇小说《倪焕之》，小说集《隔膜》《线下》，散文集《脚步集》《西川集》，童话集《稻草人》《古代英雄的石像》等。

著名文学评论家汪兆骞曾评价朱自清与叶圣陶"是'五四'学人中最为冰清玉洁的文士"，说"他们于追求中回归，于迸发中收敛，于伟大中平实。他们骨子里透着优雅，他们的真性情、真人格支持的胆与识，滋养着我们的灵魂"。

的确，在20世纪上半叶的新文学作家行列之中，朱自清与叶圣陶在出身、经历、个性和文学旨趣等方面都颇为相近，二人都堪称至真至诚至善的"文坛君子"。1921年6月，叶圣陶应邀到上海吴淞中国公学中学部教国文。几个月后，在刘延陵的引荐下，朱自清也来到中国公学任教。由此，两人结下了一生一世的深情厚谊。他们如古代的俞伯牙与钟子期，高山流水，唱和一生，在文坛上留下了一段文人相重、友谊长存的佳话。民国年代和共和国时期，在叶圣陶主持编辑的多种版本的语文（国文）教科书中，都有朱自清不可或缺的一席之地。

文坛教坛遇君子

　　在去中国公学之前，刘延陵告诉朱自清，叶圣陶也在那里任教。之前，朱自清已经读过叶圣陶的一些小说和新诗，知道他也是文学研究会会员，因此他带着一种好奇心问："叶圣陶是怎样的一个人？"刘延陵回答："是一位老先生哩。"

　　在朱自清读过的叶圣陶文学作品的印象里，叶圣陶应该是一个风度翩翩的苏州少年文人，刘延陵的介绍，让他颇感意外。

　　在一个阴天，朱自清和刘延陵一起去拜访叶圣陶，见面后才知道叶圣陶年纪并不老，才27岁，只比自己年长4岁，只是他朴素的服饰和沉默的风度，给人一种"老成"的感觉罢了。朱自清也是一个秉性谦和、温和中正、喜静不喜动的人，在学生时代即被看作是"少年老成"。

　　朱自清和叶圣陶都是不喜多说话的性格，在生人面前更是如此。两人第一次见面双方都显得有点拘束，只是泛泛地交换了几句关于文学作品的意见，便匆匆告辞了。

　　叶圣陶18岁中学毕业后即投身中小学教育事业，其时已有近10年的教学经历。执教之余，他勤奋写作，先后在《晨报》《新潮》《小说月报》等报刊发表了不少小说，在文学界崭露头角，成为著名的文学社团文学研究会的发起人之一。朱自清在北大读书时就投身于新文学运动，也发表过不少诗歌。由于同是文学爱好者，他们很快相熟起来。

相处时间长了，朱自清发现，叶圣陶并不是喜欢孤独，但确是一个寡言的人。朱自清觉得，他和自己在性格上有许多相似之处，因而在心理上也亲近起来。他喜欢叶圣陶颇为有味地听别人讲话的神情，也喜欢他那种对人和易的态度。他觉得叶圣陶这样的和易，并非阅历世故，有意造作，而是出于天性。

有一次，叶圣陶特地从家里拿来《晨报》给朱自清看，那报上有叶圣陶发表的文章。朱自清看过之后，随手放在一个书架上，时间长了，竟然找不到了。朱自清知道叶圣陶写文章是不留底稿的，而且他一直以来在辛辛苦苦地积累保存着《晨报》，因而有点不好意思，叶圣陶却说："由他去末哉，由他去末哉！"这事就这样过去了。

不久，中国公学闹起了风潮。起因是大学部旧派教员攻击叶圣陶、朱自清、刘延陵、吴有训等新派教员进行的教学改革，进而煽动学生驱逐校长张东荪和中学部主任舒新城。张东荪欲开除带头闹事的学生，受到旧派教员的抵制，指控张东荪"摧残教育""压迫学生"。后来闹到警察介入，双方冲突加剧。朱自清和刘延陵主张采取中学部停课的强硬的办法，担心一向持重温和的叶圣陶未必赞成。谁知一经提出，这位"老大哥"表示坚决与大家站在一起。这场新与旧较量的风潮结束了，朱自清、叶圣陶等八位新派教师在《时事新报》上发表文章，严正申明中国公学风潮的内幕、经过和结果。

这次风潮的结果是，由于旧派势力的强大，朱自清和叶圣陶被迫一起离开了学校。

在短短的一两个月时间里，性格的相近，情趣的相投，使他们很快结成了莫逆之交。

击桨联床共曦月

离开中国公学不久，朱自清重回杭州第一师范任教（1920年北京大学毕业后他曾在该校担任国文教师一年），叶圣陶暂时回到苏州的老家。

校长马叙伦得知他们的遭遇，立即托请朱自清函邀叶圣陶同来，共谋教育事业。有朋如此，夫复何求，能与朱自清再度共事，叶圣陶当然是求之不得，立即回信："我们要痛痛快快游西湖，不管是夏天还是冬天。"这年11月，叶圣陶乘车南下，朱自清亲往车站迎接，他知道，老大哥不喜独处，害怕寂寞。

学校本来给叶圣陶单独预备了一间宿舍，为了能够时时交谈，他建议把自己的宿舍当作两人共同的卧室，把朱自清那间当作共同的书房。这样，他们天天联床共灯，时时畅谈。有时，他们品茗神侃，古今中外，海阔天空，"舒发的随意如闲云之自在，印证的密合如呼吸之相同"；有时，他们各据一桌，或预备功课，或批阅学生的作业。

那时，叶圣陶在教书之余，常常写一些小说和童话。小说的素材往往是以前积累的，童话却像是诗兴一样，得之于片刻之间的灵感。有一天早上，两人刚刚晨起，都还坐在床上，听见附近一家工厂汽笛声响起，叶圣陶有点兴奋地说："今天又有了一篇了，我已经想好了，来得还真快啊！"这一日写的是后来收入童话集《稻草人》中的《大喉咙》。在短短的两个月里，朱自清亲眼看见叶圣陶写成了《火灾》中的从《饭》到《风潮》的七篇小说，还有《稻草人》中的一部分。每篇稿子写成后，朱自清总是先睹为快，有时也提出自己的意见。两人相处各无戒心，任意倾吐，坦坦荡荡，十分契合。叶圣陶曾说，与朱自清一起晤谈，"有一种愉悦的心情同时涌起，其滋味如同初泡的碧螺春"。

学校休假的日子，他们不是到饭馆小酌，就是到西湖泛舟。"西湖这地方，春夏秋冬，阴晴雨雪，风晨月夜，各有各的样子，各有各的味儿，取之不竭，受用不穷；加上绵延起伏的群山，错落隐现的胜迹，足够教你流连忘返。"

这年农历十一月十六日傍晚，朱自清约叶圣陶和另一位好友一起共泛西湖。他们乘一叶扁舟，荡悠在幽静的湖面上，只见月光似水，细波涟漪，远山如黛，渔火点点。叶圣陶触景生情，随口吟了两句诗：

> 数星灯火认渔村，淡墨轻描远黛痕。

观摩着品味着如诗如画的景，只听得均匀而寂寞的桨声在湖水中一起一落，大家缄默着，似乎都沉醉了。

这天，正是西方极乐世界的阿弥陀佛的生日，西湖岸边的净慈寺十分热闹。他们弃舟登岸，远远听见经声、佛号声和木鱼声、铜磬声错落有致，来到大殿前，释迦牟尼、阿弥陀佛佛像金碧辉煌，显得空灵而又悠远，庄严而又神秘。

荡舟回校，已经夜深。他们谈兴不减，接着海阔天空地神聊。

这样的神聊，几乎充弥在每个夜晚。"能说多少，要说多少，以及愿意怎样说，完全在自己手里，丝毫不受外力牵掣。这当儿，名誉的心是没有的，利益的心是没有的，顾忌欺诈的心也都没有，只为着表出内心而说话，说其所不得不说。"他们总是越说越深入，越说越觉得兴趣浓厚，几乎难以停下来。朱自清在《赠圣陶》一诗中，曾这样描述他们的生活：

西湖风冷庸何伤，山色水光足彷徉。

归来一室对短床，上下古今与翱翔。

这年除夕的夜晚，他们躺在床上"卧谈"。隔床的是双屉的书桌，桌上是两支摇曳着火苗的白蜡烛。忽然，朱自清来了写诗的灵感，喊道："我又有一首诗了"，随即念给叶圣陶听：

除夜的两支摇摇的白蜡烛光里，

我眼睁睁瞅着，

一九二一年轻轻地踅过去了。

朱自清与叶圣陶两人"击桨联床共曦月"的难忘日子，虽然只有不到三个月，却在叶圣陶的心灵深处烙下了抹不去的印痕。五十三年后，叶圣陶忆起那首《除夜》，当年情景又浮现在眼前。他夜不成眠，写成长词《兰陵王》：

猛悲切，往怀纷纭电掣。西湖路，曾见恳招，击桨联床共曦月。相逢屡闲阔。常惜深谈易歇。明灯坐，杯劝互殷，君辄沉沉醉凝睫。……

新诗路上肩并肩

朱自清和叶圣陶离开中国公学，在上海共同滞留了大约一个月。借着这一机会，由叶圣陶引领，朱自清参加了文学研究会组织的一系列活动，结识了一大群志同道合的青年作家朋友。虽然暂时失了业，但朱自清觉得过得特别充实而愉快，说这段时间"实在是我很好的日子"。

文学研究会反对"将文艺当作高兴时的游戏和失意时的消遣",主张文艺应当成为"人生的镜子"。这是新文化运动发端以后,真正高举现实主义旗帜的文学团体。叶圣陶、朱自清和刘延陵、俞平伯等几位青年作家早就有搞一个专门倡导和发表新诗的刊物的愿望,在杭州一师共事期间,他们积极筹办,几经努力,《诗》月刊终于在1922年1月问世。

《诗》月刊每卷五期,每期63个页码,以"中国新诗社"的名义正式出版,作为文学研究会定期出版的刊物之一。它内容丰富,除刊载新诗外,还发表译诗、诗评、论文、传记、诗坛信息及通讯等。它开宗明义地向社会宣示,这不仅是新诗的阵地,也是诗歌走向生活、"向人们说话"的平台。它是中国现代文学史上第一个诗刊,也是新文学运动以来第一部宣告自己独立存在的诗歌刊物。

叶圣陶和刘延陵参加了《诗》月刊的具体编辑,朱自清不仅将自己的很多诗作发表在《诗》月刊上,还在刊物上参与对新诗创作的讨论。为响应刊物对小诗的倡导和讨论,朱自清用了几天时间,认真写了一篇题为《短诗和长诗》的文章,主张小诗"贵凝练而忌曼衍",在艺术上应该"重暗示,重弹性的表现,叫人读了仿佛有许多影像跃跃欲出的样子"。他还特地写了三首小诗,以凝练的语言,跳跃的节奏,表达了诗人内心刹那间的感情变化,体现了新诗的艺术表现力,发表后很受青年读者的赞许。

朱自清和叶圣陶倡导新文学,在江浙一带营造了一个异常活跃的新文学创作氛围。当时,汪静之、潘漠华、冯雪峰、柔石、魏金枝等一些热爱新文学的青年学生,成立了浙江第一个新文学团体"晨光社",特聘朱自清和叶圣陶作为他们的顾问。他们既顾又问,不仅指导他们创作,而且在《诗》月刊上连续刊登汪静之、冯雪峰等人的诗作。

据冯雪峰回忆:"提到'晨光社',我也就想起朱自清和叶圣陶先生在1921年和1922年正在浙江第一师范学校教书的事情来，因为他们——尤其是朱先生是我们从事文学习作的热烈的鼓舞者，同时也是'晨光社'的领导者。"

这些文学青年，不仅把朱自清和叶圣陶视为他们的领导者，更是把他们作为精神领袖而尊敬和拥戴的。

晨光社的成员以浙江一师为主体，同时还联络了蕙兰中学、安定中学和女子师范的一些文学青年，大约有二三十人，他们后来大多在中国文学史上留下了自己的坚实足迹。

惺惺相惜交谊醇

1922年2月，叶圣陶和朱自清同时告别杭州一师。叶圣陶应约前往北京大学担任中文系预科讲师，第二年，进入上海商务印书馆，从此开始了编辑生涯。朱自清先后辗转浙江台州、温州、宁波等地任教。自此一别，虽然两人聚少离多，但他们总会找机会继续在新文学上的合作。

1922年6月，八位新文学代表诗人诗歌合集《雪朝》作为文学研究会丛书由商务印书馆出版，收入朱自清诗作19首，叶圣陶诗作15首。这部诗集在艺术和思想上都具有开创性，被诗歌评论家冯至认为"在中国新诗坛开了一代风气之先河"。

1924年，朱自清、叶圣陶和俞平伯等人组织了一个不定期的文艺刊物，名为《我们》，逐期以出版年月作为书名，第一期叫作《我们的七月》。这本书里有论文、小说、诗、戏剧、小品、札记、通信并精印书画、摄影等，其中收录了叶圣陶《泪的徘徊》、朱自清《温州的踪迹》等作品。

1925年秋，朱自清北上清华园任教，从此离开了杏花春雨江南。此后，他们虽分处江南和北国，空间的距离隔不断他们之间的深情厚谊，除了鱼雁传书，对方的文章也使他们心心相印，仿佛感受到对方的呼吸。

朱自清一直是叶圣陶所编刊物的有力支持者之一。他的散文名作《背影》《荷塘月色》《南京》等文，连同收入《欧游杂记》里的诸多篇章，便先后发表在叶圣陶编辑的《文学周报》《小说月报》《中学生》等刊物上。此外，他在北平先后写过散文《我所见的叶圣陶》、文论《叶圣陶的短篇小说》。前者叙述了他们交往的一些片断，后者称道叶圣陶的大部分小说和鲁迅先生一样，在结构布局上具有"严谨而不单调"的鲜明特点。

叶圣陶有"文坛伯乐"之誉，对朱自清的散文当然更是青睐有加。他在1937年开明书店出版的《文章例话》一书中，把朱自清的《背影》与鲁迅的《社戏》、茅盾的《浴池速写》等佳作并列，热情称赞《背影》是篇好文章："这篇文章通体干净，没有多余的话，没有多余的字眼。即使一个'的'字，一个'了'字，也是必须用才用。"

全面抗战爆发后，朱自清随校迁至昆明国立西南联大任教。叶圣陶则辗转到了四川，为了维持生计，他在编余又重操旧业，曾在重庆巴蜀学校兼课。在此期间，他们不仅合作编辑《文史教学》杂志，还合作出版了《精读指导举隅》《略读指导举隅》《国文教学》等指导中学国文教学的三本参考用书。当叶圣陶与夏丏尊合写的《文心》一书出版时，朱自清又热情地撰写了序言。几年后，朱自清的《经典常谈》一书由文光书店出版，叶圣陶专门撰文予以推介。朱自清甚至还为叶圣陶的三个儿女叶至善、叶至美、叶至诚三兄妹在中学时代出版的小说合集《三叶》热情作序，称赞叶圣陶夫妇教子有方："我佩服他（叶圣陶）和夫人能够让至善兄弟三人成长在爱的氛围里，却不沉溺在爱的氛围里……"

1948年8月，朱自清英年早逝的消息传至上海，叶圣陶为失去一位文坛干将和一生的挚友而痛心不已，一连写下《佩弦的死讯》《谈佩弦的一首诗》《朱佩弦先生》《悼念朱自清先生》四篇文章，表达自己沉痛的哀思之情；一年后，又作《佩弦先生周年祭》，赞美朱自清在中国作家和学者中的"完善的人格"。新中国成立初期，叶圣陶就任出版总署副署长、人民教育出版社社长，对《朱自清文集》的整理与出版，曾给予热切的关注和支持。直到晚年，他还亲赴清华园，看望朱自清的遗孀陈竹隐女士，给予朱夫人以殷切的安慰。

新文学作家与共产党先驱之间的呼与应

——朱自清与邓中夏

邓中夏（1894—1933），又名邓康，湖南宜章人。中国共产党和中国工人运动的早期领导人之一。1920年3月发起并参加马克思学说研究会，后成为北京的共产党早期组织成员。1921年初，创办长辛店劳动补习学校，在工人群众中宣传马克思主义。1922年5月任中国劳动组合书记部主任。先后领导了著名的长辛店铁路工人、开滦煤矿工人大罢工，京汉铁路工人二七大罢工和省港大罢工。1930年任湘鄂西特委书记、红二军团政委、前敌委员会书记、中央革命军事委员会委员。1932年任中国革命互济会总会主任兼党团书记。1933年9月21日，在南京雨花台被国民党当局杀害。中共第二、第五届中央执行委员，第三、第六届中央候补执行委员，在1927年召开的八七紧急会议上当选为临时中央政治局候补委员。

朱自清1916年考入北京大学预科，1920年毕业于本科哲学门（系）。在四年的大学生涯中，他基本上属于那种比较专注于学业的学生，同学们对他的印象也是不喜欢讲话、对课业认真、平和中正、少年老成的形象。不过，这可能只是他外在的一个比较显现的方面，另一方面，他毕竟也是一个热血青年，面对民族的危难、国家的忧患，他也曾奋起斗争，积极投身于爱国学生运动。而引导他投身社会斗争实践的，是当时在北京大学国文学门（系）读书、后来成为中国共产党早期领袖的邓中夏。

芳华岁月里的并肩战斗

邓中夏比朱自清大四岁，1917年7月考入北京大学时已经23岁。他思想上比一般大学生更加成熟，在进入北大的第二年就与高君宇、许德珩等同学发动组织了反对北洋军阀政府签订丧权辱国的《中日共同防敌军事协定》的罢课请愿斗争。同年又组织了学生救国会，创办会刊《国民》杂志。1919年3月，他与黄日葵、许德珩等发起成立"北京大学平民教育讲演团"，以"增进平民智识，唤起平民之自觉心"为宗旨，以"教育普及与平等"为目的，利用课余时间和节假日，深入街头与郊区农村进行流动讲演，吸引了众多的青年学子的积极参与。

讲演团以三到五人为一组，事先拟好题目，选定地点，打着讲演团的宣传旗帜，携带着小铜锣或鼓号，专门到庙会等人群集中的地方进行宣讲，讲演大受听众欢迎，效果非常好。除了北大，其他大中学校的学生也纷纷加入。在进步学生的影响下，朱自清也参加了北大平民教育讲演团的讲演活动。他觉得，平民教育讲演团以露天讲演的方法，宣传新思想新知识，走出了一条开启民智的新路子。此外，他还参加了北京大学校役夜班的教学工作，与邓中夏一起，轮流为校役讲授国文。

1920年3月，在李大钊的指导下，邓中夏与高君宇、罗章龙等发起筹备北京大学马克思学说研究会。随着形势的发展，邓中夏决定把平民教育讲演团的工作重心由市区向郊县区域的工矿与农村地区拓展。3月25日，他给朱自清、高君宇、周长宪等人写信，"为筹备春假期内，'农村讲演'及刊行讲演录各事，定于本星期六晚七时半，在本事务所开会讨论，届时务祈准时到会为祷"。27日，会议准时召开，邓中夏在会上提出关于农村讲演的八条办法，"除城市讲演之外，并注重乡村讲演、工场讲演"，获得朱自清及与会的讲演团骨干成员的一致赞同。会议决定将平民教育讲演团分为四组，朱自清受命担任第四组的书记。讲演的范围区域逐步向工场与乡村扩展，这也成为知识分子与工农群众相结合的最初的尝试。

这年夏季，朱自清就要大学毕业了。毕业大考在即，而讲演团的活动也越来越多了。4月6日是北大春假的第三天，朱自清带领第四组的团员8人，一大早就从北京市内驱车数十里，到达京东的通县，先是敲锣打鼓吸引听众，然后开始在街头讲演。朱自清一连做了两场演讲，讲题分别为《平民教育是什么？》和《靠自己》，听众达500余人。讲演结束后，他们还就近游览了潞河公园，参观了通俗展览馆。后来，他又随邓中夏在护国寺、蟠桃宫等地演讲《我们为什么要求知识》，还一同到门头沟煤矿、长辛店铁路工厂考察了工人的劳动与生活状况。

5月1日，邓中夏组织北京大学的进步学生及校役500多人，举行"五一国际劳动节"纪念大会，号召人们把"五一"节当作引路明灯，向着光明的道路前进。第二天，平民教育讲演团决定配合五一劳动节的宣传，深入各界群众开展演讲。朱自清在地安门做了题为《我们为什么要纪念劳动节》的演讲，他用通俗易懂的语言，向现场数百名群众介绍了"五一"节的来历和纪念"五一节"的意义，并当场散发了《五月一日北京劳工宣言》。宣言写道：

我们亲爱的劳工朋友们啊！今天是五月一日，是美国工党同盟罢工争得"每天八小时"的纪念日，全球的工人到了这一天，都是相率罢工，举行示威运动。但是我国的工人，还有很多不知道今天是什么日子。所以我们来告诉各位：

自从今天起，有工大家做，有饭大家吃，凡不做工而吃饭的官僚、政客、资本家、牧师、僧尼、道士、盗贼、乞丐、娼妓、游民，一律驱逐，不准他留在我们的社会里来剥削我们。所以我们大家都要联络起来，把所有一切的土地、田园、工厂、机器、物资，通通取回到我们手里，这时候谁还敢来压制我们呢？我们的劳工朋友啊！快快起来，休业一天，大大的庆祝一下！

现场几乎所有的群众大都是第一次听到劳工还有自己的节日，了解到自己受苦受难的社会原因，认识到劳动创造世界的道理。虽然这种宣传与后来中国共产党进行的有组织有系统的宣传还有很大的差距，但在启发劳工群众的政治觉悟方面播下了最初的一粒种子。

在北大读书期间，经邓中夏、刘仁静等人的介绍，朱自清还加入了以"振作少年精神、研究真实学术、发展社会事业、转移末世风气"为宗旨的少年中国学会，成为文科会员，后来又与邓中夏一同当选为该会评议员。

新诗的交流，内心的反省

邓中夏与朱自清都是新文学的爱好者。邓中夏读过朱自清的那首《满月的光》，觉得他的诗作语言清新脱俗，又有向往光明、追求进步的寓意。那次，他们一同到京西的门头沟煤矿考察，回到学校后，兼任

《北京大学学生周刊》编辑的邓中夏特地向朱自清约稿。朱自清写了一首新诗，题为《煤》，邓中夏读后十分喜欢，就把这首诗刊发在《北京大学学生周刊》上。这首诗语言质朴又富有感情，深情歌颂了像煤一样的矿工，为人类社会散发"赤和热""美丽而光明"的崇高奉献精神。

邓中夏在北大读的是国文学门（即国文系），又有参加实际社会斗争的经历，因此他的诗作充满战斗激情，对读者很有感染力和号召力。一次，朱自清在《少年中国》上读到邓中夏的《游工人之窟》，顿觉一股清新的气息扑面而来。那是一幅怎样的动人画面啊：太阳升起来，普照着大地，"我"偕朋友从北京出发，前往长辛店"游工人之窟"。灿烂的朝曦伴"我"而行，荒城、野渡，远山、远村，袅娜的炊烟，深蔚的朝岚，包容在太阳的怀抱之中，呈现出异样的奇景。呈现在眼前的景象，使诗人油然而生对工人劳动阶级的钦敬之情。

诗的末尾，诗人和几个工人"坐灯光底下，作扣虱之谈。'人生''社会''阶级斗争''世界共产'，都是我们的话料"。"你割吧，你割吧"，"新长的疙瘩"，"这么阻碍自由的东西，谁爱他来？"读着读着，朱自清感到诗人在思想感情上完全与工人群众融为一体了。相形之下，他更感受到自己与诗友在格局上的差距。为此，他写了一首《不足之感》，以反省自己的不足：

他是太阳，我像一枝烛光。/他是海，浩浩荡荡的，我像他的细流。/他是锁着的摩云塔，我像塔下徘徊者。/他象鸟儿，有美丽的歌声，在大空里自在飞着。/又像花儿，有鲜艳的颜色，在乐园里盛开着。/我不曾有什么，只好暗地里待着了。

明镜照亮前行的路

　　1920年从北大毕业后，朱自清先后辗转杭州、上海、台州、温州、上虞等地，在中等师范学校和初中高中学校担任国文教员，并继续着自己的新文学创作之路。他陆续发表了数量不少的诗歌与散文，并开始结集出版，在文坛产生了一定的影响。邓中夏则走上了职业革命家的道路，但写新诗的习惯并未间断。他的新诗虽然数量不多，但却深刻地反映了当时中国的社会现实和如火如荼的斗争生活，如影响较大的《胜利》《觉悟的门前》《问》《送李启汉》等诗作，从不同侧面反映了封建礼教的压迫、帝国主义的侵略和军阀混战给中国人民造成的严重灾难，工农劳动大众的贫困生活和反抗斗争，表达了人民大众要求革命和追求自由幸福生活的强烈愿望，彰显着鲜明的反帝反封建的战斗精神。

　　1922年5月，邓中夏出席了在广州召开的第一次全国劳动大会。7月赴上海参加了中国共产党第二次全国代表大会，被选为中央执行委员会委员。会后，他接替张国焘担任中国劳动组合书记部主任。1923年2月，他领导了著名的京汉铁路工人大罢工。"二七"大罢工失败后，他遭到军阀政府通缉。为了保证他的安全，这年3月，在中共党组织的安排下，他秘密来到上海，改名邓安石，经李大钊介绍，到国共合作创办的高校上海大学担任教务长，同时兼任《中国青年》杂志编辑。

　　这年暑假，朱自清从温州北上南京度假，在街头邂逅分别三年、在南京筹备中国社会主义青年团第二次全国代表大会的邓中夏。只见邓中夏留着长发，面容憔悴，但精神仍如大学时代一样充沛旺盛。他们忆起当年在大学里的难忘过往，谈到当前的国事日非民不聊生，也谈到了他们共同感兴趣的新文学事业。分别之际，邓中夏告诉朱自清，他目前正在上海大学办教育，兼做一些青年工作，正在筹办《中国青年》杂志，希望佩弦君给杂志多写些稿件。因为团代会筹备工作十分繁忙，他们不及详谈，就在街头相互留下了通信地址，匆匆而别。

回到温州十中不久，朱自清接连收到邓中夏从上海寄来的几期《中国青年》杂志。在杂志上他看到邓中夏写的两篇文章，引起了他内心的深思和不安。

在《贡献于新诗人之前》一文中，邓中夏批评了当时文坛上某些诗人"对于社会全部的状况是模糊的，对于民间的真实疾苦是淡视的。他们的作品，上等的不是怡性陶情的快乐主义，便是怨天尤人的颓废主义。总归一句话，是不问社会的个人主义。下等的，便是无病而呻，莫明其妙了"。他旗帜鲜明地表示，"我们不反对新诗，我们不反对人们做新诗人，我们是反对人们这种不研究正经学问不注意社会问题专门做新诗的风气"，希望"要做新诗人的青年们"，"多做能表现民族伟大精神的作品"，"多做描写社会实际生活的作品"，多"从事革命的实际活动"，"表现民族伟大精神的作品，要特别多做，傲醒已死的人心，抬高民族的地位，鼓励人民奋斗，使人民有为国效死的精神。文体务求壮伟，气势务求磅礴，造意务求深刻，遣词务求警动"，真正"做一个有价值的新诗人"。

在《新诗人的棒喝》一文中，邓中夏针对当时一些青年醉心于做所谓"艺术至上""爱情至上"的"新诗人"，而对于革命斗争漠不关心的现状，尖锐地提出，希望诗人们不要"坐在暖阁里做诗"，要"注意社会问题"。他向青年们呼吁："青年们！醒来哟！谁在你们的四周？虎视鹰隣的，磨牙吮血的？你们处在一种什么环境？你们是负了一种什么责任？春花般的青年们哟！朝暾般的青年们哟！烈火般的青年们哟！新中华的改造只仗你们了，却不仗你们几首新诗。青年们，醒来哟！"

读着邓中夏语重心长、对国家民族充满忧患之情的文字，朱自清仿佛又回到了与邓中夏一起并肩战斗的激情燃烧的青春岁月。他知道邓中夏的文章并不是专门批评他的，然而文章中的每一句话却又深深地拨动他的心弦。他反思自己，近年来躲在象牙塔里教书育人，创作诗歌散文，确有邓中夏文章中指出的只管埋头做事而忽视社会实际的倾向。

想象着邓中夏投身社会斗争的大无畏形象，对照着自己近年来思想上的犹豫和彷徨，在一个万籁俱寂的春夜，朱自清有感而发，创作了慷慨激越、充满战斗激情的诗作《赠A.S》（AS是邓中夏改名为邓安石的英文头两个字母）。在他的笔下，邓中夏既是催他奋进的鼙鼓，又是令他汗颜的镜子：

你的手像火把，你的眼像波涛，你的言语如石头，怎能使我忘记呢？/你飞渡洞庭湖，你飞渡扬子江；你要建红色的天国在地上！/地上是荆棘呀，地上是狐兔呀，地上是行尸呀；/你将为一把快刀，披荆斩棘的快刀！/你将为一声狮子吼，狐兔们披靡奔走！/你将为春雷一震，让行尸们惊醒！/我爱看你的骑马，在尘土里驰骋，一会儿，不见踪影！/我爱看你的手杖，那铁的铁的手杖；它有颜色，有斤两，有铮铮的声响！/我想你是一阵飞沙走石的狂风，要吹倒那不能摇撼的黄金的王宫！/那黄金的王宫！呜……吹呀！/去年一个夏天大早我见着你；你何其憔悴呢？/你的眼还涩着，你的发太长了，但你的血的热加倍的薰灼着！/在灰泥里辗转的我，仿佛被焙炙着一般！/你如郁烈的雪茄烟，你如酽酽的白兰地，你如通红通红的辣椒，我怎能忘记你呢？

朱自清是真诚的，他没有为自己的懦弱辩护和开脱，他只是不断地暗自拷问自己的良心，陷入痛苦的思索。邓中夏收到朱自清的赠诗后，将这首《赠友》刊发在1924年4月26日出版的《中国青年》第28期上。朱自清后来在编选《我们的七月》时，将这首诗编入，更名为《赠

A.S》。后来这首诗被选入《中国新文学大系·诗集》。叶圣陶读到朱自清的这首诗后，在《新诗零话》中评价说："他的《赠A.S》一诗，我很欢喜。像握着钢刀，用力深刻，刀痕处都有斩截刚利的锋棱。"

与诗友呼应，为同胞呐喊

1924年7月7日，朱自清从温州前往南京，参加少年中国学会的第五次年会。他以为可以再次见到作为学会主要负责人的邓中夏，好好交流一番这几年来的思想和创作以及别后各自的经历。让他感到遗憾的是，邓中夏并未参加这次年会，这时他正忙于促进全国工人运动的复兴及上海党组织的整顿。

这一时期，朱自清在文学创作上开始自觉地践行邓中夏提出的文学革命主张，"多做描写社会实际生活的作品，彻底露骨的将黑暗地狱尽情披露，引起人们的不安，暗示人们的希望"，以期达到"改造社会的目的"。

1925年，"五卅"惨案爆发，朱自清义愤填膺，疾笔写下了诗作《血歌》，一改过去的诗风，短促的、跳跃的句子如同狂风、急雨、鼓点，冲击着他的心灵。对日本帝国主义者屠杀中国同胞的血腥暴行，他表示了极大愤慨，号召同胞们积极投身反帝斗争。当得知邓中夏领导的省港工人大罢工遭到英法帝国主义派兵镇压，酿成"沙基惨案"的噩耗，他又愤然写了诗作《给死者》，表达了全国同胞共同的哀痛与愤怒，号召国人同仇敌忾，奋起抗争。

到清华园任教还不到一年，就发生了"三·一八"惨案。那天，朱自清也跟着清华的队伍去执政府请愿。他万万没有料到，迎接他们的竟然是枪管子里射出来的子弹。他的学生韦杰三早上还微笑着向自己打招呼，此时却倒在了血泊之中，再也没有醒来。惨案发生后，朱自清对军阀政府的暴行和御用文人的谎言非常愤慨，发表了散文《执政府大屠杀记》，以事件亲历者的身份叙述了惨案的全过程和自己耳闻目睹的事实，抨击段祺瑞执政府草菅人命，甘为洋人奴才的丑恶嘴脸。他在文章中悲愤地写道："这回的屠杀，死伤之多，过于五卅事件，而且是'同胞的枪弹'，我们将何以间执别人之口？而且在首都的堂堂执政府之前，光天化日之下，屠杀之不足，继之以抢劫，剥尸，这种种兽行，段祺瑞等固可行之而不恤，但我们国民有此无脸的政府，又何以自容于世界？"后来，他还陆续写过《朝鲜的夜哭》《战争》等一批充满正义的新诗，表明了自己的鲜明立场。

1927年9月26日午饭过后，朱自清偶然从书橱里抽出一本旧杂志来，惊奇地发现杂志里夹了一封他三年前写给邓中夏的信。看着旧书信，想着近来因时局剧变自己与邓中夏音讯隔断，在深深的思念之中，朱自清写出散文《一封信》。他在文中说："南方这一年的变动，是人的意想所赶不上的。我起初还知道他的踪迹；这半年是什么也不知道了。他到底是怎样地过着这狂风似的日子呢？我所沉吟的正在此。我说过大海，他正是大海上的一个小浪；我说过森林，他正是森林里的一只小鸟。恕我，恕我，我向哪里去找你？"

1933年9月，邓中夏血洒雨花台，年仅39岁。这篇《一封信》邓中夏后来是否读到过，已经无从得知。令人欣慰的是，朱自清没有辜负邓中夏的期望，在晚年毅然从"象牙塔"走到"十字街头"，坚定地与中国人民站在了一起。毛泽东在《别了，司徒雷登》一文中，用掷地有声的语言赞扬了朱自清的铮铮硬骨："朱自清一身重病，宁可饿死，不领美国的'救济粮'。……我们应当写闻一多颂，写朱自清颂，他们表现了我们民族的英雄气概。"后人将朱自清称为"现代伯夷"。

知己从来不易知，慕君为人与君好

——朱自清与丰子恺

丰子恺（1898—1975），原名丰润，号子恺，浙江桐乡人。早年就读于杭州浙江省第一师范学校，师从李叔同学习音乐和绘画。1921年东渡日本学习绘画、音乐和外语。民国年代在上海参与创办开明书店和立达中学，曾在浙江春晖中学、上海立达中学、浙江大学、国立艺专等大中学校任教。1949年后，历任中国美术家协会常务理事、上海市美术家协会主席、上海市作家协会副主席、上海市文学艺术家联合会副主席、上海对外文化协会副会长、上海市中国画院首任院长、全国政协委员等职。1975年9月15日在上海逝世。著有散文集《缘缘堂随笔》《子恺小品集》《随笔二十篇》《艺术趣味》《车厢社会》《率真集》，美术作品集《子恺漫画》《子恺画集》，学术著作《西洋美术史》《艺术概论》《西洋名画巡礼》《绘画与文学》《艺术与人生》等。

1924年春，应夏丏尊之邀，朱自清来到位于白马湖畔的浙江上虞春晖中学，担任国文课教员。在这个满目湖光山色、茂林修竹，颇具世外桃源风味的秀美校园里，他幸运地结缘了丰子恺、朱光潜、刘延陵、夏承焘、匡互生等几位年龄相近、情趣相投的青年朋友。他们朝夕相处，挚情弥笃，在短短一年多的时间里，结下了比白马湖水更纯净、更醇厚的终生友谊。其中，彼此之间相知之深、在文学和艺术上交往最多的，当属丰子恺。

教育理念上的相互欣赏

丰子恺比朱自清早两年（1922年）进入春晖中学执教。他在学生时代师从李叔同学习音乐、绘画，师从夏丏尊学习国文，在艺术和文学上打下了厚实的基础。他先后就读于浙江第一师范学校、东京川端洋画学校，曾在上海与同学发起成立"中华美育会"，编辑出版《美育》杂志，并创办了中国教育史上第一所包括图画、音乐、手工艺各科的艺术师范学校——上海艺术专科师范学校。到春晖中学任教时，他虽然只有二十出头，却已经是一个有一定艺术经历和艺术思想的艺术家了。

丰子恺是浙江桐乡人，朱自清原籍是浙江绍兴。两人不仅算得上是同乡，而且是生于同年同月，只相差13天（丰子恺生于1898年11月9日，朱自清生于1898年11月22日）。或许是一种天然的缘分，朱自清与丰子恺刚见面不久，就成为无话不谈的密友了。

丰子恺在春晖中学担任美术和音乐教师。不同于一般教师的是，他倡导对中学生进行"美的教育"。他认为，教育不只是教给学生谋生的本领，更重要的是，要用艺术陶冶人的性情，使人超脱卑微、痛苦、迷茫的生活，使每一天的生活富有意义。在课堂上，他不仅教学生绘画的一般知识，还教学生画石膏头像，教学生互为模特儿写生素描。在他

134

的倡导下，学校里组织了多种艺术团体，"天然图画，点写不尽，音歌啸傲，山谷共鸣"，全校学生逐渐形成了追求美和创造的浓郁氛围。丰子恺自己也常在白马湖畔写生作画，有时忽然来了音乐灵感，手头没有五线谱纸，他就用画笔在自己的白衬衫上画五线谱。春晖中学早年的校歌，便是他以孟郊的《游子吟》为词谱写的。这种"美的教育"受到蔡元培先生的肯定："美的东西，虽饥不可以为食，寒不可以为衣，可是却省不来……求美也和求知一样，同是要事。"（1923年5月31日在春晖中学的演讲词）当然，朱自清也由衷地赞同这种"美的教育"。

与丰子恺倡导"美的教育"相呼应，朱自清到春晖中学任教的当年10月，就在《春晖》半月刊第34期上发表了《教育的信仰》一文，提出了"有信仰的教育"的教育理念。他认为，教育界中人，无论是办学校的、做校长的还是当教师的，都应当把教育看成是目的，而不应该把它当作手段。如果把教育当作手段，其目的不外乎名和利；结果不仅不利于学生的"发荣滋长"，而且还会"两败俱伤，一塌糊涂"。他认为，"教育有改善人心的使命"，"为学"与"做人"应当并重，"如人的两足应当一样长一般"。如果学校太"重视学业，忽略了做人"，学校就成了"学店"，教育就成了"跛的教育"，而"跛的教育是不能行远的，正如跛的人不能行远一样"。所以，他说："教育者须先有健全的人格，而且对于教育，须有坚贞的信仰，如宗教信徒一般。""教育者须有健全的人格，尤须有深广的爱；教育者须能牺牲自己，任劳任怨。"

在春晖中学，朱自清要求学生克服见了老师就"矫情饰伪"的毛病，培养做人"纯止的趣味"。无论遇到什么问题，他都是与学生们进行心平气和的讨论。这种民主的、平等的教育方式，也是丰子恺深以为然的。

文艺上的相互吸引

在春晖中学，朱自清除了常到夏丏尊的"平屋"做客，也是丰子恺的"杨柳小屋"里的常客。

几个年轻人聚在一起小酌闲聊，从学校的事情，谈到社会，谈到文艺，直谈到夕阳西下，月上东山，"天上偶见几只归鸟，我们看着它们越飞越远，直到不见为止"。"在没有月亮的夏夜，可以在田野里看到萤火虫……那是成千成百的萤火。一片儿飞出来，像金线网似的，又像耍着许多火绳似的……"

有一段时间，他们经常聚在杨柳小屋"一颗骰子"似的客厅里，欣赏日本漫画家竹久梦二的漫画集。朱自清虽然不善丹青，但对美术也颇有见地，对竹久梦二的漫画呈现出来的独特风格和神韵，他们两人总要互相讨论一番。朱自清看过丰子恺即兴画出的一些漫画作品，包括他为《春晖》半月刊作的刊头、题花，寥寥几笔便神韵俱现，朱自清也常常予以品评。在杨柳小屋里，丰子恺平时所作的漫画常常贴满了墙壁。朱自清总是习惯地隔几天便要去看一看，看到新作中有自己喜欢的佳品，便央求丰子恺再作一幅相同的送他，而丰子恺往往就把墙上的那幅取下来交到他手上。朱自清看着丰子恺创作的画稿越来越多，越来越呈现出自己的风格，鼓励似地对丰子恺说："将来你可以和竹久梦二一样，出一本自己的漫画集！"

一次，丰子恺和夏丏尊同在朱自清家里坐着闲谈，几个孩子在屋里屋外欢快地嬉戏。见此情景，丰子恺即兴为朱自清刚满4岁的女儿阿菜（朱采芷）画了一幅肖像。画上的阿菜天真活泼，夏丏尊赞不绝口，当即在画的上方题了"丫头四岁时，子恺写，丏尊题"几个字。朱自清感觉画好字也好，一时爱不释手。后来（1928年），朱自清将此画制版，作了散文集《背影》的插页。

朱自清多次鼓励丰子恺多作画作，保存好画稿，"将来印一本画集"。1924年，朱自清把丰子恺的简笔画《人散后，一钩新月天如水》拿去，公开发表在他与俞平伯合办的不定期文艺刊物《我们的七月》上。这是丰子恺的漫画首次正式公开发表。画作表现的是杨柳小屋友人相聚后的心境。新月升空，友人尽散，一切静静地笼罩在银色的月辉之下，清幽的夜色，清雅的房舍，清静的心境在画幅间流淌。

画作发表后，立即引起了上海《文学周报》主编郑振铎的注意。他说，"我的情思……被他带到一个诗的仙境，我的心上感到一种说不出的美感"。（1925年5月10日《文学周报》第172期）此后，丰子恺的简笔画在《文学周报》上经常发表，郑振铎把这些画作在目录中冠以"漫画"二字，从此，中国才有了"漫画"的名称，中国的漫画也由此起步。后来，美术界把丰子恺视为"中国漫画的鼻祖"。

在教学工作之余，朱自清和夏丏尊、朱光潜几人，常常聚在杨柳小屋，讨论丰子恺的画作，给予热情的鼓励。丰子恺画漫画的劲头更足了，他把时常见到的孩童的稚趣、学校的日常情景、乡村的家居生活以及平日萦绕于心的种种琐事，一一画在纸上，心里时时充溢着创作的激情和喜悦。

丰子恺也十分推崇朱自清的人品和文学才华。他觉得朱自清的散文感情真实，清新质朴，又常常有一种诗意充盈其中，实在耐人品味。1924年12月，朱自清的第一部诗与散文合集《踪迹》由上海亚东图书馆出版，他亲自为之画封面。第二年，朱自清的散文《背影》发表，更成了他百读不厌的作品。多年后，他在教育子女时，常常由衷地称颂这篇作品的艺术成就。

1925年11月，《子恺漫画》即将结集出版，已经到清华任教的朱自清在北京给丰子恺写了一封信，深情回忆起两人在白马湖畔难忘的时光，那时的画面似乎又清晰地回到了眼前："我说：'你可和竹久梦二一样，将来也印一本。'你大约不曾说什么；是的，你老是不说什么的。我之所以说这句话，也并非信口开河，我是真的那么盼望着的。况且那时你的小客厅里，互相垂直的两壁上，早已排满了那小眼睛似的漫画的稿；微风穿过它们间时，几乎可以听出飒飒的声音。我说的话，便更有把握。现在将要出版的《子恺漫画》，它可以证明我不曾说谎话。"在信中，朱自清这样评说丰子恺的漫画："我们都爱你的漫画有诗意；一幅幅的漫画，就如一首首小诗——带核儿的小诗。你将诗的世界东一鳞西一爪地揭露出来，我们就像吃橄榄似的，老觉着那味儿……"这信后来成了《子恺漫画》的代序。

1926年10月，朱自清在清华园又接到丰子恺寄来的第二集画集稿本，让他分选择评。第二集与第一集相比，最大的不同是，去掉了诗词句图，只保留了生活的速写，增加了工笔画作品。画稿中，题材为儿童和女子的较多，这是丰子恺画作的特色。其中，一些描写女子的画作"最惹人梦思"，而他最为欣赏的是，画集中对儿童的描写，不仅神气好，而且还能"为儿童另行创造一个世界"。他根据自己读画的感受，又写成了一篇《子恺画集·跋》。

值得指出的是，从1928年第一本内收丰子恺插图的朱自清散文《背影》面世后，时隔85个年头的漫长岁月，2013年11月，春风文艺出版社出版了上下两卷本的《丰子恺插图朱自清散文全集》。全书共收录了丰子恺漫画70幅，图文相搭，交相辉映，堪称完美的艺术品。

各具风格的同题材散文

与朱自清一样，丰子恺也是文学研究会的早期会员。他的散文，在中国新文学史上也有较大的影响。用著名学者赵景深的话说，"文字的干净流利和漂亮，怕只有朱自清可以和他媲美"。朱自清的《背影》《春》《匆匆》《荷塘月色》《绿》等多篇散文被收入中学语文课本，丰子恺也有《白鹅》《竹影》《手指》《山中避雨》《黄山松》《云霓》《送考》《给我的孩子们》等多篇散文被收入中小学课本中。有趣的是，他们还作过几篇同题材散文，显示出他们不同的艺术个性和艺术风格。

1922年，时年24岁、在台州浙江六师任教的朱自清写过一篇散文《匆匆》，三年后，时年27岁在上海立达学园从教的丰子恺也写了一篇类似题材的散文《渐》。这两篇散文所写的主题和表达的情感虽基本相同，然文间风格，思想格调却大相异趣。有评论者在比较这两篇文章时说："朱自清《匆匆》所体现的是一种蓦然回首感觉到时光匆匆时的一种惶恐与惆怅及无可奈何的情感，感伤意味相当浓厚。丰子恺《渐》虽也是时光流逝以后所体现的一种情感，但作者所表现出来的却是理智的分析，非情感的体验。读《匆匆》，使人觉得自己是青年，是尘世中人；读《渐》，使人觉得已入老年，至少也应是中年，是智者，如丰子恺一般，应是半出家的人。朱自清的感情是蒋捷的'流光容易把人抛，红了樱桃，绿了芭蕉'，是诗人的感伤；丰子恺的感情是'子在川上曰：'逝者如斯夫，不舍昼夜。'是哲人的思者。一者使人沉浸于其中，哀伤自悼，从伤感中有所奋发；一者使人远距离观察人生，在哲理思考中体味人生。"

1928年10月10日，朱自清和丰子恺的同题散文《儿女》同时发表在《小说月报》第十九卷第十号上。当时他们都是刚刚步入而立之年，各自也都已有五个孩子。两篇文章都细腻地描写到孩子们日常生活中的种种可爱的情状和养育孩子带来的烦恼，但在描写角度、情感色彩和透露出来的人生趣味上却有所不同。朱自清的《儿女》笼罩在一种淡淡的愁绪之中，字里行间灌注着一种酸涩的沧桑感。丰子恺设身处地地想孩子之所想，体现出对儿童世界的自由天真的赞美和向往，体现出人性与生俱来的对天伦之乐的一种感悟。

1933年7月，在清华大学任教的朱自清发表了散文《春》，随后大约半年多，1934年3月，丰子恺也跟着发表了同题散文《春》。朱自清的《春》以充满诗情画意的笔调，描绘了一幅生机盎然的春天的画卷：绿草如茵，花木争荣，春风拂煦，细雨连绵，呈现一派生机和活力；沐浴在春光中的人们，精神抖擞，辛勤劳作，充满希望。丰子恺的《春》更注重运用比较的手法，从东西方文化的角度审视春天，表现出对东西方文化的一种思考。

自从1925年夏朱自清与丰子恺在白马湖一别，两人见面的机会就很少了。不过，他们在心里都牵挂着对方。用俞平伯的话说，朱自清与丰子恺"交情很深"。有朱自清的诗《赠丰子恺》为证：

> 洲渊黄叔度，语默与时殊。
> 浩荡月光曲，风华儿女图。
> 劳歌空自惜，烂醉任人扶。
> 近闻依净土，还忆六凡无？

结缘饮河社，天涯情谊真

——朱自清与潘伯鹰

潘伯鹰（1898—1966），原名式，字百英，安徽怀宁人。早年就读于北京交通大学，后公费赴日留学，归国后在交通部任职员。民国年代任职于多所高校和一些政府部门。曾著小说多种，后潜心于诗词及书法。新中国成立后，供职于上海图书馆，兼任上海市文物管理委员会副主任委员、上海市政府参事、中国书法篆刻研究会副主任委员、全国政协特邀委员等职。1966年5月25日，在上海逝世。著有小说《人海微澜》《隐刑》《雅莹》《残羽》《寒安五记》，诗集《玄隐庐诗》和学术专著《中国的书法》《中国书法简论》等。

1940年，正处于抗日战争的相持阶段。在战时的陪都重庆，章士钊与沈尹默、潘伯鹰等一些重量级"渝漂"文人，借着诗词往来的缘分，创办了一个文人雅集，取名"饮河社"。

饮河社取庄子"鼹鼠饮河，不过满腹"之义定名，以"研讨中国诗学，表扬前贤诗学遗著，编撰诗人评传，提倡学诗兴趣暨推进有关诗教之文化艺术"为宗旨；以章士钊为中心，章士钊被推为社长；以《饮河集》诗刊为园地，潘伯鹰为主编。后来，一大批文艺家名流汇聚于此，社员人数有近一百人之多。马一浮、陈寅恪、吴宓等一批在渝的文坛学界大佬皆汇聚于此，朱自清与俞平伯、叶圣陶、钱锺书、郭绍虞、萧涤非、施蛰存等一些新文学作家也参与其中，一时间饮河社旗下名家汇聚，佳作纷呈，极一时之盛，成为战时在全国影响很大的文人结社。

潘伯鹰是饮河社的实际主事者，是其中的核心人物。他早年师从桐城派学者吴闿生学习经史文词，对文学颇有造诣，有"皖江名士"之称。不到而立之年就著有小说《人海微澜》刊于天津《大公报》，被清华大学教授吴宓推为"当世说部第一"，并列为学生必读书目。后来由导演郑正秋于1933年将其搬上银幕，易名《春水情波》，由民国名演员胡蝶主演，风靡一时。他还工于旧体诗词，颇得唐宋之人风神，有诗集《玄隐庐诗》，吴宓采之入《空轩诗话》。他的书法更为诸名家激赏，被视为"海派翘楚"。潘伯鹰不但文名卓著，而且颇具社会活动才干。他早年不仅在沈阳大学、中法大学和暨南大学担任过教职，还先后出任过杨永泰武昌行营秘书、吴鼎昌实业部秘书、周钟岳内政部秘书、孔祥熙中央银行秘书等职。1949年，章士钊北上参加国共和谈时，潘伯鹰即在其侧担任秘书之职，一时有"书记翩翩潘伯鹰"之誉。

1948年朱自清病逝后，潘伯鹰于当年10月10日在《京沪周刊》发表回忆文章《记朱佩弦先生》，追记了他们之间交往中的一些细节。

潘伯鹰与朱自清最早的交往，是1937年初冬他们与几个友人的南岳之游。潘伯鹰当时住在南岳半山亭，偶因游山，过白龙潭才知清华大学迁至此地，时为抗战初期，朱自清与闻一多、浦江清、吴宓都暂居在此。身处国难之中，他们相逢异地，倍感亲切。他们一同游南岳，攀爬到南岳绝顶。在国难中作南越之游，众人情不能已，其他几人都写了诗，独有朱自清不知为何，却没有写诗。

后来，潘伯鹰到重庆，朱自清随清华大学到了昆明。之后不久，朱自清因事到重庆，潘伯鹰约他与饮河社几位社友相见。这次相会，"酒酣耳热，我们谈了很多。他还是那样温文安静，没有高谈阔论，也没有牢骚"。

在这次与饮河社社友相见的宴会上，朱自清介绍了萧涤非和游国恩两位诗人的诗，从此，萧、游二人也加入了饮河社。同时，朱自清又向诗社介绍了任叔永的一首诗。朱自清回到成都后，又寄来一首萧公权的诗。饮河社在国家和民族生死存亡之际，选择旧体诗词表达国仇家恨和时代情绪，烽火连天不断文脉，朱自清打内心里对潘伯鹰他们感到敬佩，在行动上也在默默支持着。

朱自清所介绍的这几位诗人，都是造诣精深的旧体诗高手。萧涤非是清华大学毕业生，也是朱自清的高足，后曾在西南联大任教，新中国成立后曾任山东大学中文系主任、《文史哲》杂志编委等。游国恩曾在西南联大任教，是著名的《楚辞》研究专家。任叔永（即任鸿隽，字叔永）早年曾担任孙中山秘书，后担任北京大学教授、四川大学校长、中央研究院总干事等。萧公权，曾担任燕京大学、清华大学、四川大学等高校教授，是民国年代政治学的权威学者。

后来几年中，朱自清又多次为潘伯鹰主编的《饮河》副刊推荐诗作。如在1944年8月21日，朱自清写信给游国恩，谈到自己前不久到重庆时向潘伯鹰推荐了萧涤非的旧体诗，潘伯鹰选录了五首，刊登在《饮河》副刊上（当时的《饮河》，多附在《中央日报》《扫荡报》《益世报》《时事新报》《世界日报》等一些报纸的副刊上），颇为读者所重视。朱自清在信中说明了这　情况，并向游国恩索要他发表于昆明版《中央日报文林》1944年6月12日第五期上的《村居杂诗》组诗（共五首）。后来，这组诗由浦江清寄给潘伯鹰，发表于《时事新报·饮河集》1944年10月3日第七期上。

1946年，饮河社迁往上海，潘伯鹰回到上海，朱自清也回到了北平清华园。两人一南一北，但联系却始终未中断。潘伯鹰写信给朱自清，让他向游国恩和萧涤非索诗，朱自清立即写信给游国恩，说明情况，周转传书，并附上潘伯鹰新近在上海主编的《京沪周刊》"饮河"副刊，积极响应潘伯鹰在上海的"饮河社"编辑工作。

1946年6月8日，《京沪周刊》"饮河"副刊同时刊登了萧涤非的《呈佩弦先生》，朱自清的《涤非惠诗次韵慰之》和游国恩的《题杨可澄山水册》。

为响应老师朱自清的征索诗稿，萧涤非的来诗《呈佩弦先生》曰："为报先生道，春来未有诗。半生不死地，多难寡欢时。绕树犹三匝，临巢又一儿。只应牛马走，前路了无思。"

朱自清答诗《涤非惠诗，其言甚苦，次韵慰之》云："俳谐秋兴曲，辛苦后山诗。哀乐诚超俗，丘轩自待之。大人能变迹，老妇倒绷儿。劣得纸田在，无劳百所思。"

在江苏教育出版社出版的《朱自清全集》旧体诗部分中，可看到潘伯鹰与朱自清的依原韵酬答诗，各有两首。潘伯鹰的《闻佩弦居报恩寺》云：

缩手危邦涕泪痕，起看八表亦同昏。细思文字真何用，终有人知未报恩。（之一）

至竟书生道固殊，杜陵强项是前驱。报恩岂必皆同轨，要令人间见饿夫。（之二）

朱自清的答诗《伯鹰有诗见及，次韵奉酬》云：

梦痕黯淡杂烟痕，一片江山眼未昏。惭愧书生徒索米，雕镌文字说

冤恩。（之一）

今世书生土不殊，鸡栖独乘日驰驱。问津未识谁沮溺，登垄争看贱丈夫。（之二）

据潘伯鹰回忆，朱自清对每一件小事都极为认真。在重庆的一次宴会上，朱自清抄了一首任叔永的诗给潘伯鹰，潘伯鹰觉得这首诗意思和文辞都很好，但因为不认识任叔永，便问朱自清可否发表。朱自清回答："等我问过任先生再说。"几个月后，潘伯鹰接到朱自清自昆明的来信，说任叔永同意发表那首诗。这封信除了说自己的行程之外，只为专门说明这一件事，可见其治事的一丝不苟。潘伯鹰很佩服朱自清的旧体诗造诣，曾寄给他一些诗作请他指正。"他前前后后，都逐一批了回来。这些信一行一行写得细密清楚，至今尚好好地存在我烬余的书箧里。"

20世纪30年代，潘伯鹰曾写有诗五首，分咏清华园中的五位教授。当时朱自清新婚不久，夫人陈竹隐能唱昆曲，潘伯鹰这样咏道："闻道中闺有善才，珠喉妙曲为君裁。金尊明月人如玉，按拍梁州第几回？"潘伯鹰自认为这是五首诗中"最有兴会"的一首。

医者大爱与"秀才人情"

——朱自清与刘云波

刘云波（1905—2000），四川遂宁人，著名妇产科专家。早年肄业于北京女子大学，曾先后留学日本女子医专和德国耶拿大学医学院，1937年获医学博士学位。回国后，在成都与人合办私立宏慈高级助产学校及附属医院，兼任成都中央军校医院妇产科主任。1942年创办宏济医院，兼任成都市立医院妇产科主任。1947年任四川省立医士职业学校校长兼附属医院院长。新中国成立后，历任四川省卫生干部进修学院副院长，四川省政协副主席，四川省人大常委会副主任，中国农工党中央常委、咨监委员会常委，中国农工党四川省委主任委员、名誉主委。第三、五、六、七届全国人大代表。2000年6月22日在成都逝世。著有《实用妇产科学》。

全面抗战爆发后，朱自清长期在大后方昆明西南联大任教。由于战时的昆明物价高得惊人，朱自清家里孩子又多，日子过得很清苦。1940年初，夫人陈竹隐又怀了身孕，家境更加窘迫。于是，陈竹隐与朱自清商量，还是自己带着身边的朱乔森、朱思俞回自己的老家成都，那里物价较低些，生活也更便利些。这样，他们就把家安在了成都东门外宋公桥报恩寺内的三间小瓦房里。

在成都，陈竹隐又见到了中学时的同学刘云波。刘云波出生于成都一个富商家庭，父亲刘万和开办的绸布庄闻名省内外，作家巴金在他的小说《家》《春》《秋》里，多处描述成都商业场的繁华，还特别提及刘万和绸布庄失火之事。分别多年，两个本来就很要好的老同学在家乡重逢，感到格外亲切，于是频繁走动起来。

朱自清在《刘云波女医师》一文中回忆说："内人（指陈竹隐——引者注）带着三个孩子在成都一直住了六年，这中间承她的帮助太多，特别在医药上。他们不断的去她的医院看病，大小四口都长期住过院，我自己也承她送打了二十四针，治十二指肠溃疡。我们熟悉她的医院，深知她的为人，她的确是一位亲切的好医师。"

在与刘云波医师交往的过程中，朱自清感受最深的是她对于所有病人——无论是穷人还是富人，地位高的人还是普通百姓，都一样充满无微不至的关切："她的责任感是充满了热情的。她对于住在她的医院里的病人，因为接近，更是时刻的关切着——老看见她叮嘱护士小姐们招呼这样那样的。特别是那种情形严重的病人，她有时候简直睡不着的惦记着。她没有结婚，常和内人说她把病人当做了爱人。这决不是一句漂亮话，她是认真的爱着她的病人的。她是个忠诚的基督徒，有着那大爱的心，也可以说是'慈母之心'——我曾经写过一张横披送给她，就用的这四个字。她不忽略穷的病家，住在她的医院里的病人，不论穷些富些，她总叮嘱护士小姐们务必一样的和气，不许有差别。如果发觉有了差别，她是要不留情的教训的。街坊上的穷家到她的医院里看病，她常免他们的费，她也到这些穷人家里去免费接生。"刘云波深知朱家的境况，朱家人去找她看病抓药，她从来不收一分钱，而且总是用最好的药，给予最好的治疗。

最让朱自清难忘和感动的是，1944年春季，四川流行麻疹，三个孩子都传染上了，很快地，三岁多的小女儿朱隽蓉转成了可怕的猩红热，两个儿子朱乔森（11岁）和朱思俞（9岁）转成了肺炎。夫人陈竹隐心急如焚，自己远在昆明鞭长莫及毫无办法，还是刘云波在关键时刻成了大家的主心骨。在她的殷殷照拂之下，眼看命垂一线的朱隽蓉，最终又活蹦乱跳了，两个男孩子也终于痊愈了。三个孩子都使用了当时特别稀缺而昂贵的盘尼西林。那时在成都，盘尼西林的价格堪比黄金，一支针剂换一条"黄鱼"，而且有时有钱也买不到。同样是在这一年的夏秋之际，在扬州的二女儿朱逖先患上了斑疹伤寒，22岁的大姑娘不到两日竟撒手人寰。几日之后朱自清才得知这一噩耗。两相对比，朱自清心底里的感激无以言表。对小女儿来说，这真是凭空捡了一条命啊。这些天里，朱自清思前顾后，辗转反侧，想了很多。刘云波医生真是朱家遇到的贵人，再多的话语也倾诉不了涌荡于心中的感恩之情。他反复斟酌，撰写了一副对联，请工于书法的挚友叶圣陶书写好赠予刘云波："生死人而肉白骨，保赤子如拯斯民。"对这样的恩人，朱自清无以为报，只能用"秀才人情纸一张"来表达自己心底里的衷心谢意，他说："我们当然感谢她，但是更可佩服的是她那把病人当作爱人的热情和责任感。"

1946年6月，西南联大奉命解散，清华大学即将在北平恢复。正在准备从昆明回北平之际，朱自清突然接到成都来信，陈竹隐生病住进了医院。他立即从昆明乘飞机到重庆，再乘汽车到成都。沿途遭遇大雨，距内江10公里处汽车轮胎又破裂，只好宿于旅馆，不料胃病复发，竟夜呕吐不止。折腾了四五日好不容易到家，才得知陈竹隐住进了刘云波的医院，朱自清立刻赶往探视。看到夫人在刘云波的精心照护下，心脏病已明显好转，他才放下心来。

　　朱自清一次又一次地感动着。难以抑制的感激之情促使他提笔撰写了一篇朴实真挚的散文《刘云波女医师》。文章发表于当时的重庆《人物》杂志。1948年4月，听说刘云波的新医院落成，朱自清在北平清华园里特意将这篇旧稿重抄了一篇，寄给刘医生作为贺礼。前面一联，后面一文，照朱自清自己的话说，这都是他勉强交出的"秀才人情"。他在给刘云波的信中说："这一篇的初稿已经交给重庆《人物》杂志发表。这里是誊清的稿子。但是随抄随改，不成其为清稿。这样送给文钦，算是不拘形迹罢。宏济医院的新屋落成已久，我们这一点秀才礼物，文钦不见笑罢。我们感谢你！祝福你！"这封信代表着朱自清全家人的感恩之情。朱自清、陈竹隐在落款处郑重地加盖上自己的私人印章，并让他们的三个孩子，朱乔森、朱思俞以及在成都出生的朱蓉隽也用稚嫩的笔墨签上了自己的名字。

　　20世纪60年代，刘云波把这一原稿、信件和信封，寄回给在清华大学工作的陈竹隐，后来陈竹隐又转赠给自己曾经工作过的四川大学图书馆。

第四辑

友人（下）

志同道合的两任清华中文系主任
——朱自清与杨振声

杨振声（1890—1956），字今甫、金甫，笔名希声，山东蓬莱人。1915年考入北京大学国文门（系），1918年加入新潮社，参与创办《新潮》杂志，任编辑部书记。1919年赴美国哥伦比亚大学和哈佛大学留学，1924年获教育学博士学位。回国后，曾任清华大学教务长、文学院院长兼中文系教授、青岛大学校长等职。1938年后，任西南联合大学常务委员会委员兼秘书长、中文系教授和西南联大叙永分校主任等职。1946年西南联大结束后负责北京大学北迁筹备工作，并在北大任教。1952年调任长春东北人民大学（今吉林大学）中文系教授。1956年3月7日，在北京病逝。出版有小说集《玉君》和《杨振声选集》等。

1928年8月，南京国民政府决议将清华学校升格为国立清华大学，委派时任北伐军总司令蒋介石机要秘书的罗家伦出任校长。罗家伦专门邀请时任燕京大学教授的北大同学杨振声、冯友兰，组成接办清华大学的核心班底。在此后两年间，杨振声先后担任清华大学教务长、文学院院长兼中文系主任、校话剧团导演。此时，朱自清在清华园任教已经三年，出版了散文集《背影》，是当时文坛引人注目的新文学作家。杨振声比朱自清年长8岁，早在"五四"时期即在《新潮》杂志上发表《渔家》《一个兵的家》等反映社会问题的小说，1924年发表了代表作中篇小说《玉君》，被视为中国现代文学史上第一个文学流派"新潮派"的代表作家之一。两人在清华园一见如故，开启了在大学进行新文学教育和学术研究等多方面的密切合作。

共同引领清华中文系的新方向

据杨振声回忆，他刚到清华大学上任时，中文系还称为国文系，是"最不时髦的一系，也是最受压迫的一系"，教员的待遇不及其他系教员的一半，"国文教员在旁人眼角视线下，走边路，住小房子"，过着受气的"小媳妇生活"。杨振声与朱自清虽是北大前后同学，但此前仅是文字之交。到清华的第二天，他便亲自到古月堂去拜访朱自清，商讨改革中文系的大计。

"他住在西厢房一间小屋里。下午西窗的太阳，射在他整整齐齐的书桌上，他伏在桌上低着头改卷子。就在这小屋子里，我们商定了国文系的计划。"

当时的大学中文系固步自封，教授的内容只围于传统的国学，无视新文学的发展，更看不到外国文学的异域风光。面对这种僵化的、沉闷的局面，作为中文系主任的杨振声认为："各系都是冶古今中外于一炉而求其融合贯通的，独有中国文学系与外国语文二系深沟高垒，旗帜分明。这原因只为主持其他各系的教授多归自国外；而中国文学系的教授独深于国学，对新文学及外国少有接触，外国语文系的教授又多类似外国人的中国人，对中国文化与文学常苦下手无从，因此便划成二系的鸿沟了。"

在与朱自清进行商讨的过程中，杨振声发现俩人在许多方面都有大致相同的思路和意见，于是他们很快就"决定了一个国文系的新方向"，这便是："新旧文学的接流与中外文学的交流。"杨振声后来说："国文系添设比较文学与新文学习作，清华在那时是第一个。国文系的学生，必修几种外文系的基本课程，外文系的学生也必修几种国文系的基本课程。中外文学的交互修习，清华在那时也是第一个。这都是佩弦先生的倡导。"

朱自清病逝后，杨振声在《为追悼朱自清先生讲到中国文学系》一文中特别谈到，中文系中"一切计划，朱先生与我商量规定者多"。"那时清华国文系与他校最不同的一点，是我们注重新旧文学的贯通与中外文学的融会。"他还大篇幅引用了1929年中文系课程总说明中的几段话，特别说明这篇文字是他与朱自清商量后形成的：

我们的课程的组织，一方面注重研究我们的旧文学，一方面更参考外国的现代文学。为什么注重研究旧文学呢？因为我们文学上所用的语言文字是中国的；我们文学里所表现的生活、社会、家庭、人物是中国的；我们文学所发扬的精神、气味、格调、思想也是中国的。换句话说，我们是中国人，我们必须研究中国文学。我们要创造的也是我们中国的新文学，不过是我们这个时代的中国新文学罢了。

为什么更要参考外国现代文学呢？正因为我们要创造中国新文学，不是要因袭中国旧文学。中国文学有它光荣的历史，但是某一时代的光荣的历史，不是现在的，更不是我们的，只是历史的而已。……

不但此也，外国现代文学经时间上的磨炼，科学、哲学的培养，图画、音乐、雕刻、建筑等艺术的切磋，在内容及表现上都已是时代的产儿了。我们最少也是时代的追随者——这是极没出息的话，应当是时代的创造者。对于人家表现艺术的——文学大都是表现艺术的——进步，结构技巧的精致，批评艺术的理论，起码也应当研究研究，与自己的东西比较一下。比较研究后，我们可以舍短取长，增益我们创造自己的文学的工具。这也与我们借助于他们的火车、轮船、飞机是一样的。借助于他们的现代文学来创造我们的新文学。

以这样中外比较的阔通眼光和世界文学的广阔视野，来构想和建筑新文学的未来，彰显了杨振声和朱自清开启的新文学教育的恢宏气度。

为此，他们对清华中文系的课程标准定了三个途径：一、注重中国课程之博览；二、注重西洋文学；三、创造新时代的文学。这是一个全新的中文系课程设计。为了"创造我们这个时代的新文学"，中文系的课程，一方面注重于研究中国各体的文学，一方面注重于外国文学各体的研究。"至于课程依着年级分配，第一年是普通科学，及历史的根柢，特别是中国文学史，先给大家开一个路径。第二年第三年泛滥于各体的研究，如上古文，汉魏六朝文，唐宋至近代文，诗、赋、词、曲、小说以至新文学等都于此二年中养成普通的知识。文字学、音韵学列在二年之始，是为必须有了这类的工具，才能研究诗赋词曲及韵文。到了第四年，大家对于文学的各体都经亲炙了，再贯之以中国文学批评史。对于中外文学都造成相当的概念了，再证之以中外比较文学。对于某家或某体文学养成相当的倾向了，再深之以文学专家的研究。这就是排次第的根据。"

杨振声为专心办理中国文学系，甚至辞去了教务长一职。在文学院院长杨振声和系主任朱自清的努力下，清华大学中国文学系开设了一系列新文学和外国文学方面的课程，如西洋文学概要、中国新文学研究、比较文学、新文学习作等。杨振声亲自担任比较文学和新文学习作课程。注重新旧文学的贯通与中外文学的融会，也成为清华中国文学系的最大特色。

清华中文系学子有幸，有杨振声和朱自清这样的新文学教育家引领，突破了当时一般大学中文系的"国学专修馆"的狭小领域，领略到外国文学的异域风光和新文学的满园春色。

国文系可以没有我，但不能没有他

杨振声与朱自清一起，为清华大学中文系争得了与他系平等的地位，心情自然舒展起来。特别让他们高兴的是，中文系与其他学系一样，争取到了购书经费。于是，每星期三下午他俩坐在文学院办公室里，把那从书店送来的一包包散发着墨香的书籍打开，再一部部地讨论选择留下中意合用的书籍。到了五点钟，杨振声打个电话让家中的佣人送来包子和咖啡。两人一起看着书，聊着天，嚼着包子，喝着咖啡，"那就成为我们每星期中最快乐的时日"。

有一天，俩人正在看书的时候，图书馆负责人前来反映说：有一部明刻本的《金瓶梅》，图书馆想买又不便负责，特地请示如何处置。杨振声与朱自清商量了一番，认为这部书值得收藏。于是杨振声便以文学院院长的职务身份在书条上写了六个字："收藏善本书室。"那时学校规定，学生要借阅善本书，必须经过教授签字。后来此事闹了个大乱子：清华换了个"党中最拿得出手的校长"，他看到学校图书馆里有部《金瓶梅》，勃然大怒，说有辱大学的尊严，要查明是谁让买的。图书馆拿出杨振声写的那张签条给那位校长看。当时杨振声已离开清华到国立青岛大学任校长了，那位校长无法追究，只好一本正经地把那部《金瓶梅》带回校长住宅去了。

在两人交往的过程中，朱自清严于律己的品格给杨振声留下了深刻的印象。有一次，朱自清忽然提出辞职，让杨振声大吃一惊。问其原因，他说他把一个学生的分数算错了。杨振声劝慰他说："假使我们教一辈子书，只算错一次，虽不可原谅，倒可饶恕。"他深深感到这样负责任的教授真是难找，事后他感叹："国文系可以没有我，但不能没有他。"

交往时间越久，杨振声越感受到朱自清在矛盾的时代中对青年学生的难能可贵："他太知道爱惜青年了。他对同人虚怀，对学生一样也虚怀。他从不挑剔旁人的短处，却老想着旁人的长处。他从不固执自己的意见，正相反，他从善如流，有时甚至放弃了自己更善的意见，就为那是自己的。因为他能不拘于自我，所以他才能放大自我。他时刻在吸取，在综合，一切新的印象，新的思想。一句话，他无时不在扩展与更新中。也因此，他对于青年的思想绝不隔膜。他能了解，能同情，如此也才能领导。我们在这变动的大时代中，先生与学生的思想脱节，父兄与子弟的思想脱节，因而到处都是冲突与矛盾，这才真是我们时代的悲哀。能在这时代中吐故纳新，勿固勿我的人，才能作这新旧文化交接的一环。"

杨振声认为，朱自清正是在思想上与青年学生不脱节、能够引领青年学生的教育者。1930年，杨振声离开清华到国立青岛大学担任校长，朱自清继任清华大学中文系主任，"课程虽有损益，我们商定的中国文学的新方向始终未变"。

西南联大时期的再次合作

1938年，杨振声来到西南联大，出任联大四位常务委员之一兼秘书长、中文系教授，后任西南联大叙永分校主任。在战时的昆明，两人再度续写了密切合作的新篇章。

这一时期，联大中文系成立了由杨振声主持的大一国文编撰委员会。在编辑联大《大一国文读本》的过程中，杨振声与朱自清、浦江清、罗庸等几位教授多次讨论文言文与语体文的比例及具体收录篇目，经过三次改编，最终形成了由15篇文言文与11篇语体文组成的格局，使语体文成为与古代经典平起平坐的现代经典，与文言文有了同等的文学地位。这是当时大学课程中的创举，意味着新文学在大学中的地位被真正地合法化了，在中国现代教育史、文学史上具有划时代的意义。

在20世纪40年代的战争环境中，民族主义气氛十分浓厚，复古成为一时潮流。1942年教育部颁发了《大学国文选目》，要求公私立大学一年级一律遵用，内容全是古文。在杨振声和朱自清等一些新文学教育家坚持下，西南联大仍然继续使用杨振声主编的《大一国文读本》，新文学课程和课外活动依然活跃，显示了联大中文系视野开放、与时俱进的文学立场。朱自清和杨振声亲自教授新文学课程，指导学生进行语体文习作，受到广大学子的普遍欢迎。

在西南联大，朱自清和罗常培、罗庸相继担任中文系主任，对中文系进行了进一步的设计和改革。他们将中文系分为语言文字组和文学组两个组，既重视语言文字领域的继承和研究，又促进新文学成为相对独立的一个新方向。后来，闻一多、朱自清和杨振声进一步深度思考，形成了改革中文系的具体方案："将现行制度下的中国文学系与外国语文系改为文学系（中国文学组、外国文学组）与语言学系（东方语言组、印欧语言组）。"这是一个中外语言和文学合流的完整计划，对于运用世界眼光、发扬光大中国学术、创造中国自己的新文学具有不可估量的深远意义。

遗憾的是，这个计划还未来得及实施，闻一多和朱自清先后英年辞世。朱自清病逝后，杨振声先后写了《纪念朱自清先生》《朱自清先生与现代散文》《为追悼朱自清先生讲到中国文学系》等纪念文章，深情回忆与朱自清的交往中两人的密切合作和交往点滴。

在谈到朱自清的英年早逝时，他说："佩弦先生之死，不死于病而死于穷。自在昆明时，他就饥一顿饱一顿地弄出胃病来。胃病是个势利病，在富人只要少吃多休息就行了。在穷人可不行，第一他吃不得少量而多营养的食品。第二他休息不得。不但休息不得，他还得于教书外，写文章，编辑什么的。不如此，养活不了一家。'食少事烦，诸葛其能久乎！'这正是朱先生的病案！在最后入院前，他还说，可以不用入医院，他忍受惯了。他只是舍不得那笔医药费！我曾经有一次对他开玩笑地说：'你自少便作好儿子，结婚后作好丈夫，生子后作好父亲，教书作好先生，对人作好朋友，对国家作好国民，你自己哪里去了？'他就是为了这个'好'字，把他自己完全牺牲了！"

他沉痛地指出："朱先生他去世了！朋辈想念他，为的失去一个益友；青年想念他，为的失去一位导师；文艺界想念他，为的不可不救的一个重大的损失。这都证明朱先生在道德文章各方面是怎样死不得的一个人！可是还有一件事，我认为最死不得的，是他领导中国文学系所走的一个新方向，从此失去了一座辉煌的灯塔！"

他还特别表达了自己继承朱自清未完成的遗愿的决心："纪念的意义在使我们所敬爱的人虽死犹生。那么，最好的办法是把他那有志完成而未能完成的事业，继续他的志愿作下去，像他在时那样。"

确实如此，朱自清逝世后，杨振声继续耕耘在新文学教育事业上，鞠躬尽瘁，一刻也不曾停下，直到生命的最后一息。

生活密友　学术诤友

——朱自清与叶石荪

叶石荪（1893—1977），原名祥麟，字石荪，四川古宋（今兴文）人。现代心理学家、翻译家、诗人。早年毕业于北京大学、法国里昂大学，获博士学位。1930年回国后，先后在清华大学、北京大学、山东大学、武汉大学、四川大学、中央大学医学院、西南师范学院等校任教，曾任四川大学教育系主任、教务长和代理校长及中法、中比、中瑞文化协会理事长等职。擅作古诗词，吴宓曾经有诗赞曰："写就新词倾一世，得君方信文人贵。"主要著作有《兴趣心理学》《文艺心理学》《变态心理学》《发展心理学纲要》《青年发展的因素》《儿童心理的演进》等。

朱自清与叶石荪相识于北京大学。叶石荪虽然比朱自清年长五岁，却比朱自清晚一年进入北大哲学系，那时他已经25岁。三十多年后，叶石荪还记得大学时代朱自清的模样，"……他与我同是新潮社的社员，因此彼此都知道。我只在听胡适之先生，或梁漱溟先生的课时，在人丛中偶尔看到他。他是一个矮小的人。白白的一张脸。一个很宽广的前额，浓眉。在浓眉之下，透过眼镜，我们可以看见一双难以形容的眼睛……一个不大不小，正直的鼻子。两片薄薄的嘴唇。他的举止安详，态度从容，说话缓慢。声音带一点扬州腔调"。虽然他们是同校同系的系友，又都加入了新潮社，大概由于性情的不同，加之属于不同年级，大学时代两人接触并不多。

两人真正结下深厚友谊，是在叶石荪1930年留法回国就聘清华大学理学院教授之后。那时朱自清已在清华园教书逾五年，成为著名的新文学作家和知名教授，开始接替杨振声代理中文系主任。在清华园里，他们与一班志同道合的同事谈文论艺，商讨学术，经常在一起海阔天空地神聊，逐渐成为无话不谈的好朋友。

在朱自清的日记中，叶石荪的名字出现多达50余次，可见他们之间交往的频繁。不过，朱自清日记中的记载大多很简略，关于叶石荪生平的直接史料又很少，因此很难寻觅到两人交往的生动细节。从目前发现的文献史料看，大约有数次比较完整的、可以大致还原的交往故事。

1934年2月25日，朱自清偕妻子陈竹隐，邀叶石荪一起前往北平北郊的树村，访"欢喜老"墓碑。说是去一同游玩，其实是帮叶石荪解闷散心。朱自清在当天的日记中有这样的记载："下午与石荪、竹隐同至树村，访欢喜老墓碑……此游甚畅，但石荪心中有事，颇不能释耳。"后来朱自清在《欢喜老墓碑》一文中特别提到："直到去年夏末秋初，一个朋友为了一个什么人苦闷得走投无路；我们夫妇想起树村，便约他去走走，解闷儿。"这里的"一个朋友"指的就是叶石荪，让叶石荪不能释怀的是当时叶石荪婚恋遭遇的挫折。叶石荪的第一位妻子是他在留学法国时结交的法兰西女子，他们相携回到国内，婚后的生活却因人生观念和生活阅历等多方面的不同而不够和谐。两人在一起不到三年，这位年轻的法国籍叶夫人思乡心切，几次闹着要回法国。叶石荪大约知道，这一离别多半是一去不复返，因此一段时间里他总是心绪郁郁，闷闷不乐。这种苦恼叶石荪告之好友朱自清，朱自清在1933年4月7日的日记中这样写道："下午访石荪，承详告其夫人将回国事。又述其伉俪平日生活经过。大抵石荪人甚诚笃，然太注意琐碎处，致其夫人觉处处受干涉，此殆因其从艰苦中来而然。余自问亦颇有此病，竹亦谓应当改之。石荪仍盼留其夫人，但难也。"他知道，落花有情，流水无意，这样的婚姻已很难挽回，只能说一些自己也觉得没有用处的话来安慰好友，有时就叫上叶石荪一起去郊游散心。

那位法兰西夫人终于还是回了她的祖国法兰西。后来，在朋友的说合下，叶石荪重又结识了一位新恋人，但婚恋经过仍是一波三折，颇不顺利。朱自清夫妇看在眼里，急在心里，他们邀约叶石荪访古寻幽，正是让好友体味"欢喜老"那种旷达超脱的心境，借以舒畅心胸，化解郁闷。

在此前后的一段时间里，他们多次一起郊游。在1934年6月30日的日记中，朱自清这样写道："昨夜大雷雨，颇怅怅，因定今日往西山松堂也。幸早间放晴……石荪夫妇同来。石荪谓少年时兴致好，一来必携棍游山，今不能矣，余以为然。"此时的叶石荪已从那段跨国恋中走出，与邓昭仪女士喜结良缘了。

朱自清很为好友走出婚姻的阴霾高兴，他与陈竹隐夫妇二人热情地邀约新婚的叶石荪夫妇一起去松堂别居。早在出游的五天前，他就"访石荪，并送《蕙风词话》，约去松堂住三日"。朱自清在1935年的散文《松堂游记》中说道："去年夏天，我们和S君夫妇在松堂住了三日。"文中的S君，即是叶石荪。

除了生活上两家人亲密无间的交往，朱自清与叶石荪更多的是学术上的切磋和交流。

1932年10月，朱自清怀着对亡妻武钟谦深沉的情感，写下了泣血之作《给亡妇》，发表后好评如潮，大都认为是一篇以"至情"写就的"至文"。这篇散文语言明洁净雅，如话家常，在如水般清亮的文字中，作者对亡妻的深情氤氲而出，娓娓道来，许多读者读之不禁潸然泪下。而叶石荪在评述这篇文章时，一方面肯定其优点，同时又大胆直言有些地方过于雕琢，"前半似有用力痕迹"。这一意见，被朱自清记在了1933年1月15日的日记中，据该文发表不到三个月。

　　1934年9月4日，叶石荪拿来一篇自己的论文，题为《由心理学的观点试论小说中景物底写法》，让朱自清提意见。朱自清读后，认为"文章不错，但风格颇欧化"，并毫不隐瞒地评述"我不喜欢这种不自然的风格"。

　　在学术上两人探讨问题直言不讳，在处事上两人也常常互相提醒。据朱自清1933年8月2日的日记记载，石荪"劝勿为《大公报》作稿，此等稿几于人人能作，又雨公未必愿我等为其作稿"；当年的12月26日，叶石荪指出他人文章中有讽刺朱自清的地方，为此朱自清立誓"以后当埋头治学，不谈时髦问题，亦不谈大问题"。

　　1935年9月，叶石荪赴欧美考察，朱自清与冯友兰等人参加送别。海外归来后，叶石荪于1936年离开北平，相继到山东大学、四川大学、武汉大学等校任教，从此，二人相见的机会就越来越少了。

　　全面抗战爆发后，朱自清随校内迁，先后在长沙临时大学和昆明西南联大任教，叶石荪则先后在乐山武汉大学和成都四川大学任教。1940年7月，逢清华大学规定的教授五年一次的"轮休"，朱自清与妻子陈竹隐在成都居留大约一年多时间。1941年10月，朱自清结束休假，在返校途中经过乐山，看望了叶石荪、朱光潜、杨人楩等旧友。相隔五年后，老友再次相聚，畅谈甚欢。

　　因战时环境两人不能经常相见，朱自清数次赠诗给叶石荪。朱自清自编旧体诗集《犹贤博弈斋诗钞》收有两首：

一首作于1941年夏成都休假期间，题为《将离示石荪，石荪绳离别之苦，劝勿行》：

> 阴晴圆缺古来有，却笑东坡怨不禁。
> 常住团圞天上月，谁听专一匣中琴。
> 村居爱数更长短，客至凭斟酒浅深。
> 彼是相因感世味，新欢久别费沉吟。

另一首作于1946年8月19日从成都赴重庆途中，题为《赠石荪》：

> 不惜齿牙惜羽毛，清辞刚胆擅吾曹。
> 揄扬寸善花堆舌，叱咤千人气压涛。
> 报国书生何慷慨，缘情曲子近风骚。
> 难忘促膝倾筐筐，半日熏染胜饮醪。

1948年8月12日，朱自清猝然离世。叶石荪悲痛难已，撰写了纪念文章《悼佩弦》，称他与朱自清是"能够相知"的"知己"，并深情回顾了他们之间历经风雨的友情："在友谊上我永远忘不了在我受人排挤时，他劝我按下愤怒，不要失掉我们的风度。我忘不了在我要批评朋友的作品时，他劝我顾全友谊，只提出自己的主张。我忘不了六年前在我将离开成都时他提着一瓶茅台酒到我的寓处来，说不能约我吃饭，只能共饮几杯的那一番盛意。我更忘不了两年前在成都某朋友的庭院中，我们两人促膝谈心，他鼓励我的那些话语。那真是'君子爱人以德'。"

在成都文化教育界举行的朱自清先生追悼会上，叶石荪以四川地区北大同学会理事长的身份，沉痛追念挚友："朱自清先生之死，在教育上是丧失了一良师，在文学上还丧失了一巨星，在领导青年、在推动社会进步上讲，尤其感到朱先生的早逝，更是极大的损失。"

性格迥异的知心朋友
——朱自清与吴宓

吴宓（1894—1981），字雨僧、玉衡，陕西泾阳人。早年就读于北京清华学校和美国弗吉尼亚州立大学、哈佛大学，与陈寅恪、汤用彤并称为"哈佛三杰"。回国后，在东南大学、东北大学、清华大学、西南联大、燕京大学、四川大学、武汉大学、重庆相辉学院等多所大学任教，其中在清华大学任教（含西南联合大学）近20年。在南京东南大学任教期间，创办著名的《学衡》杂志，采古典主义，抨击新体自由诗，主张维持中国文化遗产的应有价值。1941年被教育部聘为首批部聘教授。1950年，任西南师范学院历史系（后到中文系）教授。后当选为四川省政协委员。1981年1月17日，在陕西省泾阳县逝世。他学贯中西，融通古今，开中国比较文学先河，被称为"中国比较文学之父"。著有《红楼梦新谈》《吴宓诗文集》《空轩诗话》《文学与人生》《吴宓日记》等。

20世纪20年代中期，吴宓作为清华国学研究院创办人之一，聘请当时学术界最负盛名的梁启超、王国维、陈寅恪、赵元任四位学者为研究院导师，招收全国各地热心于国学教育和国学研究的学子，设立章程、筹建图书馆，吸引多方贤士，开创出一股研究国学的新风气，创立了中国学术独立、思想自由的传统，培养了大批学术大家，把清华打造成了民国年代国学研究的重镇，成为中国现代教育史、学术史上的一个成功典范，对于20世纪中国学术史产生了深远影响。

在清华，吴宓与朱自清结下了深厚的友谊。由于他们的性格反差很大，朱自清温良忠厚，吴宓浪漫不羁，所以两人结识之初，来往并不密切。况且，朱自清在学术思想上服膺胡适，而吴宓的"学衡派"与倡导文学革命的胡适观点大相径庭，所以一开始，两人应该是比较疏远的。后来，随着在学术上交流的深入，两人的共同点越来越多地显现出来，他们成了惺惺相惜的密友。

同拜黄节为师

朱自清和吴宓都是在1925年入职清华的。朱自清是由浙江白马湖畔的春晖中学走进清华园的，而吴宓是由东北大学走进清华园，而且他是接受清华校长曹云祥之约，筹办清华国学研究院，一进清华就担任了国学研究院的主任。当时，吴宓不仅是洋派留学生出身，而且早已是"学衡派"的领袖，朱自清虽然在新文学上有点名声，但在洋派人物密集的清华园中，还是感到颇有压力。

吴宓刚到清华时，便去拜访著名旧体诗人黄节。黄节以旧体诗名世，与梁鼎芬、罗瘿公、曾习经合称"岭南近代四家"，早在1917年，就受聘为北京大学文学院教授，专门讲授中国诗学。吴宓经常主动去拜会黄节，与他谈诗，且服膺于他的文化理想与诗教观念。吴宓尊黄节为师，曾在日记中说："近日所作诗，皆学黄节。"

朱自清初入清华，给旧制部教授李杜诗，学生反映不够好。时任清华旧制部及大学普通部主任兼教务长的张彭春对朱自清也不甚满意，因此想在学期中途换掉朱自清，请黄节代任李杜诗课程。结果黄节却推荐自己的学生李沧萍代任，此事才作罢。在这样的背景下，朱自清痛下决心，下大力气研究、创作古典诗词，也开始拜黄节为师。这样，他与吴宓都成了黄节门下的弟子，开始了最初的接触和交往。

同编《文学副刊》

在《吴宓日记》中，吴宓第一次造访朱自清是在1927年9月19日。在此后长达一年多的时间里，《吴宓日记》中没有两人直接来往的记载。这说明，在此期间，两人在思想和学术方面还没有产生共鸣。

1929年1月19日，是两人关系的一个重要节点。这日上午，吴宓和赵万里一起来到清华大学图书馆造访朱自清，诚挚邀请朱自清加入《大公报·文学副刊》编辑部。朱自清没有马上答复，说是学校里的事务已很繁忙，恐怕时间上不好安排，容考虑几日，再行回复。随后他们又到吴宓办公室中坐着聊了一会儿。吴宓邀请他中午一起吃饭，朱自清因为要进城里上课，遂婉言拒绝。

这次午宴由吴宓以《大公报·文学副刊》主编身份做东，编辑部成员赵万里、浦江清、张荫麟与宴。他们在饭桌上商定了《大公报·文学副刊》改良的意见，大致有三条："（一）改介绍批评之专刊，为各体具备之杂货店，增入新文学及语体文及新式标点（并增入新诗、小说之创造作品）。（二）改首尾一贯而全体形式完美之特刊，为一公共场所，每一作者，无论何派何等，均得在此自行表见，以作者为单位，而不成团体。每篇作者各署名。（三）改总统制为委员制。即一切不由宓一人主持，而由诸人划分范围，分别经营。对于该类稿件，有增损去取之全权。宓仅负责稿编次之责，而宓以后因事须出游时，诸人亦可代办各事云。"

当时，吴宓因患疟疾及陷入与毛彦文的情感旋涡而无暇顾及《大公报·文学副刊》的编辑事务，加之浦江清和赵万里的力荐，吴宓同意朱自清加盟文学副刊的编辑工作。1月21日，朱自清与浦江清一起来见吴宓，表示"愿暂加入《大公报·文学副刊》编辑部，至春假为止。先作试验，视力能胜否云云"，这样，朱自清走进了学衡派的大本营，与吴宓交往日益密切起来，并多有诗词唱和。在1931年1月出版的《学衡》第73期中，吴宓特地将朱自清的《蹉跎》一诗编入"文苑·诗录"栏目里，是该期中唯一一首新文学家的旧体诗，可见，这时的吴宓已把朱自清真正当作了自己人。

同为知心朋友

从1929年1月朱自清参与《大公报·文学副刊》编辑事务，到1930年9月，朱自清等人送吴宓游学欧洲，其间不到两年时间，在《吴宓日记》中两人往来的记载就有21次之多。在这些记载中，不仅涉及编辑事务的商讨，更有对婚恋问题的看法以及诗词创作和文学观念的交流。

如在1929年12月31日的日记中，吴宓这样写道："下午2—4（按：2：00—4：00）在图书馆与朱自清谈，慰其丧妻。朱询宓离婚事，宓为略述情形。朱谓外人大都以宓离婚为奇怪，以为与宓平日之学说不合。……此只知其表而未知吾之心性之言也。"

又如，在1930年2月21日的日记中，吴宓又这样写道："是晚8—10

（按：8：00—10：00）访朱自清，同出散步谈。初谈诗词，继谈男女恋爱。朱君欲为cynic（按：嘲讽的）而广见识，异乎宓之为sentimental（按：多情的）而多拘缚者也。"

由此可见，在这一段时期内，两人的交流已深入到对方的私生活领域。1929年11月，朱自清的结发妻子武钟谦因肺病在扬州逝世，时年仅31岁。朱自清与武钟谦生育过六个子女，夫妻之间互敬互爱，感情深厚，妻子的早逝让他一段时间里沉浸在悲伤之中，难以自拔。而此时吴宓因为陷入与毛彦文的情感纠葛之中，与结发妻子陈心一离了婚，亲友的指责、同事的嘲讽，使他处于社会舆论的风口浪尖，备受非议。两人在情感取向、婚恋观念上虽然不同，但能互相慰藉，互相理解，可见吴宓此时已把朱自清视为可以倾诉的知心朋友。

同度流离生涯

此后，两人无论是同在一处，还是分处两地，诗词酬唱延续多年，成为学界和文坛佳话。1930年9月，吴宓游学欧洲，朱自清赋诗《送吴雨僧先生赴欧洲》云：

> 惺惺身独醒，汲汲意恒赊。
> 道术希前古，文章轻世华。
> 他山求玉错，万里走雷车。
> 短翮难翻举，临歧恨倍加。

吴宓品读着朱自清的送行诗，深深感到朱自清对自己人生处境的理解，自己这些年来确实是汲汲进取却处处悲剧。面对朱自清诗中表达的不舍与祝愿，吴宓在《欧游杂诗》（其二）回应说：

> 朱君新相知，美味如醇酒。
> 作诗盛慰勉，图报乏琼玖。

1931年吴宓结束欧洲的游学生涯，出任清华大学外文系教授兼系主任。他按照哈佛大学比较文学系的方案创办清华大学外文系，明确提出培养目标为造就"博雅之士"。在他的努力下，清华大学外文系很快成为国内第一流系科。时隔一年，朱自清也出任清华大学中国文学系主任，注重在学生培养上新与旧及中与西的文化汇通和交流，清华中文系也很快奠定了在国内大学的学术地位。作为清华文学院两个举足轻重的系主任，两人在教育理念上也多有契合之处。

此后朱自清与吴宓始终保持着良好的个人关系。全面抗战爆发后，两人随学校长途跋涉，从北平辗转长沙、昆明、蒙自，后又回到昆明，在战火烽烟中，与西南联大师生共克时艰，毅力前行。

1943年，吴宓的女儿吴学淑将来昆明，年届五旬、长期与家人分离的吴宓喜极而作《淑女将至》，有诗句云：

> 长成儿女方知孝，未尽乌私晚景催。

当时，朱自清与几个儿女也是天各一方，读到吴宓诗作，颇有感触，作诗《雨僧以淑女将至诗坚实读之感唱即次其韵》一首，以书感怀：

> 几人儿女入怀来，客影徊徨只自哀。
> 白傅思乡驰五忆，陶公责子爱非才。

失群孤雁形音杳，绕膝诸孙意兴灰。

更有飞鸟将弱息，天涯望父讯频催。

此时的朱自清和吴宓，形影相吊，孤独伤感，感叹着相似的处境，抒发着对儿女的深沉思念。

1944年秋，由于陷入人事矛盾的纠葛，吴宓离开西南联大，到成都燕京大学任教，之后又先后到四川大学、武昌武汉大学任教。朱自清在1946年随清华大学复原回到北平，从此两人天各一方，再也没有机会见面。

文学家与哲学家的同事之谊
——朱自清与冯友兰

冯友兰（1895—1990），字芝生，河南省唐河县祁仪镇人。1918年毕业于北京大学哲学门（系），1924年获美国哥伦比亚大学哲学博士学位。民国年代，先后任中州大学、广东大学、燕京大学、清华大学、西南联合大学教授，曾兼任清华大学秘书长、哲学系主任、文学院院长，西南联合大学文学院院长、中央研究院院士。1949年后，曾任清华大学校务委员会主席、北京大学哲学系教授、中国科学院哲学社会科学部委员、全国人大代表、全国政协常委等职。所著《中国哲学史》《中国哲学史新编》《贞元六书》等，是20世纪中国学术的重要经典，对中国现当代学界乃至国外学界影响深远，被誉为"现代新儒家"的代表人物。1990年11月26日，在北京逝世。

朱自清和冯友兰的人生经历有很大部分的交集：两人都毕业于北京大学哲学系，冯友兰早毕业两年，是朱自清的学长；两人在清华大学和西南联大文学院共事长达二十年，既是工作上的上下级关系，更是事业上亲密无间的合作伙伴。虽然两人的学术领域不同，但却结下了超越一般同事的深厚友谊。

相聚清华园，共创清华大学文科的黄金时代

1928年，南京国民政府大学院与外交部决定将清华学校改建为国立清华大学。受新任校长罗家伦之邀，冯友兰受聘担任清华大学秘书长兼哲学系教授。那时的冯友兰既拥有"洋博士"学衔，又有在南北几所大学任教的经历，还发表了几篇颇有影响的哲学论文，是多所大学争聘的青年才俊。朱自清与冯友兰未曾谋面前，就早有耳闻。不过，朱自清却比冯友兰早三年进入清华园，这时已经发表过一些有影响的新诗和散文名篇。几乎与冯友兰进入清华园的同时，1928年8月，朱自清出版了他的第一部散文集《背影》，成为当时文坛中一位颇为引人注目的新文学作家。

由于有校长罗家伦的信任，冯友兰在进入清华一年后又担任了文学院院长，成为朱自清的顶头上司。1930年暑期开学，因中文系主任杨振声离开清华出任青岛大学校长，朱自清开始代理中文系主任工作。1932年9月，刚刚结束一年欧洲游学的朱自清正式就任中文系主任。

清华大学文学院下辖中文系、外文系、历史学系、哲学系和社会学系。文学院各系的教授大多具有留学背景，学术视野开阔，强调做学问要"中西融汇、古今贯通"，希望培养出博通中外的学术通才。朱自清发表了一系列学术指导文章，倡导兼取"京派与海派之长"；冯友兰用"释古"方法写出的《中国哲学史》（上下卷），成为"清华学派"的代表作。20世纪30年代，在校长梅贻琦的带领下，清华大学步入了学校发展的黄金时代，在冯友兰和朱自清等一批清华人的引领下，文学院和

中文系也成为全国人文社会科学的学术重镇。

辗转大后方，共谋教育救国文化救国大事业

1937年卢沟桥事变爆发后，北平随即沦陷，美丽的清华园也惨遭日寇的践踏。清华大学被迫走上艰难的南迁之路。根据教育部的要求，清华与北大、南开三所大学合并组成"长沙临时大学""暂住衡湘"。1937年11月，冯友兰、朱自清和大批清华文学院教师，长途跋涉来到长沙。

在长沙临时大学第五次常委会上，朱自清被委以重任，担任临大中文系教授会主席（后改称系主任），后又推定他任临时大学贷金委员会召集人、文学院院务委员会书记。身兼数职，师生们处处都能见到朱自清忙碌的身影。由于师资力量缺乏，朱自清说服王力、写信邀请闻一多，暂缓休假，赴校上课，并亲赴火车站接闻一多全家，商量课程安排；与杨振声、沈从文商量教科书编写事宜。由于韭菜园校舍不敷分配，文学院被安排在距长沙200里外的南岳白龙潭的圣经分校。他不顾路途劳顿，安顿迁址事宜。在衡山简陋的校舍里，尽管图书与设备严重缺乏，但朱自清继续推行新文化，把挖掘、教授中华优秀文化遗产作为自己的责任。在图书和资料异常缺乏的条件下，他还新开设了"宋诗"和"陶渊明"两门课程。

冯友兰被推选为哲学心理教育学系教授会主席和临时大学图书设计委员会委员及课程委员会委员。他与师生们一起和衷共济，共克时艰。在危难之中砥砺德行，在艰苦之中勤于学问，在忧患之中以学术成就贡献于祖国，这是中国知识分子长期以来沿袭下来的一种文化传统。冯友兰有感于此，在衡山简陋的房舍中，开始写作一生中最重要的哲学著作

《新理学》。他后来用"遭逢世变，投止名山，荟萃斯文"十二个字来描述自己在南岳衡山三个月的生活感受，并感慨地说："我们在南岳的时间，虽不过三个月，但是我觉得在这个短时期，中国的大学教育，有了最高的表现。那个文学院的学术空气，我敢说比三校的任何时期都浓厚。"

一次，冯友兰和一些师生们到衡山上游览二贤祠，在拜谒先贤时联想到金兵入侵、宋人南渡的千古悲剧，回想到眼前"南渡"半年来山河破碎、国将不国的惨痛现实，难抑愤懑之情，当即赋诗数首，其中一首云："二贤祠里拜朱张（二贤指南宋著名理学家朱熹、张栻——引者注），一会千秋嘉会堂。公所可游南岳耳，半壁江山太凄凉。"另一首曰："洛阳文物一尘灰，汴水纷又草莱。非只怀公伤往事，亲知南渡事堪哀。"

朱自清看后非常赞赏，在参加学生举办的诗歌朗诵会上引吭诵读了这两首诗，点燃了师生们一阵阵悲壮的抗日救亡呼声。

随着战火的蔓延，长沙也面临着朝不保夕的危境。1938年1月20日，长沙临大常委会议决定学校继续西撤，迁往昆明。临大暂别衡山湘水，开启文化长征，长沙临时大学改组为西南联合大学。2月16日，朱自清和冯友兰踏上赴滇的征途，开始了联大八年的文化培植之旅，在战乱与饥饿中为国育才，献身于教育救国事业。

冯友兰、朱自清和同事十余人乘汽车，从长沙到桂林，绕道越南河内，再乘火车到昆明。汽车在经过广西凭祥县城镇南关门洞的时候，冯友兰由于专注思考问题，没有听见司机的提醒，放在车窗外的左胳臂没有收回，造成了骨折。好在过凭祥不久就到了河内。朱自清、陈岱孙两人把冯友兰送到医院，陪了两天，直到冯友兰的弟弟冯景兰来到河内，他们俩人才离开。

在昆明西南联大，朱自清的教学和管理工作十分繁忙。除了教学工作外，他担任了联大中文系主任和联大师范学院国文系主任，编写了由教育部教育委员会委托编写的教科书，与冯友兰一起担任了校歌校训委员会委员，写出了学术专著《诗言志辩》和《经典常谈》，还参加了文协云南分会举办的一些活动……

冯友兰的"南渡"生活是其一生中环境最不安定的时期。在此期间，他先后担任文学院院长、清华文科研究所所长，并在异常艰苦的环境中从事学术研究。他像一架写作的机器，废寝忘食，著述不辍，几乎每年完成一部学术专著，他的《贞元六书》（包括《新理学》《新事论》《新世训》《新原人》《新原道》《新知言》）这部巨著的大部分都是在昆明完成的。此外，他还发表了大量哲学、政论方面的文章。丰硕的学术成果，使他成为抗战时期中国学术界思想最为活跃、影响最为广泛的学者之一。

1945年初，冯友兰的母亲吴清芝在老家河南唐河县祁仪镇病逝，冯友兰在悲苦的怀念中为母亲写成了《行状》和《祭母文》。朱自清读后，心情久久难以平静，写下《读冯友兰、景兰、淑兰昆季所述尊姒吴太夫人行状及祭母文，系之以诗》一首：

> 饮水知源木有根，瓣香贤母此思存。
> 本支百世新家庙，昆弟三涂耀德门。
> 趋拜曾瞻慈荫暖，论交深信义方淳。
> 长君理学尤沾溉，锡泪无惭古立言。

冯友兰的痛心哀叹：清华和社会不可补偿的损失

1946年，随着抗日战争的胜利，西南联大完成了自己的历史使命，清华大学在北平复员。朱自清回到清华园，继续教书育人，并一步步走向追求民主的斗争前列。冯友兰应邀赴美国讲学，先后在宾夕法尼亚大学、夏威夷大学担任客座教授，在新泽西州立大学、威斯康辛大学作关于中国哲学的演讲，并接受了普林斯顿大学授予的名誉文学博士学位。

1948年春，冯友兰从美国回到北平，见到朱自清，看到先前已经很消瘦的朱自清比一年半前更加消瘦了许多。冯友兰后来回忆说："我回来看见佩弦，第一印象就是太瘦。经过几个星期，又发现他办事比从前更严谨，几乎就近于拘谨了。清华新设立一个艺术史研究委员会，办了一个文物陈列室，买了一点古物，所用的款项有一部分是从中国文学系的预算中摊出的。他还备了一个公函到艺术史研究委员会请备案。我有一次请他夫妇吃饭，他的胃病发了，不能来，还叫书记写一封信，他亲自签名，说明只有朱太太可来的缘故。""七月底我往沈阳一趟，八月初回到北平。佩弦已进医院动手术了。我去看他，见他瘦得几乎不像是佩弦了。他的声音很微细，但是他还有平日的幽默。他说：他不善自己保养，'别人是少不更事，我是老不更事'。"

1948年8月12日，朱自清病逝。8月26日，在清华大学举行的追悼会上，文学院院长冯友兰担任会议主席并致悼词。他沉痛地说："数十年来，朱先生对中国文艺的贡献和学术上的贡献极大。他的病，他的死，都是由于生活的清苦和不能获得休息。下学期本该他休假，不料未及休养，即已逝世，使人悲痛何似！本校中文系，在闻一多先生和朱先生领导下，发现了自己正确的道路，两位先生都不幸相继逝世，但中文系今后仍将循着这条道路为发展中国新文学而努力。朱先生二十多岁便开始写作，写，写，一直写到死，他苦了一辈子，但从不说句穷。"在随后发表的《悼朱佩弦先生》《回念朱佩弦先生与闻一多先生》等纪念文章中，他再次强调，朱自清的逝世"就清华中国文学系说，真是有栋折榱崩之感"。他说，朱自清先生的死，"小处说是清华的不可补偿的损失，大处说是社会的不可补偿的损失"。他饱蘸深情撰写的挽联，更是道出了特殊时局下清华人和中国学界文坛的共同心声：

人间哀中国破碎河山又损伤背影作者
地下逢一多酸辛论话应惆怅清华文坛

文学家与美学家的绵长情谊

——朱自清与朱光潜

朱光潜（1897—1986），笔名孟实、孟石，安徽桐城人。中国现代美学的开拓者和奠基者之一。早年就读于武昌高等师范学校、香港大学、英国爱丁堡大学、伦敦大学和法国巴黎大学、斯特拉斯堡大学，以论文《悲剧心理学》获文学博士学位。民国年代先后执教于上海中国公学、浙江上虞春晖中学、北京大学、四川大学、武汉大学等大中学校。新中国成立后，历任北京大学教授、全国政协委员、中国民主同盟中央委员、中国美学学会会长、中国社会科学院学部委员等职。1986年3月6日在北京逝世。著有《文艺心理学》《悲剧心理学》《谈美》《诗论》《谈文学》《克罗齐哲学述评》《西方美学史》《美学批判论文集》《谈美书简》《美学拾穗集》及译著《美学》《新科学》《柏拉图文艺对话集》《歌德谈话录》等。

　　民国年代，朱自清长期在清华大学担任教授，朱光潜长期在北京大学担任教授。两人不仅是同姓，年纪又相仿（朱光潜比朱自清大一岁），身材高低胖瘦相差无几，性格和兴趣也有颇多相似之处，因而经常发生把他们两人当成同胞兄弟，甚至将他们两人混淆成一人的误会。一些未曾谋面的青年朋友写信给朱自清误投给朱光潜，或者写信给朱光潜误投给朱自清，这样的情况，时有发生。而在朱光潜看来，在文艺界的朋友中，朱自清是他"认识最早而且得益也最多"的朋友。

白马湖畔开启的文字之交

1924年9月，应夏丏尊之邀，朱光潜告别因军阀混战被迫关闭的上海吴淞中国公学，来到浙江上虞的白马湖畔，成为春晖中学的英文教员。当时，朱自清在该校教授国文。学校规模不大，一些青年教师志同道合，朝夕相处，宛如一家人一样和谐融洽。除了夏丏尊、朱自清之外，丰子恺、俞平伯、刘大白、陈望道、许杰、匡互生、刘延陵、夏承焘、刘叔琴、张孟闻、刘薰宇、王祺、李次九等一批志趣相投的青年教师聚首在"四山拥翠，曲水环之。菜花弥望皆黄，间有红墙隐约"的白马湖畔，享受着这里"淳朴""平和"的民风，犹如置身于桃花源般的"仙境"。朱自清、夏丏尊、丰子恺等都爱好文学，常以所作的文章相传视。朱光潜在无形之中受到他们的影响，也提起笔来开始学习写作。

不久，当年12月，朱光潜就在《民铎》杂志5卷5期上发表了他的白话文美学处女作《无言之美》。该文是他从事美学研究的开山之作，也是他美学生涯的开始。他在文中写道，"人力莫可奈何的时候，我们就要暂时超脱现实"，"超脱到哪里去呢？超脱到理想界去。现实界处处有障碍有限制，理想界是天空任鸟飞，极空阔极自由的"，"理想界是有尽美尽善的"。朱光潜接着以坚定的语气说："美术家的生活就是超现实的生活，美术作品就是帮助我们超脱现实到理想界去求安慰的。"朱光潜最后感叹道："天上的云霞有多么美丽！风涛虫鸟的声息有多么和谐！""倘若有人骂我胡言乱道，我也只好引陶渊明的诗回答他说：'此中有真意，欲辨已忘言！'"

后来在谈到自己的写作生涯时，朱光潜说过："我的第一篇处女作——《无言之美》，就是在丏尊、佩弦两位先生鼓励之下写成的。他们认为我可以作说理文，就劝我走这一条路。这二十余年来，我始终抱着这一条路走，如果有些微的成绩，就不能不归功于他们两位的引导。"（《记朱佩弦先生》）

朱光潜与朱自清一样，初登讲台时不太善于表达，课堂效果也不佳。朱自清比朱光潜从教早三年，有过这方面的经验教训，于是他极力鼓励朱光潜在学生中做讲演。朱光潜起先不肯答应，担心讲不好，但经不住朱自清和夏丏尊的一再鼓励，就在春晖中学规定的"五夜讲话"时间里向全校学生做了一次演讲。结果效果出奇的好，此后学生在课堂上吵吵闹闹的现象几乎没有了，因为朱光潜的演讲使他们觉得，"无言之美"是一种大方之美、静穆之美，是美的至境。

白马湖畔两人结下的友谊，一直伴随着朱光潜后来的学术人生。

1932年春天，朱自清在漫游欧洲时，与在英法留学的朱光潜相遇。他乡遇故知，两人都感到格外亲切。他们谈到分别之后的见闻，谈到各自所知道的朋友信息，更多的是谈各自在学术上的进展。朱光潜将自己刚刚完成的《文艺心理学》一书初稿交给朱自清，请他提意见。他知道，朱自清对待学术十分严谨，对待朋友十分诚恳，请他看稿子，他一定会仔仔细细地看，请他提批评意见，他一定会切切实实地提，绝不会敷衍了事。

八年前，在白马湖畔读朱光潜的《无言之美》，朱自清就很喜欢朱光潜文章的纯正简洁，说理透彻，这次读到《文艺心理学》原稿，更感到朱光潜在美学研究道路上的开拓之功，难能可贵。他知道，在中国，美学是一门十分年轻的学问，蔡元培倡导"美育代宗教说"已经十多年了，到现在才出现了由中国学者撰写的美学专著，而且这项拓荒之作出自挚友之手，更让他感到高兴。

在为该书所作的序文中，朱自清称这是一部"头头是道，醇醲有味的谈美的书"：

这部《文艺心理学》写来自具一种"美"，不是"高头讲章"，不是教科书，不是咬文嚼字或繁征博引的推理与考据；它步步引你入胜，断不会教你索然释手。

全书文字像行云流水，自在极了。他像谈话似的，一层层领着你走进高深和复杂里去。他这里给你来一个比喻，那里给你来一段故事，有时正经，有时诙谐，你不知不觉地跟着他走，不知不觉地"到了家"。

他的句子，译名，译文都痛痛快快的，不扭捏一下子，也不尽绕弯儿。这种"能近取譬"，"深入浅出"的本领是孟实先生的特长。

在对挚友的著作由衷赞美的同时，朱自清还提出了一些切实的修改意见。在第六章《美感与联想》中，朱自清的修改意见非常集中，朱光潜干脆对这一章完全改写了一遍。

后来，朱光潜仿效自己先前撰著的《给青年的十二封信》一书的文体，将《文艺心理学》一书改编成通信集，定名为《谈美》，又交给朱自清，请他提修改意见。朱自清还是那样一丝不苟，提出了不少中肯的意见。在为该书所作的《序》文中，朱自清说：《谈美》并非《文艺心理学》的"节略"，"它自成一个完整的有机体；有些是那部大书（《文艺心理学》）所不详的；有些是那里面没有的。——'人生的艺术化'一章是著名的例子；这是孟实先生自己最重要的理论"。

北平时期的惺惺相惜

朱光潜在欧洲留学八年，先后获得英国爱丁堡大学文学硕士学位和法国斯特拉斯堡大学哲学博士学位。回国后，被聘为北京大学文学院西语系教授，讲授西方名著选读、文学批评史，以及《文艺心理学》和《诗论》等课程。

时任清华大学中文系主任的朱自清，深知朱光潜的学术造诣，因此，在朱光潜回国的第二年，即1934年暑假，即邀请朱光潜为清华大学中文系研究班讲授《文艺心理学》和《诗论》两门课程。

朱光潜上课时，一般不多注视学生，而是常常把目光盯着天花板或窗户上的某一处地方，口才也不见得多么好，但却像一股清流，打开了学生的学术视野。如李普斯的感情移入说、距离说，克罗齐的美学等一些西方文艺理论，对学生们来说闻所未闻，使他们眼界大开。他又不是一味地灌输洋派理论，他用西方文艺理论来解释中国古典文学，又用中国古典文学作品来印证西方文艺理论。他把心理学、生理学引入美学，在民国学术界可谓是一个创举。青年美学家朱光潜的盛名很快声誉鹊起。

在这一时期，在朱自清的日记里有过多次与朱光潜来往的记载。在日记中，他曾记载朱光潜妻子奚今吾的两个妻妹奚茂芳和奚淑芳来访之事，并曾盛赞"淑芳小姐朗诵又太富于诗意了（我的意思是指纤雅）"；在1934年5月15日的日记中，他又记载了到中老胡同三十二号访问朱光潜，谈到邀请朱光潜到清华大学上课之事。可见两人交往之密切。

朱光潜回忆这一时期两人的交往过从时说过，"在北平的文艺界朋友们常聚会讨论，有他必有我。"

当时的朱光潜称得上是"京派"文人中的活跃分子。他认为"语体文必须读得上口，而且读起来一要能表情，二要能悦耳"，为了推进"语体文走上正轨"，他在自己的寓所慈慧殿三号，发起组织了"朗诵会"，每月定期进行一至两次聚会，专门练习朗诵，有时趁便讨论一些文学问题。参加人员有北大的梁宗岱、冯至、孙大雨、罗念生、周作人、叶公超、废名、卞之琳、何其芳、徐芳等；清华的俞平伯、李健吾、林庚、曹葆华等；此外还有冰心、凌淑华、林徽因、周煦良、萧乾、沉樱、杨刚、陈世骧、沈从文、张兆和，以及当时在京的两位英国诗人尤连·伯罗和阿立通等。朱自清也热情地参与其中。一到聚会的日子，大家各自朗诵自己喜爱的中外诗歌和散文，有时也讨论一些大家感兴趣的文学问题。一大批有影响的学者名流和文坛大腕云集慈慧殿三号，形成了与当时北总布胡同三号林徽因"太太的客厅"齐名的京派文人雅集。朱光潜后来说，朱自清对于朗诵会这件事"最起劲"，"语文本是他的兴趣中心，他随时对于一个字的用法或一句话的讲法都潜心玩索，参加过朗诵会的朋友们都还记得，他对于语体文不但写得好，而且也读得好。"

1937年5月，由朱光潜担任主编的《文学杂志》在北平创刊，朱自清作为编委参加了刊物的编辑。朱光潜后来说，这本杂志"名义上虽由我主编，实际上他（指朱自清—引者注）和沈从文、杨金甫（杨振声—引者注）、冯君培（冯至—引者注）诸人撑持的力量最多"。在当年6月出版的第1卷第2期里，发表了朱自清的散文《房东太太》。朱光潜十分推崇这篇文章，在《编辑后记》里评价说，读朱自清的散文，像欣赏一幅"画像"："他风格朴质，清淡，简练，以亲切口吻道家常琐细，读之如见其人。"

战乱中"但恨此宵难再得"

1941年秋，朱自清结束了在成都为期一年的休假，准备回到昆明西南联大。10月8日，他启程搭木船沿岷江而下。经过乐山时，他顺便探望了在武汉大学（抗战时期武汉大学迁至乐山）教书的朱光潜和叶石荪、杨人楩等几位老朋友。战乱时难得的相逢，让朱光潜十分高兴。他专门抽出时间陪朱自清游了乌尤寺、大佛寺、蛮洞（汉代人凿在石壁上的墓穴）和龙泓寺。他们探访了湮没在野草灌木之间的一些石窟寺，还看了"蛮洞"中刻的一些图案和人物，感觉颇有意味。

经过叙永时，因需要等车，朱自清在这里逗留了一个礼拜。10月26日，朱自清在叙永给朱光潜写了一封信，述说了行程中的经历，并以他雅致的文笔讲述了对叙永的观感："叙永是个边城。永宁河曲折从城中流过，蜿蜒多姿态。河上有下上两桥。站在桥上看，似乎颇旷远；而山高水深，更有一种幽味。东城长街十多里，都用石板铺就，很宽阔，有气象，西城是马路，却石子像刀尖似的，一下雨，到处泥浆，两城都不好走。"

当时，冯友兰"贞元三书"之一的《新理学》已经问世。之前，朱光潜写过一篇批评《新理学》的文章，刊登在《思想与时代》杂志上，朱自清在这封信中有一段专门谈及此事："兄批评《新理学》的文字，弟在船上已细看。除'势'那一个观念当时也有些怀疑是多余的以外，别的都是未曾见到的。读了兄的文字，真有豁然开朗之乐，佩服佩服。芝生兄回答似乎很费力（若我是他的话），但我渴想看看他的答文。无论如何，他给我的信说兄指出的地方只是他措辞欠斟酌，似乎说得太轻易了。到这儿遇见李广田兄了，他也早想看兄这篇文字，我就给他看了。"

在这封信的末尾，朱自清还将自己的近作《好梦再叠何宇韵》抄寄给朱光潜，诗曰：

> 山阴道上一宵过，菜圃羊蹄乱睡魔。
>
> 弱岁情怀偕日丽，承平风物滞人多。
>
> 鱼龙曼衍欢无极，觉梦悬殊事有科。
>
> 但恨此宵难再得，劳生敢计醒如何？

诗中回忆两人在乐山夜晚愉快的聚餐和欢畅的聊天，感慨这样的聚会真是"难再得"了。

时光越过了将近40年后，1980年，朱光潜在整理旧稿信件时，惊奇地发现了这封朱自清写给他的信，他立即将这封历经战乱幸存下来的书信，交给《文艺报》发表。

长留挚友心间的完美人品和文品

1948年8月12日，朱自清在北平病逝。挚友英年早逝，朱光潜十分悲痛，当月连续写了两篇怀念老友的文章《记朱佩弦先生》和《敬悼朱佩弦先生》。

在文中，他深情地回忆起两人交往中的点点滴滴，称朱自清是"认识最早而且得益也最多"的良师益友。他以自己的深切体会再次谈到朱自清的文章，说朱自清的文章简洁精炼不让上品古文，而用字却是日常所用的字，语句声调也是日常语言所有的声调。就剪裁锤炼来说，它的确是"文"；就字句习惯和节奏来说，它也确是"语"。任凭文法家们去推敲它，不会推敲出什么毛病；可是念给一般老百姓听，他们也不会感到有什么别扭。他自谦地说，他好多年以来都在追求这个理想，可是一直还是嫌它可望而不可即，所以特别觉得朱自清的成就难能可贵。他还说，朱自清的作品，不但证明了语体文（即白话文）可以做到文言文的简洁典雅，而且向一般写语体文的人们揭示了一个极好的模范，断言朱自清在这方面的成就，是要和语体文运动史共垂久远的。

在纪念文章中，朱光潜由其文又写到其人。说朱自清的面孔老是那样温和而镇定，他对朋友始终真诚，请他帮忙的只要他力量能办到，他没有不帮忙的。朱光潜得到朱自清的最后一封信，是答复朱光潜托他替一位青年谋事。事虽没有谋成，而他是尽了力的。他写的那封信是在进医院之前不过几天，那时候他的身体已经很坏了，还没有忘记朱光潜的一件寻常请托。还说朱自清虽然严肃，却不古板干枯，听过他的谈吐的人们都忘不了他的谐趣，就他的整个性格来说，他属于古典型的多，属于浪漫型的少，得诸孔颜的多，得诸庄老的少。

在朱自清病逝的当月，朱光潜在自己任主编的《文学杂志》组织了"朱自清先生纪念特辑"，请北大、清华、燕京等大学的一些教授、学者撰写纪念文章。在纪念特辑中，发表了浦江清的《朱自清先生传略》、朱光潜的《敬悼朱佩弦先生》、冯友兰的《回忆朱佩弦先生与闻一多先生》、俞平伯的《忆白马湖宁波旧游》、川岛的《不应该死的又死了一个》、余冠英的《佩弦先生的性情嗜好和他的病》、李广田的《哀念朱佩弦先生》、马君玠的《挽歌辞》、杨振声的《为追悼朱自清先生讲到中国文学系》、林庚的《朱自清先生的诗》、王瑶的《邂逅斋说诗缀忆》；朱自清先生遗作有《犹贤博奕斋诗钞选录》、散文《关于〈月夜蝉声〉、〈沈默〉、〈松堂游记〉》，信札有寄俞平伯、寄杨晦等。在朱光潜主编的天津《民国日报》"文艺"副刊上，也出版了"追悼朱自清先生特刊"，刊有朱光潜的《记朱佩弦先生》、常风的《朱自清先生——作家、学者、教育家》、俞平伯的《佩弦兄挽辞》，少若的

《〈诗言志辨〉——朱自清遗著》、萧望卿的《朱自清先生最近两年与文学》等纪念性的评论，从多方面评述了朱自清对新文学的贡献，以及他的学术成就和完美的人格。

晚年的朱光潜成为中国现当代美学的奠基人和开拓者，成为20世纪中国最负盛名并赢得崇高国际声誉的美学大师。但他一直不能忘怀自己在学术起步阶段得到朱自清的指引和鼓励。他经常对朋友和学生们谈起朱自清的为人和为文，谈起他至性至情的人生，谈起自己在思想、学术和友谊方面得到过朱自清许多切实的帮助和温暖。回忆起两人在白马湖畔那一段短暂的青春记忆，他唏嘘不已。他说："如果我选一本朱自清的散文，肯定会将这篇《白马湖》收进去。"

时空割不断的相知之情

——朱自清与郑振铎

郑振铎（1898—1958），字西谛，原籍福建长乐，生于浙江温州。1919年参加"五四"运动并开始发表作品。1920年与沈雁冰等人发起成立文学研究会，创办《文学周刊》与《小说月报》，曾任上海商务印书馆编辑，《小说月报》主编，上海大学教师，《公理日报》主编。1927年后历任北平燕京大学、清华大学、上海暨南大学教授，《世界文库》主编。新中国成立后，历任中央文化部文物局长、中国科学院考古研究所所长、文化部副部长、全国政协委员、全国文联主席团委员、中国作家协会理事等职。1958年10月17日率领中国文化代表团出国访问途中，因飞机失事遇难殉职。著有学术专著《插图本中国文学史》《文学大纲》《俄国文学史略》《中国文学论集》《中国俗文学史》，小说集《家庭的故事》《取火者的逮捕》《桂公塘》《佝偻集》，译著《沙宁》《血痕》《灰色马》《飞鸟集》《新月集》等。

步调一致的新文学之路

郑振铎与朱自清同庚，在"五四"运动前后差不多同时走上新文学创作道路。1921年初，郑振铎与沈雁冰、叶圣陶、王统照等人发起成立中国最早的新文学团体——文学研究会，朱自清于当年就加入其中，是早期会员。

1922年初，朱自清与叶圣陶、刘延陵等创办了中国新文学史上第一个发表新诗及新诗理论的专门刊物《诗》，郑振铎寄去自己的新诗作品，为新诗的发展助阵。是年6月，他们开始了第一次文学意义上的密切合作，一起编辑新诗合集《雪朝》。据郑振铎说，该合集之所以取名《雪朝》，是因为这本诗集是他们在一个下雪的早晨编好的。

《雪朝》汇集了朱自清、俞平伯、周作人、刘延陵、徐玉诺、郭绍虞、叶绍钧、郑振铎等八位诗人的新诗作品，其中收录朱自清诗作19首，郑振铎诗作34首。这八位诗人都是文学研究会会员，他们都主张文学"为人生"的创作宗旨。郑振铎在《〈雪朝〉短序》中说："我们要求'真率'，有什么话便说什么话，不隐匿，也不虚冒。我们要求'质朴'，只把我们心里所感到的坦白无饰的表现出来，……虽不能表现时代精神，但也可以说是各个人的人格和个性的反映。"

1924年，朱自清把好友丰子恺的漫画《人散后，一钩新月天如水》拿去发表在他与俞平伯合办的不定期文艺刊物《我们的七月》上，立刻引起了时任上海《文学周报》主编郑振铎的注意。他把这幅漫画发表在《文学周报》第172期上，并在此后大量采用丰子恺的漫画。当时还没有"漫画"这一名称，通常称其为"简笔画"，郑振铎在《文学周报》上连续发表丰子恺的画作时，在目录中均被冠以"漫画"二字。此后，丰子恺被誉为"中国漫画的鼻祖"，成为一段艺苑佳话。

从1925年下半年开始，朱自清到清华中文系任教，长期生活和工作在北平，而郑振铎长期在上海工作，担任商务印书馆编辑和《文学周报》《小说月报》主编。1931年，郑振铎应邀到燕京大学任教，他们在北平又会面了。这些年，朱自清发表了大量散文，一些文章被收入中小学课本，在新文学领域影响很大，郑振铎很为老朋友取得的成就而高兴。朱自清也一直关注着郑振铎的新文学创作，得知他近年来出版了散文集《山中杂记》《海燕》和小说集《家庭的故事》，还翻译了大量外国文学作品，也感到十分振奋。两人都有为新文学踏踏实实做事的愿望，这是他们无论身处何地，都会互相关注的重要原因。

1932年12月，郑振铎的呕心沥血之作《插图本中国文学史》由北平朴社出版部出版，奠定了其作为文学史家的地位。作为文学史学者，他们在平时交流和探讨之中，有了更多的共同语言。

创办文学杂志中的亲密合作

1933年春，在鲁迅的倡议下，北平左联以"北平西北书店"名义创办了《文学杂志》。北平左联是中国共产党的外围文化团体，直接接受中共中央北方局的领导。根据党的指示，北平左联利用筹办和编辑《文学杂志》的机会，做团结进步作家的工作。

1934年4月25日是一个星期天。这天下午，北平左联《文学杂志》社在北海五龙亭举行茶话会。会前，郑振铎、朱自清、周作人等都收到了函邀，结果当天只有朱自清和郑振铎应邀出席。他们对北平文艺工作提出了一些很切实的意见，受到北平左联的重视。事后，北平左联负责人之一的陆万美将这一情况函告鲁迅，鲁迅很高兴，在复信中说："郑、朱皆合作，甚好。"

在此前一年，为发扬"五四"文学的战斗传统，推动新文学创作，郑振铎与章靳以酝酿创办大型文学刊物《文学季刊》，邀请朱自清参与筹办工作。当时郑振铎住在燕京大学校园里，朱自清住在清华园，两校中间有一段距离。朱自清经常和李长之、林庚等几人到郑振铎家里商议筹办工作，一谈就是大半夜。之后，他们又踏着静谧的月色，穿过四周的犬吠，沿着崎岖的小路说说笑笑，回到清华园来。

1934年1月，《文学季刊》正式创刊。郑振铎、巴金、章靳以担任主编，朱自清是编辑人员之一。刊物由立达书局出版，十六开本，每期三百多页，可以算得上是当时国内最大型的文学杂志。朱自清特地为刊物写了一篇关于茅盾长篇小说《子夜》的书评，指出《子夜》在当时文艺界的价值，明确指出："我们现代的小说，正应该如此取材，才有出路。"

郑振铎深知朱自清是一个非常严谨认真的人，他的意见都是经过深思熟虑的，因此经常听取朱自清对办刊的意见，很多事情都会向他请教。

老成持重的青年朋友

郑振铎最钦佩的是朱自清做任何事情都认真负责的精神。

有一段时间，朱自清也在燕京大学兼任中国新文学课程。这本是他在清华讲了多年的课程，内容已经教得很熟了，但他从来不肯马马虎虎地教过去。每一次上课之前，他都要仔细地预备着。一边走上课堂，一边还是十分的紧张。每上一堂课，在他都是一件大事。

郑振铎知道，朱自清写文章态度更是十分严谨，他写得很慢，改了又改，决不肯草率地拿出去发表。一次，郑振铎为《文艺复兴》的"中国文学研究"专号向他要稿子，他寄了一篇《好与巧》来。郑振铎读后，认为"这是一篇结实而用力之作"，准备刊用。但过了几天，朱自清又寄来一封快信，说还要修改一下，要郑振铎把原稿寄回给他。郑振铎寄回去不久，修改的稿子来了，增加了不少有力的例证。郑振铎感叹着："他就是那么不肯马马虎虎地过下去的！"

郑振铎还记得一件有趣的事。有一天，他们一群人在燕京大学一位友人处用晚餐时，热烈地辩论起"中国字"是不是艺术的问题来。中国古代一向有"书画同源"的说法，认为中国字是一门专门的艺术。郑振铎却反对这个传统的观念，但在坐的大多数人都持汉字是艺术的观点。有的说，艺术是有个性的；中国字有个性，所以是艺术。又有的说，中国字有组织，有变化，极富于美术的标准。郑振铎反驳说，中国字有个性，难道别国的字就表现不出个性了吗？要说写得美，那么，梵文和蒙古文写得也是十分匀美的。辩论来辩论去，最后也没有辩论出一个结果来。

最后，其中一位还强调说，他要编一部《中国艺术史》，一定要把中国书法的一部分放进去。郑振铎针锋相对地反驳：如果把"书"也和"画"同样地并列在艺术史里，那么，这部艺术史一定不成其为艺术史的。

当时共有12人在座，9人都反对郑振铎的意见，只有清华大学文学院院长冯友兰和郑振铎意见一致。朱自清坐在那里，没有发表意见。郑振铎见状，问道："佩弦，你的主张怎么样呢？"

朱自清郑重地说道："我算是半个赞成的吧。说起来，字的确是不应该成为美术。不过，中国的书法，也有它长久的传统的历史。所以，我只赞成一半。"

这场辩论，更加深了郑振铎对朱自清老成持重的印象。

新诗编辑和创作中的知音

1935年，受上海良友图书公司文艺编辑赵家璧的委托，郑振铎邀请朱自清主持《中国新文学大系》诗集的编选。

《中国新文学大系》分为十大卷，蔡元培作总序，《建设理论集》由胡适编选，《文学论争集》由郑振铎编选，小说分三集，分别由茅盾、鲁迅、郑伯奇编选，散文分两集，分别由周作人、郁达夫编选，戏剧由洪深编选。每集的编者都是新文学的顶尖级人物，可谓一时之选。

《诗集》本来准备请郭沫若编选，但被国民党的图书杂志审查会否决了，"理由"是郭沫若写过骂蒋介石的文章。赵家璧与郑振铎和茅盾商量后，决定改换朱自清来承担编选任务。

朱自清从郑振铎那里领受任务后，以他特有的认真态度，尽可能无遗漏地借来了"五四"以来新诗的各种选本，还把清华图书馆所存的新诗集都借了出来。他利用暑假时间集中精力，从七月中旬开始整理，历时一个多月终于完稿，最终，《诗集》共选59位诗人的408首诗。在写导言时，朱自清改了又改，精益求精，惜墨如金，仅写了五千余字，但这篇简短的导言却成为新诗史上的重要理论文章之一。他把"五四"以来诗歌创作分为三派：自由诗派、格律诗派和象征诗派。这也是朱自清对新诗发展历程最为独特的见解。

对朱自清的新诗创作，郑振铎在《五四以来文学上的论争》一文中，作出了很高的评价。他把朱自清的《踪迹》与胡适的《尝试集》相比，认为"远远的超出《尝试集》里任何最好的一首，功力的深厚，已决不是'尝试'之作，而是用了全力来写着的"。

长歌当哭念挚友

　　1937年卢沟桥事变爆发后，朱自清随清华大学撤退到大后方昆明，郑振铎留在上海暨南大学任教并担任文化界救亡协会等工作，从此两人再也没有机会相见。不过，对老友的情况，他是时时挂念着的。他听人说，朱自清在大后方生活过得很艰苦，患了胃病，人瘦了许多，头发也花白了，但他想象不出瘦了的朱自清是什么样的状貌，在他的印象中，朱自清一直是一个"结结实实的矮个子"。

　　1948年8月，一个噩耗传到上海，朱自清在北平因胃溃疡穿孔不治逝世。这个消息让郑振铎惊呆了。他万万想不到只有五十岁的朱自清竟然会这样快地告别人世，他还幻想着朱自清会与他在结束战乱之后再次见面呢。他含泪写下《哭佩弦》一文，回忆与朱自清生前交往中的点点滴滴，读之令人潸然泪下。

　　在文中，他回忆说："在朋友们中，佩弦的身体算是很结实的。矮矮的个子，方而微圆的脸，不怎么肥胖，但也绝不瘦。一眼望过去，便是结结实实的一位学者。说话的声音，徐缓而有力。不多说废话，从不开玩笑；纯然是忠厚而笃实的君子。写信也往往是寥寥的几句，意尽而止。但遇到讨论什么问题的时候，却滔滔不绝。他的文章，也是那么地不蔓不枝，恰到好处，增加不了一句，也删节不掉一句。"他感叹："这样的一位结结实实的人，怎么会刚过五十便去世了呢？"他悲愤："佩弦虽然在胜利三年后去世，其实他是为抗战而牺牲者之一。那么结结实实的身体，如果不经过抗战的这一个阶段的至窘极苦的生活，他怎么会瘦弱了下去而死了呢？他的致死的病是胃溃疡，与肾脏炎。积年的吃了多米粒与稗子的配给米，是主要的原因；积年的缺乏营养与过度的工作，使他一病便不起。尽管有许多人发了国难财、胜利财，乃至汉奸们也发了财而逍遥法外，许多瘦子都变成了肥头大脸的胖子，但像佩弦那样的文人、学者与教授，却只是天天地瘦下去，以致病倒而死。就在胜利后，他们过的还是那么苦难的日子，与可悲愤的生活。"他痛惜："佩弦的死，不仅是朋友们该失声痛哭，哭这位忠厚笃实的好友的损失，而且也是中国的一个重大的损失，损失了那么一位认真而诚恳的教师、学者与文人！"

清华园的"双子星座"

——朱自清与闻一多

闻一多（1899—1946），原名闻家骅，字友三，湖北浠水人。早年就读于清华学校和美国芝加哥美术学院、珂泉科罗拉多大学和纽约艺术学院。1923年出版第一部诗集《红烛》，1928年出版第二部诗集《死水》，成为新月派代表诗人之一。1925年回国后，历任北京艺术专科学校教务长、北京大学教授、南京第四中山大学外文系主任、武汉大学文学院院长兼中文系主任、青岛大学文学院院长、清华大学中文系教授、西南联合大学教授等职。抗战后期，出任民盟中央执行委员、民盟云南支部宣传委员兼《民主周刊》社社长，成为坚强的民主斗士。1946年7月15日在云南昆明被国民党特务暗杀。

在毛泽东的《别了，司徒雷登》一文中，有几句几乎家喻户晓的名段："闻一多拍案而起，横眉怒对国民党的手枪，宁可倒下去，不愿屈服。朱自清一身重病，宁可饿死，不领美国的'救济粮'。""我们应当写闻一多颂，写朱自清颂，他们表现了我们民族的英雄气概。"

从1932年起，朱自清和闻一多在清华大学一起执教，前后达14年之久。当时清华大学文学院院长冯友兰称他们二人是"清华中国文学系的基石"，后人称他们是"清华园的双子星座"，再后来，有些文学史家说，他们二人类似杜甫和李白，一个深沉质朴，一个浪漫狂狷。

和而不同的欣赏和包容

1912年秋，13岁的闻一多以湖北籍第一名的复试成绩考取北京清华留美预备学校，在清华园度过了十年学子生涯。在清华读书期间，他学习刻苦，兴趣广泛，喜读中国古代诗集、诗话、史书、笔记等。1916年开始在《清华周刊》上发表系列读书笔记，总称《二月庐漫记》，同时创作旧体诗，并担任《清华周刊》《新华学报》的编辑和校内编辑部的负责人。1919年"五四"运动爆发后，他积极投身其中，发表演说，创作新诗，成为新文化运动的拓荒者之一。1922年7月他赴美国留学，先后就读于芝加哥美术学院和科罗拉多大学，在攻研美术的同时，继续从事新诗创作。

闻一多24岁出版第一部新诗集《红烛》，28岁出版第二部新诗集《死水》。他将反帝爱国的主题和唯美主义的形式艺术地结合在一起，成为公认的新文学奠基者之一。

1925年回国后，闻一多先后在北京艺专、南京第四中山大学、武汉大学、青岛大学等高校任教，在中国古代文学、古文字学、音韵学、民俗学等领域下了惊人的功夫，涉猎之广，研究之深，成果之丰，连郭沫若也惊叹，闻一多不仅前无古人，恐怕还要后无来者。1932年秋，为摆脱派系纷争，闻一多辞去国立青岛大学文学院院长兼国文系主任，回到母校清华大学任中国文学系教授。

　　这一年，朱自清34岁，在清华大学任教已有七年，刚刚被任命为中文系主任。时年33岁的闻一多，在经历上有许多与朱自清相似的地方。两人年岁相仿，都曾在北京求学，都经历过新文化运动与"五四"运动，都曾是名重一时的新文学诗人，如今又同在清华任教。朱自清开的课是"诗""歌谣""中国新文学研究"，闻一多开的课是"王维及其同派诗人""杜甫""先秦汉魏六朝诗"，研究领域也多有交集。作为同事，两人之间时相过从，有很多共同的话题。

　　更为重要的是，当时他们还有着十分相似的处境。

　　用当代学者的眼光来看，两人都是中国新文学的奠基者。可在当时的语境中，却被许多所谓正统的学者不屑一顾。闻一多在国外是学艺术的，归国后讲中国古代文学，就常常遭到一些"正统论者"的冷眼。

　　据他的学生回忆，他在课堂上讲《离骚》，常说一句话："痛饮酒，熟读《离骚》，方可为名士……"他不像一些古板的教授那样正襟危坐，讲至妙处，经常"哈哈"大笑。

　　他的名士做派也让一些同事和学生看不惯。1932年，青岛大学爆发学潮，有学生在黑板上写出了这样的打油诗：

　　　　"闻一多，闻一多，
　　　　你一个月挣四百多，
　　　　一堂课五十分钟，
　　　　禁得住你呵几呵？"

　　这种调侃，也代表了一些人对闻一多的某种看法。

　　回到母校清华任教，也有一些学生对他的学问颇有质疑的意味。吴组缃回忆说："清华同学与老师年龄相差不太多，有的已在刊物上发表过文章，因此认为自己不比老师差……同学们中间确实有人存有闻一多是新月派，教不了古代文学的想法。"这与胡适当年回国之初的遭遇有些相仿，若不是得到傅斯年、顾颉刚等一帮学生的支持，胡适也差点在北京大学被一些学生赶下讲台。

连一些教授也对闻一多颇多怀疑。朱自清在1933年10月1日的日记里有这样一段记载："访黄先生，以校中情形告之。先生谓清华中文系空气太淡，颇怪闻一多。"这里的黄先生是指黄节，是清华园里古代文学的权威人物，他的质疑，非同小可。朱自清在这段记载后，下了"甚奇"二字评语，表达了对这一看法的不予认可。

朱自清在新文学领域成就颇高，一些散文名篇被选入中学语文课本，他的新诗在全国影响也很大。但在清华园里，对他开讲"新文学研究"的质疑声也一直不绝于耳，有这样一种潜台词：白话文不过是应时之作，怎能算得是真学问？！

闻一多经常缺席教授会，基本不参加学校里组织的活动，以致被半开玩笑地封为"何妨一下楼主人"。闻一多的特立独行和放荡不羁，使他周边的人际关系也比较紧张。在清华园里，最能理解闻一多的，就是大他一岁的系主任朱自清。

1940年秋，因朱自清休假，闻一多代理西南联大中文系主任。翌年7月，清华大学决定恢复文科研究所，最先恢复的是中国文学部，部主任依例由中文系主任闻一多担任。

中国文学部的办公地点在昆明东北郊龙泉镇司家营17号。这是一所刚刚建筑的小院，上下两层楼，闻一多全家住在院落右侧厢房，没有家眷的清华教师浦江清、许维遹等住在厢房左侧，季镇淮、施子愉、王瑶等研究生为了写论文，也曾在这里住过。朱自清的家眷远在成都，所以他后来也搬了进来。在这里，朱自清与闻一多一起住了两年多。那时候，闻一多研究《诗经》《楚辞》已历十余年，在此基础上又开始研究《庄子》和《周易》，后来又转到伏羲神话上，涉猎的广泛和研究的专注都让朱自清深感佩服。他说："闻先生是个集中的人，他的专心致志，很少人赶得上。研究学术如此，领导行动也如此。"

朱自清与闻一多研究领域相近，当然常常会遇到讨教借重的机会。朱自清曾对闻一多说，要细细阅读他的全部手稿，从中对他的学术研究进行借鉴。由于闻一多的许多研究心得和成果并未来得及整理发表，所以他们之间就有阅读手稿的先得之快。一次，朱自清因为要写一篇文章，需要参考闻一多的研究手稿。他来到闻家，恰遇闻一多出门不在家，征得闻一多夫人高孝贞（后改名高真）的同意，将闻一多的手稿找出来翻看。他越看越佩服，越看越入迷，不知不觉间，时间就过去了几个小时。后来在谈到这次阅读闻一多手稿的印象时，朱自清曾这样说："闻先生的稿子却总是百分之九十九的工楷，差不多一笔不苟，无论整篇整段，或一句两句。不说别的，看了先就悦目。他常说抄稿子同时也练了字，他的字有些进步，就靠了抄稿子。"

1943年8月，朱自清从成都休假回到昆明，带了一本田间诗集，专门送给闻一多。闻一多阅读之后，感觉这些诗与自己过去读过的诗作，风格明显不同，如《自由，向我们来了》《给饲养员》《晋察冀向你笑着》《人民底舞》等，这是一种街头诗，句句充满活力，如战鼓，似春雷，给人力量，催人奋进。

于是，在开学后的第一堂课上，闻一多给学生们介绍了田间的诗和自己阅读的感想。他说："抗战六年来，我生活在历史里、古书堆里，实在非常惭愧。但今天是鼓的时代，我现在才发现了田间，听到了鼓的声音，使我非常感动。我想诸位不要有成见，成见是最要不得的东西。诸位想想我以前写的是什么诗，要有成见就应该是我。"最后，闻一多强调："田间实在是这鼓的时代的鼓手！他的诗是这时代的鼓的声音。"

课后，有一个学生根据自己听课的感想写了一篇文章，发表在重庆

《新华日报》上，题目是《听鼓的诗人和擂鼓的诗人》。文中说：闻一多先生穿着蓝色的旧长袍，手里轻轻拍着田间的诗的抄本。他精湛独特的见解，清脆爽朗的国语，触动了听课的学生。过路的人也被这洪亮的声音吸引住，窗外的旁听者越挤越多，大家感到闻一多先生的长髯像过了强电流的铁丝一样弹动着，眼睛也像出现了"放电现象"。

不久，《生活导报》准备出版周年纪念刊，编辑向闻一多约稿，闻一多一气呵成，写了一篇《时代的鼓手——读田间的诗》。这篇文章，在闻一多的文学生涯和政治生命中具有特殊的意义。在此之前，闻一多总是被人认为是"新月派"文人，此文的发表，不仅开始改变了人们对他的"新月派"的印象，而且也成为闻一多思想转变的一个开端。

在西南联大，朱自清与闻一多交往密切。闻一多艺术造诣很深，喜欢雕刻，曾亲自为朱自清雕刻了一枚印章。朱自清也非常推崇闻一多，不仅在多种场合大力推荐闻一多的诗作，还赞誉闻一多是"唯一有意大声歌咏爱国的诗人"。

应该指出的是，由于闻一多性格耿介，又爱自做主张，有时也不免引起朱自清内心的不快。

闻一多非常推崇郭沫若的金文研究成果，多次提出请郭沫若到清华来任教，并越过中文系主任朱自清直接向文学院院长冯友兰提出推荐申请。在1937年5月9日的日记中，朱自清写道："冯告以闻君意见，为商谈聘郭沫若事，尚未做决定，闻直接向冯提出请求，令余惊异。"闻一多不按程序的做法让朱自清感到没有受到应有的尊重。

闻一多在一些问题上想问题比较简单，有时会提出一些考虑不周祥的建议。在1938年7月14日的日记中，朱自清写道："一多建议下学期中文系教授每人只讲一门课，而不顾其他各系，这种想法，我不能苟同。他对系内、校内的工作态度，使我深感不快。"

1939年5月初，在聘请中文系教授一事上，闻一多认为拟聘对象有些保守，主张系里不妨保留几个空额。朱自清不反对这种做法，但觉得自己是系主任，应该事前和自己交换意见。朱自清在5月4日的日记中说："我坦率地要求他若有什么主张，首先应与我商量，他对我表示抱歉并赞赏我的意见。"朱自清觉得自己没有受到应有的尊重，在后来的日记中，甚至说让自己觉得学术地位"低得可怜"。

1942年8月29日，朱自清在日记里写道："昨日闻太太问一多余任教授是否已十年以上？她想不到回答竟是肯定的。由此可了解闻家对我有什么印象！我将振作起来！"

因心有芥蒂，有时朱自清对一些琐事也会格外敏感。

1943年9月6日，闻一多的孩子不告而取，从朱自清书桌上拿走了四本书。朱自清在内心里将这一举动看作是对自己的蔑视，"忍之又忍"，并且怀疑闻家孩子"并无全部归还之意"。18日，闻一多的孩子还来了三本书，却没有杰克·伦敦的那本。朱自清失望地记道："想来那本书是丢了。"最让他不高兴的是闻家孩子的态度，他是乘朱自清不在的时候来还书的，而且"只字未提丢书的事"。

还有一次特别的事，记在朱自清1943年5月9日的日记里："一多要我与他同去登记参加国民政府，我以从未受到邀请为由拒绝之。"朱自清是一个谦和之人，能容忍之人，在平素的交往之中，他很少拒绝人。"拒绝"一词，表明他对此事的决绝态度。或许是闻一多认为，当时蒋介石代表的国民政府是抗战的象征，对其存有幻想，所以想参加进去。他见到朱自清的坚决态度，后来自己也没有参加。

不过，朱自清在内心中对闻一多的一些不满或不快，很快烟消云散，他的日记中更多的是充满了"晚间听一多演讲，妙极。非常羡慕他"，"一多未能来国文讲评课，甚遗憾"等对闻一多的佩服和赞誉。

呕心沥血编辑《闻一多全集》

　　1946年7月16日，在成都的朱自清夜里写了一篇文章，第二天起床略迟。刚刚翻开当日的报纸，一个噩耗一下子让他惊呆了：闻一多先生于前天在昆明遇害！

　　原来，抗日战争胜利后，国民党在美国的支持下，蓄意发动内战，消灭共产党。同时又伪装和平，电邀中共中央主席毛泽东到重庆谈判。在此背景下，一些学者教授和文化界人士对执政的国民党存在幻想，1945年10月1日，闻一多、朱自清和张奚若、钱端升等十几位西南联大教授联名致电蒋介石和毛泽东，要求停止内战，实现国内的民主与和平。虽然迫于国内外舆论的压力，国民党与共产党签订了"双十协定"，但不久就摘下了"和平"的假面具，开始镇压反对内战的进步人士。1945年12月1日，在昆明，国民党特务制造了镇压进步学生的"一二·一"惨案，西南联大的学生潘琰、李鲁连，昆华工校的学生张华昌，南菁中学的教师丁再四人被毒打致死，还有十余人被打伤。闻一多目睹进步师生的鲜血，义愤填膺，撰文揭露了事实真相。

　　1946年7月11日，中国民盟滇支部负责人之一李公朴被特务暗杀，闻一多拍案而起，怒斥反动派的卑鄙无耻。其实，因闻一多也是中国民盟滇支部的负责人之一，反动派拟定的黑名单上同样有他的名字。亲友们劝他赶快回避，以免像李公朴一样再遭到特务的暗算。可是，烈士的鲜血教育了闻一多，他不但拒绝了家属和亲友们的劝告，而且挺身而出，毅然挑起了民盟滇支部的工作重担，亲自料理李公朴烈士的善后事宜，并继续面向社会控诉反动派的罪行。

　　7月15日，闻一多义无反顾地前往参加李公朴先生的追悼会，慷慨激昂地发表了著名的《最后一次的讲演》。当天下午，闻一多在出席民盟滇支部为李公朴被害而举行的记者招待会后，遭到国民党特务杀害，时年不满47周岁。

一直为好友闻一多的安全放心不下的朱自清，没有料到反动派竟这样残忍，这样毫无廉耻。在成都报恩寺的居室里，他茶饭不思，坐卧不宁，陷入了无限的悲痛之中。他在《日记》中写下了如此看法："此诚惨绝人寰之事。自李公朴被刺后，余即时时为一多之安全担心，但绝未想到发生如此之突然与手段如此之卑鄙！此成何世界！"

闻一多事件对于朱自清而言是一个性格的分水岭。从此，他不再是温文尔雅的循循儒者，他奔走呼号，参加了在成都举行的一系列悼念活动。

1946年8月16日，朱自清饱蘸深情写下新诗《悼一多》。这是朱自清新诗搁笔20年来的第一首力作，该诗最后一节写道：

你是一团火，照见了魔鬼；烧毁你自己，遗烬里爆出新中国！

18日，成都各界齐聚蓉光大戏院，召开纪念李公朴、闻一多追悼大会。朱自清抱病赶往会场，有人提醒他要注意暗杀，他毫无畏惧地回答："谁怕谁！"他在会上慷慨发声，赞誉闻一多为正义献身的可贵品格，演讲完毕中途退场。会后，主持会议的著名民主人士张澜即遭到暴徒袭击，头部血流如注……

不久，朱自清回到昆明，参加了西南联大校友会为闻一多召开的追悼会。他愤激地说："闻一多先生在昆明遭到暗杀，激起了全国悲愤，这是民主主义运动的大损失，又是中国学术的大损失。"之后，他在多个场合介绍闻一多的学术功绩，宣扬闻一多"不怕烧毁"的抗争精神。可以说，闻一多的惨死，让朱自清开始反思生命的价值和意义。勇于反思和扬弃的人格，成为朱自清晚期散文的文化向度。

1946年11月，清华大学成立"整理闻一多先生遗著委员会"，聘请朱自清、雷海宗、潘光旦、吴晗、浦江清、许维遹、余冠英七位教授为委员，朱自清为召集人。在给友人的信中，朱自清说："一多的事我要负责，要出版他的著作，照顾他的家属。"

　　朱自清在义愤与友情的双重驱使下，在胃病的纠缠和折磨中，将余生中最宝贵的时间与精力都投入《闻一多全集》的编辑工作。

　　这是一件难度很大、十分费力的学术工程。闻一多的手稿内容非常丰富，包括了自1919年至1946年遇难时的绝大部分作品，内容有新诗、杂文、文学论文、古典文学研究、日记、书信以及大量的读书札记、报告提纲、授课笔记等。据朱自清先生在《闻一多全集》"编后记"中介绍："对着这作得好抄得好的一堆堆手稿，真有些不敢下手。可惜的是从昆明运来的他的第一批稿子，因为进了水，有些霉得揭不开；我们赶紧请专门的人来揭，有的揭破了些，有些幸而不破，也斑斑点点的。幸而重要的稿子都还完整；就是那有些破损的，也还不致妨碍我们的编辑工作。"在一年多整理闻一多手稿的过程中，朱自清对闻一多更加深了了解，说闻一多"见解固然精，方面也真广，不折不扣的超人一等"。

　　经过将近两年的整理，300多万字的《闻一多全集》的整理工作告一段落。近两年来，朱自清一直沉浸在对闻一多人生道路的思索之中。1948年盛夏，在滚滚热浪中，他把自己关在书房里，挥汗如雨为《闻一多全集》写序言。在这篇题为《闻一多先生怎样走着中国文学的道路》的序文中，开首就对闻一多的一生作了这样的描述和定位："他是一个斗士，但是他又是一个诗人和学者，这三重人格集合在他身上，因时期的不同而或隐或现。"并精准阐明闻一多的风格是"斗士存在诗人里"，"学者中存在着诗人，也存在着斗士"。在序文的最后，又落脚到闻一多的文学和学术贡献上："闻先生对于诗的贡献真太多了！创作《死水》，研究唐诗以至《诗经》《楚辞》，一直追求到神话，又批评新诗，钞选新诗，在遇难的前三个月，更动手将《九歌》编成现代的歌舞短剧，象征着我们的青年热烈的恋爱与工作。这样将古代跟现代打成一片，才能成为一部'诗的史'或一首'史的诗'。"

就在朱自清临终前不久甚至在他生命的最后一刻，他仍在为闻一多的遗稿而费心操劳。

1948年7月15日，在闻一多先生遇难两周年的日子里，饱受胃病困扰的朱自清，抱病召集了闻一多全集编辑委员会会议，报告了遗著整理和出版的经过。

朱自清病逝的前一天，他亲手编辑的闻一多手稿分类目录在清华校刊上公布发表，而这批手稿的数量巨大，有254册又2包，翻阅一遍就会耗费很长的时间。目录编辑完毕，他又精心安排将这批手稿放在清华大学中文系保存。

据朱自清的学生王瑶回忆："他死后我在他的书桌上看见一个纸条子，是入医院之前写的；上书'闻集补遗：（一）《现代英国诗人》序。（二）《匡斋谈艺》。（三）《岑嘉州交游事辑》。（四）《论羊枣的死》。'他已经又搜罗到四篇闻先生的作品了。"

朱自清病逝后，吴晗写了一篇纪念短文，特别谈到朱自清为《闻一多全集》付出的心血："一多全集的出版，我曾经说过，没有你是出不了版的，两年来你用大部分的时间整理一多遗著。我记得，在这两年内，为了一篇文章，一句话，一封信，为了书名的题署，为了编纂人的列名，以及一切细枝末节，你总是写信来同我商量。只有我才能完全知道你对亡友著作所费的劳力，心血。"

令人叹惜的是，《闻一多全集》于1948年8月底由开明书店印出时，朱自清却见不到了。因为就在出版的十多天前（8月12日），朱自清也因病辞世。

"平生爱我君为最"
——朱自清与俞平伯

俞平伯（1900—1990），原名铭衡，字平伯。原籍浙江德清，生于江苏苏州。清代朴学大师俞樾曾孙。与胡适并称"新红学派"的创始人。早年毕业于北京大学，后在浙江省立第一师范、上海大学、燕京大学、北京大学、清华大学等大中学校任教。曾参加新潮社、文学研究会、语丝社等文学团体，与朱自清等人创办《诗》月刊。新中国成立后，历任北京大学教授、中国社会科学院文学研究所研究员、九三学社中央委员、中国文联委员、中国作协理事等职。1990年10月15日在北京逝世。著有《红楼梦辨》（《红楼梦研究》）《冬夜》《古槐书屋问》《古槐梦遇》《读词偶得》《清词释》《西还》《忆》《雪朝》《燕知草》《杂拌儿》《杂拌儿之二》《燕郊集》《唐宋词选释》《俞平伯全集》等。

朱自清与俞平伯因文缘而结下情缘，意厚情深，终身不渝。他们的经历和兴趣有太多的相近或相似之处：他们年龄相当，俞平伯比朱自清只小一岁多，两人原籍都是浙江，都出生在江苏、成长在江苏，都毕业于北京大学，都担任过清华大学教授，都是伴随着新文化运动成名的著名学者、作家，在散文和古典文学方面上的研究都成绩斐然，两人的文学创作观点也很相近，都加入的是同一个文化团体——文学研究会。朱自清曾赋诗说俞平伯"平生爱我君为最"，俞平伯曾撰文称朱自清为自己的"诤友"，可见他们在对方内心深处的分量绝非一般。

同编《诗》月刊，引领新诗坛

浙江德清俞氏是近代著名的文化望族。俞平伯的曾祖父俞樾，自号曲园居士，是清末具有重要影响的古文字学家、文学家、经学家、教育家，被尊为朴学大师，号称"门秀三千"，章太炎、吴昌硕皆出其门下。著有《春在堂全书》250卷传世。俞平伯的父亲俞陛青，名陛云，清光绪年间得中探花，精于诗文，有《诗境浅说》等著作传世。

俞平伯出生在苏州，在苏州度过了他的童年和少年时代。他12岁阅读《红楼梦》，16岁考入北京大学，18岁发表第一首新诗《春水》，并与同学傅斯年、罗家伦等创办《新潮》杂志，20岁发表白话小说《花匠》，23岁出版《红楼梦辩》，成为民国年代"新红学"的开拓者之一。

1920年暑假，浙江省立一师校长姜伯韩向北京大学代理校长蒋梦麟请求推荐教员，蒋梦麟推荐朱自清、俞平伯等前往任教。在北京大学读书时，朱自清就读的是哲学系，俞平伯就读的是文学系，两人并没有什么直接的交往。那时，俞平伯参与创办新潮社，已开始发表新诗和白话小说，是校内外的风云人物，朱自清早知俞平伯的大名。现在两人成了同事，朱自清认为俞平伯在新诗上比自己更有见地，于是经常向俞平伯请教。他们在课余一起切磋诗艺，创作了不少新诗。

俞平伯写了一首《小诗呈佩弦》，写的是朱自清初到一师任教时的剪影：

微倦的人/微红的脸/微温的风色/在微茫的街灯影里过去了。

这年10月，俞平伯将自己刚刚写就的《忆游杂诗》十四首手稿给朱自清看，朱自清受其感染，也很快写出了《杂诗三首》。他们经常这样与对方交流自己的诗作，作诗的趣味越来越浓，在诗歌的技巧和意境上，都觉得进步很快。

1922年1月1日，经过一批热心新诗的年轻人的精心筹备，由叶圣陶、刘延陵主编，朱自清和俞平伯参与编辑的《诗》月刊，由中华书局出版发行。该刊32开本，每期约60页，出至第二卷第二期后停刊，共出版了七期。创刊号上刊登了俞平伯、朱自清、刘复、徐玉诺、汪静之、叶圣陶、郑振铎等16位作者的57首诗歌，还有茅盾、王统照的译诗和周作人、俞平伯的诗歌理论文章等。

《诗》月刊是中国现代文学史上第一本诗歌刊物，它以探求新的诗歌表现形式相号召，突破了传统诗歌在声韵格律和形式上的束缚，追求清新自然和凝练的诗风。所刊诗歌以短小隽永的诗风，抒发了青年人对爱，对美，对和平和光明的渴望，对于当时格调新颖小诗的推广和繁荣，起到了促进作用。同时《诗》月刊也发表了一些国外的译诗作品和诗学理论文章。它注重发现诗坛新人，提携诗坛新作，冯雪峰、潘漠华、汪静之等一批年轻的新诗人由此步入中国新诗坛。《诗》月刊对于提倡白话新诗的创作和繁荣，探讨中国新诗发展的道路起到了重要的引领作用。它是新诗杂志的先声，也是中国新诗发展中的重要一页。

《诗》月刊的编辑们没有编辑费，有时还得贴钱买邮票，但朱自清和俞平伯乐此不疲，精心灌溉着这朵新诗坛的蓓蕾。

1922年3月，俞平伯的第一部新诗集《冬夜》由上海亚东图书馆出版，收入《冬夜之公园》《春水船》《孤山听雨》《凄然》《小劫》等诗作58首，分为4辑。在《自序》中，他这样坦陈自己的诗歌创作主张：

"只愿意随随便便的活活泼泼的借当代的语言表现出自我——在人类中间的我，为爱而活着的我，至于表现的是诗不是诗，这都和我的本意无关，如要顾念到这些问题，根本上无意作诗，且亦无所谓诗了。"

朱自清为《冬夜》作序，他带着欣赏的眼光，总结了俞平伯的诗作的三种特色："一、精练的词句和音律；二、多方面的风格；三、迫切的人的情感"。

1922年6月，反映文学研究会"为人生"创作观点的新诗合集《雪朝》由上海商务印书馆出版，收入八位诗人创作的诗歌。其中，收入朱自清诗作19首，俞平伯诗作15首。这部诗集是新文学运动初期的一个重要收获，在思想和艺术上都达到了一定的高度。

步入教坛和诗坛不久的朱自清，处在人生的探索期，思想上的迷茫和家庭、社会以及工作上的压力时时纠缠着他，创作于1922年12月9日的抒情长诗《毁灭》正是这压力和痛苦的反映。全诗共分八节，表达的中心思想是，要抛弃过去时日那如轻烟、如浮云的玄想和虚妄，丢掉那种种诱惑的纠缠；要立定脚跟，"专崇实际"，踏踏实实地走自家的路，回归到"一个平平常常的我"。这首诗在结构上的复沓和曼衍，形成了一种独特的风格；而整首诗中，对比、象征、比喻等多种艺术手法的使用，更使它通篇贯注着浓郁的诗味。

俞平伯不愧是朱自清诸多文友中的知音，他专门写了《读〈毁灭〉》一文，给予该诗精确到位的历史性评价："《毁灭》在新诗坛上，亦占有很高的位置。我们可以说，这诗的风格、意境、音调是能在中国古代传统的诗词曲以外，另标一帜的。""《毁灭》便是生长。《毁灭》正是一首充满了积极意味的诗；它风格的宛转缠绵，意境的沉郁深厚，音调的柔美凄怆，只有屈子的《离骚》差可仿佛。"

后来的文学史家公认，《毁灭》在意境上和技巧上都超过当时的新诗创作水平；它是诗人充分地汲取中国古代诗歌创作的精华和民间歌谣的优秀传统，借鉴了外国诗歌的表现形式，融会贯通，独立创新之作；它是现代文学史上一首意境沉郁深厚，风格宛转缠绵，音调柔美凄怆的杰出长诗。

在那一段时期，二十几岁的两位青年诗人常常探讨人生应该怎样度过。俞平伯在浙江一师任教仅仅半年，就辞职离开了，之后一个时期，通信成了两人联系的常态方式。在给俞平伯的几封信中，朱自清多次谈到他主张的"刹那主义"。他回顾自己的人生道路，认为"从前的错误和失败，全在只知远处、大处，却忽略了近处、小处"。每个个体生命都是由一个个"刹那"组成的，每个刹那都有其独立的价值，"每一刹那的事有那一刹那的趣味，"每一个人都应该认真地度过每个生命的"刹那"，使每个"刹那"都和谐、健全。

俞平伯对朱自清主张的"刹那主义"也给予了积极的回应，他认为，"刹那主义"的说法虽然有些颓废气息，但在行为上"却始终是积极的，肯定的，呐喊着的，挣扎着的"，因而是一种"有积极意义的刹那主义"。这种理解确实也点中了朱自清"刹那主义"的本意。

同游秦淮河，同题出佳作

1923年暑假，朱自清从温州回扬州探亲时，与俞平伯相约，待他7

月底或8月初返回时，同游南京。

南京是一座有着千年沉淀的历史名城，东吴、东晋、宋、齐、梁、陈六朝都建都在这里，因而有"六朝古都"之誉。游兴颇浓的两个年轻人，用四天的时间饱览了古都的风光，领略了六朝的兴废和王、谢家族的风流。尤其难忘的，是他们在一个傍晚泛舟秦淮河的那段经历。千百年前，这里画舫凌波，笙歌彻夜，自从孔尚任作《桃花扇》传奇，这里更成了名满天下的金粉之地。

他们租了一条秦淮河里最常见的名叫"七板子"的小船，驶入了这个无数文人骚客吟咏过的著名河道。照朱自清的描述，"七板子"是一种别致的小船，有"淡蓝色栏杆，空敞的舱"，舱前加有一个弧形的顶子，两边用栏杆支起，放着两张藤躺椅，可供游客随便躺下观赏。

在青年诗人的眼中，秦淮河绝不是眼前可见的普通的一条河，而是历史上无数繁华的再现："又早是夕阳西下，河上妆成一抹胭脂的薄媚，是被青溪的姐妹们所熏染的吗？还是匀得她们脸上的残脂呢！寂寂的河水，随双桨打它，终是没言语。密匝匝的绮恨逐老去的年华。已都如蜜饧似的融在流波的心窝里，连呜咽也将嫌它多事，更哪里论到哀嘶，心头，宛转的凄怀；口内，徘徊的低唱，留在夜夜的秦淮河上。"（俞平伯）"在这薄霭和微漪里，听着那悠然的间歇的桨声，谁能不被引入他的美梦去呢？只愁梦太多了，这些大小船如何载得起呀？我们这时模模糊糊地谈着明末的秦淮河的艳迹，如《桃花扇》及《板桥杂记》里所载的。我们真神往了。我们仿佛亲见那时华灯映水，画舫凌波的光景了。于是我们的船便成了历史的重载了。我们终于恍然秦淮河的船所以雅丽过于他处，而又奇异的吸引力的，实在是许多历史的影像使然了。"（朱自清）

在他们眼里，"夜秦淮"更是别有一番滋味："秦淮河的水是碧阴阴的；看起来厚而不腻，或者是六朝金粉所凝吗？"他们上船时，天还没有完全黑下来，所以"那漾漾的柔波是这样的恬静，委婉，使我们一面有水阔天空之想，一面又憧憬着纸醉金迷之境了。"朱自清是第二次来游，却有新的感触："等到灯火明时，阴阴的变为沉沉了：暗淡的水光，像梦一般；那偶然闪烁着的光芒，就是梦的眼睛了。"俞平伯是初次来游，感受更是新鲜："荡过东关头，渐荡出大中桥了。船儿悄悄地穿出连环着的三个壮阔的桥洞，青溪夏夜的韶华已如巨幅的画豁然而抖落。哦！凄厉而繁的弦索，颤岔而涩的歌喉。杂着吓哈的笑语声，噼啪的竹牌响，更能把诸船楼上的华灯彩绘，显出火样的鲜明，火样的温煦了。小船儿载着我们，在大船缝里挤着，挨着，抹着走，它忘了自己也是今宵河上的一星灯火。"

游兴正浓时，发生了一个小插曲：歌伎船几次三番前来，请求点歌，弄得两人坐卧不宁，只得悻悻而返。他们渐渐远离了歌伎船，也远离了秦淮河烁人的灯光。这时，冷清的月色又显出另一种风致，他们带着多重的感受，离开了如梦如幻的"夜秦淮"。

游览结束后，他们约定用同一个题目《桨声灯影里的秦淮河》，各自作一篇散文，同时在一家报刊登出。两人在南京分手前，俞平伯送给朱自清一张明信片，明信片正面为南京夫子庙秦淮河景色；背面则题诗《秦淮初泛呈佩弦兄》，表达了这次游历的心情：

> 灯影劳劳水上梭，粉香深处爱闻歌。
> 柔波解学胭脂晕，始信青溪姊妹多。

后俞平伯将诗修改为"来往灯船影似梭，与君良夜爱闻歌。柔波犹作胭脂晕，六代繁华逝水过。"并改诗题为"癸亥年偕佩弦兄秦淮泛舟"。

1924年1月25日，朱自清和俞平伯的同题散文名篇同期在著名的

《东方杂志》上发表。中国文学史上，同题诗常见，同题文章则十分罕见。朱自清和俞平伯的这两篇同题散文名篇就显得弥足珍贵，成就了一段文坛佳话。

有论者说，如果把两篇文章比作两幅画，那么朱自清的比较接近中国画里的山水人物，俞平伯的则颇有些西方现代派作品的色彩。文学评论家李素伯在《小品文研究》中对这两篇同题散文的评价是："我们觉得同是细腻的描写，俞先生是细腻而委婉，朱先生是细腻而深秀；同是缠绵的情致，俞先生是缠绵里满蕴着温熙浓郁的氛围，朱先生是缠绵里多含有眷恋悱恻的气息。如用作者自己的话来说，则俞先生的是'朦胧之中似乎胎孕着一个如花的笑'，而朱自清先生的是'仿佛远处高楼上渺茫的歌声似的'。"

这两篇文章安排布局，堪称佳构，其清新的文字为当时还不十分成熟的白话文树立了榜样，因而被文学史家誉为"白话美术文的模范"，在中国现代散文史上占有特殊的一席之地。

八年人地隔，挚友兼直友

1937年卢沟桥事变爆发后，大片国土很快沦丧于日寇之手。朱自清决定脱离沦陷区北平，随清华大学师生南下。俞平伯知道朱自清家累重，劝朱自清留在北平等待观察一段时间再作打算。他认为，南方局势不平静，而北平在不久的将来也许会成为最安全的地方。后来，俞平伯以"亲老"在北平，不便长途颠沛流离为由，留在了失陷的北平。由此，两位友人便有了长达八年的分离。

在北平苦守期间，俞平伯的生活过得十分艰苦，但作为中国传统文人，他选择在私立中国大学任教，因为他知道这所大学虽然薪水微薄，但与日本人没有什么瓜葛。后来实在难以为继，他不得不将家中的一些旧物标价售卖。这样，曾经风雅的"古槐书屋"变成了货场，俞平伯还亲自上阵，在一旁充当记账的伙计。

为帮助俞平伯，朱自清执意把俞平伯的两个女儿俞成、俞欣带到昆明，就读于西南联大，亲自担任她们的监护人。

人地两隔之中，朱自清时刻牵挂着身处险境的俞平伯。北平沦陷后，有一些作家、学者经不住威胁或利诱，出任了伪职，其中尤以在文坛极为著名的周作人与日本伪政权合作，产生了极大的负面影响。俞平伯的文学趣味比较接近周作人，而且俞平伯早年曾经托周作人在北京找过工作。身在大后方昆明的朱自清，当然了解俞平伯与周作人之间曾经较为密切的关系，因此，他十分担心周作人会对俞平伯产生不好的影响。

朱自清在昆明与俞平伯鱼雁传书，相互慰藉，相互支持，同时也不忘提醒挚友，在沦陷区更加要时时刻刻保持头脑的清醒。在《寄怀平伯北平》等诗中，他深情回顾两人在俞平伯的古槐书屋一起"夜雨昏灯"下意绪绵长的畅谈交流，多年来生活上的相互关心，思想上的志气相投、心心相印，使他从心底里发出"平生爱我君为最"的感慨。他还感同身受，赋诗云：

> 忽看烽燧漫天开，如鲫群贤南渡来。
> 亲老一身娱定省，庭空三径掩莓苔。
> 经年兀兀仍孤诣，举世茫茫有百哀。
> 引领朔风知劲草，何当执手话沉灰！

朱自清认为，在这"烽燧漫天开"的特殊年代，作为知识分子应该是"引领朔风"的"劲草"，因而在诗中最后期待之后相见的结句里，委婉地表达了希望友人在特殊环境下保持"清操"的深切意味。这是朱自清对挚友的又一次提醒。

1943年前后，朱自清发现了一个新情况，引起了他的极大不安。当时北平几家与周作人有密切联系，有敌伪背景的《华北作家月报》《艺文杂志》《文学集刊》等杂志，陆续刊出了俞平伯的文章。尤其初创的《艺文杂志》，连续密集地发表了俞平伯的多篇文字。该杂志发表的文章以读书随笔、古典文学研究笔记为多，显现着主持者周作人的文章风格。这类文字是俞平伯颇为擅长的，该杂志前七期里，俞平伯的文章就发表了六篇之多。

朱自清猜测，这种情况应该是周作人向俞平伯约稿的结果。他马上千里驰书，力劝俞平伯立即停止给这类刊物投稿。接到来函，俞平伯觉得自己的文章大多为一些词曲研读心得，或对人生的感悟，与政治和时局没有什么关联，因此并没有觉着有多么紧要，在复信时，只含糊地说，自己并不想多作，只是"情面难却"，"偶尔敷衍而已"云云。

但是，在朱自清看来，这绝不是发表文章的内容或形式问题，而是不能沾染有敌伪背景杂志的原则问题。在收到俞平伯含糊回答的信函后，朱自清立即于1943年11月22日，再致长函一封，先谈及近况，再阐明自己态度：

弟离家二年，天涯已惯，然亦时时不免有情也。在此只教读不管行政。然迩来风气，不在位即同下傣，时有忧谗畏讥之感，幸弟尚能看开。在此大时代中，更不应论此等小事；只埋首研读尽其在我而已。所苦时光似驶，索稿者多，为生活所迫，势须应酬，读书之暇因而不多。又根抵浅，记忆差，此则常以为恨者，加之健康渐不如前，胃疾常作，精力锐减。弟素非悲观，然亦偶尔栗栗自惧。天地不仁，仍只有尽其在我耳。前曾拟作一首，只成二句曰："来日大难常语耳，今宵百诵梦魂惊"，可知其心境也。

这封信，不仅是让俞平伯知道大后方的学人们在如此艰苦条件下的撑持，更是以一个最知己的朋友的身份，对俞平伯前封信的含糊态度，立场鲜明地表达了自己的态度：

前函述兄为杂志作稿事，弟意仍以搁笔为佳。率直之言，千乞谅鉴。

接到信，看到这样深切直接的口吻，深知朱自清谦和为人的俞平伯立刻就明白了："他是急了！非见爱之深，相知之切，能如此乎？"他深深知道，这样激切的话，只有深深爱着自己的挚友朱自清才会说得出。

自此而后，俞平伯悬崖勒马，再未在有敌伪背景的杂志上发表过任何文字。朱自清的严正诤言，让俞平伯一生铭记在心。

时光易逝去，情谊最绵长

朱自清和俞平伯，两人虽然性格不同，却有一样的才子情怀。从早年在浙江结缘，后来无论是南北聚散，还是由于战争分离，他们互相欣赏，惺惺相惜，肝胆相照，砥砺前行，结下了一生的缘分。

1948年8月12日，朱自清因病英年早逝，年仅50岁。闻此噩耗，俞平伯悲痛难抑。他与北大、清华的教师学生一起前往医院送别，并担任《朱自清全集》编委会的编委。在当时的报刊上，俞平伯发表了《诤友朱佩弦兄遗念》《忆白马湖宁波旧游朱佩弦兄遗念》等数篇悼念文章。

俞平伯从自己与朱自清的交往中，深深感到"直谅之友胜于多闻之友，而辅仁之谊较如切如磋为更难"。在追悼大会上，他送去一副挽联：

三益愧君多，讲舍殷勤，独溯流尘悲往事；
卅年怜我久，家山寥落，谁捐微力慰人群。

不久，《中建》半月刊约稿，俞平伯特地以朱自清驰函力劝自己不为某些杂志写稿之事，写出了一篇深切的纪念文章《诤友》，又一次谈到朱自清在关键时刻对自己的诤言：

这些诤议还涉多闻，真的直言，必关行谊。记北平沦陷期间，颇有款门拉稿者，我本无意写作，情面难却，酬以短篇，后来不知怎的，被在昆明的他知道了。他来信劝我不要在此间的刊物上发表文字……现在重检遗翰，使我如何的难过，均不待言。我想后来的人，读到这里，也总会得感动的……

1977年，俞平伯作了一首回顾一生的长诗《重圆花烛歌》。述及抗战时期，又一次提到朱自清对自己的"良朋意"：

奈何家国衰兴里，兀自关心全一己。
莱妇偕承定省欢，朔风劲草良朋意。

1959年，全国人大和全国政协机关组织人大代表和政协委员离京南下，前往江苏省视察，俞平伯与叶圣陶以全国人大代表的身份参加视察活动。按照预定路线，应走南通然后过长江，到苏州访问。然而，俞平伯到镇江后就与大家匆匆告别，只身来到南京，盘桓几日后便独自悄然回京了。对此，随行的人大代表们大惑不解。直到次年，看到俞平伯撰写的《重游鸡鸣寺感旧赋》一文，才知道他只身一人，重游南京，登上鸡鸣寺凭吊朱自清去了。他在《感旧赋》的小序中说："余乙亥春日，自淮阴过镇江达南京。翌晨游玄武湖，遂登鸡鸣寺豁蒙楼。时雨中岑寂，其地宛如初至，又若梦里曾来，盖距癸亥偕先友朱君佩弦同游，三十六载矣。拟倩子墨，念我故人，而世缘多纷，难得静虑，及庚子岁阑始补成此篇。"在这篇《感旧赋》中，俞平伯写道：

推窗一望，绿了垂杨，台城草碧，玄武湖光。观河面改，思旧神怆。翱翔文圃，角逐词场，于喁煦沫，鸡黍范张。君趋滇蜀，我羁朔方，呀还京而颜悴，辞嗟来之敌粮。失际会夫昌期，凋夏绿于秋霜。心淳竺以行耿介，体销沉而清风长。曾南都之同舟，初邂逅于浙杭。来瀚海兮残羽，迷旧巷乎斜阳。当莺花之三月，嗟杂卉之徒芳。想烟扉其无焰，痛桃叶之门荒。问秦淮之流水，何灯影之茫茫……

白云苍狗，世事无常。年届六旬的俞平伯回忆起当年风华正茂时，与朱自清同游秦淮河的美好时光，喟叹物是人非之沧桑变化，思旧神怆之感，凄然伤怀之情，尽在字里行间。

谊同金兰的学术知己

——朱自清与王力

王力（1900—1986），字了一，广西博白人。中国现代语言学奠基人之一。早年就读于清华大学和法国巴黎大学，获法国文学博士学位。民国年代历任清华大学、燕京大学、广西大学、昆明西南联合大学教授，岭南大学教授、文学院院长，中山大学教授、文学院院长、语言学系主任。新中国成立后，任中山大学、北京大学教授，中国科学院哲学社会科学部委员（院士），全国政协常委等。1986年5月3日，在北京逝世。毕生从事语言学研究与教学，在语言学的各个领域做出了卓越的富有开创性的贡献，并培养了大量语言学人才，被誉为中国近百年来最伟大的语言学家。

语言学家王力早年就读于清华国学研究院，师从"中国语言学之父"赵元任学习语言学。后来听从导师赵元任的建议，远赴当时世界语言学的中心法国巴黎大学留学。由于在法国留学是自费的，为了维持学业，他开始翻译法国文学名著，把译稿寄给上海商务印书馆出版。他在法国的学费大多来源于稿费收入。

1932年秋，王力获得巴黎大学文学博士学位后，回国到清华大学中文系教授语言学课，课余继续为商务印书馆的"万有文库"丛书撰写希腊、罗马文学专书，翻译《莫里哀全集》《左拉作品精选》《乔治桑传奇小说》等外国文学作品。那时，留学欧美的"海归博士"在大学里很吃香，大多直接被聘为教授。清华大学要求更严格一些，初任大学教师必须先担任两年专任讲师（相当于现在的副教授），经审核后再升任教授。

在清华，王力与中文系主任朱自清接触较多。虽然朱自清只比王力年长两岁，但由于朱自清成名早，又是自己的直接上级，所以王力把朱自清看作前辈，对他很尊敬。王力后来回忆说："我和他一见面就觉得他和蔼可亲。在开始的时候，我只知道他是一位文学家；接触的日子长了，我发现他的学识渊博，作风正派，同事们都尊重他，学生们都敬爱他。"

清华园里的师生都说朱自清"作风正派"，王力更是亲身见证了朱自清异于常人的正派作风。王力在《怀念朱自清先生》一文中，列举了两件事作为证明。

第一件事是：有一段时间朱自清兼任清华大学图书馆馆长，发现有一个馆员工作不称职，于是他坚持原则，把那个馆员解聘了。当时他自己也即将辞去图书馆馆长的兼职，但他在离职之前，先把那人解聘了，以免把困难留给后任。

第二件事就与王力本人有直接关系了。按照清华大学的惯例，专任讲师任职两年即可升为教授，这是学校章程上有明确规定的。但是王力在任职两年期满后，聘书发下来（当时学校每两年发一次聘书），他还是专任讲师。王力颇感不平，走进系主任办公室质问朱自清，要求朱自清给自己一个不升教授的理由。极有涵养的朱自清面对王力的质问，笑而不答。王力心情平静下来后，反躬自责，自己找到了朱自清"笑而不答"中的答案："在学校所教的是普通语言学和中国音韵学，而我不务正业，以课余时间去翻译《莫里哀全集》，难怪朱先生不让我升教授。"

于是，王力发愤研究汉语语法，写出了一篇具有独到学术见解的论文《中国文法学初探》，受到学术界的好评。作为系主任的朱自清颇为王力取得的成绩感到高兴，在到清华任教的第四年，王力正式升任教授。虽然比常规时间晚了两年，王力却一生都铭记着朱自清在关键时刻对自己的这种特殊"提醒"。正是在而立之年，他毅然告别了"客串的翻译家王力"，才成就了后来"卓越的语言学家王力"。

后来，王力又亲身见证了一次朱自清在友情与工作之间的处事原则。这件事仍与自己有关。按照清华惯例，教授每五年可申请休假一年。王力自1932年入校，到1937年已经五年。他向系里提出了休假申请。当时朱自清主管休假的审批，因为中文系教学工作的需要，朱自清没有批准王力休假。

朱自清在给校长梅贻琦和文学院院长冯友兰的信中，申述了他不批准王力休假的理由："敝系教授王力先生，下年度已届休假之期。查敝系语言文字课程，大部分由王先生一人担任，而本年度新定课程，分为语言文学和文字两组，甫经施行，正在试验期中。下年度若任王先生休假，殊于该课程之进行有妨……为新课程施行及办事便利起见，爰商请王先生延期休假一年。"这时的王力已与朱自清共事多年，深知朱自清一向以工作为重的处事风格，于是心悦诚服地答应暂缓休假。

20世纪30年代后期到抗日战争胜利的七八年间，王力和朱自清都在西南联合大学任教。有一个时期，他们都住在昆明的乡下，朱自清住在司家营，王力住在龙头村。朱自清每逢星期天都会到龙头村看望王力，两人共同吃一顿简单的午饭。他们在一起，除了谈论一些学术问题，也会议论国内外时局。有时他们谈论的话题涉及古今中外，海阔天空一番，才尽兴而散。

1943年，王力完成了分量颇重的学术著作《中国现代语法》和《中国语法理论》，朱自清亲自审阅全稿，并为《中国现代语法》写了序言。序言长达五千余字，可以说是这一部书的提要。朱自清认为这两部著作学术价值很高，又是在战乱年代下了很大气力完成的，劝王力把这两部著作向国民政府申请学术奖金，他预言一定能得头奖。结果发下来，却是三等奖，王力感到大失所望，想把奖金退回去。朱自清知道，把奖金退回去可能会带来意外的麻烦，况且搞学术研究不能太具功利心，于是他开玩笑说："干吗退回去？拿来请我吃一顿岂不是好！"

在与清华一些著名教授的交往中，王力感到朱自清的性格和闻一多不一样，闻一多是"刚"，朱自清是"柔"，可谓"谦谦君子"。有一次，国民政府要创办一个东方语言学校，聘罗常培和王力当筹备委员。罗常培推辞不肯干，王力也想与罗常培共进退，一起辞。朱自清劝王力不要辞，说为了学术视野的发展，有时明哲保身也是必要的。

抗战胜利后，王力应邀到广州中山大学，创办了中国第一个语言学系。其间，朱自清曾几次写信催他回北平清华大学担任教授。由于语言学系初创，设计教学大纲和主要课程计划，延聘师资讲学执教，诸多事务难以分身，之后不久王力又被任命为中山大学文学院院长，更是无法离开，只得回信拒绝了朱自清的邀请。后来，朱自清给他回信说："现在我想通了，我们这些人分散在各地是有好处的。"

晚年的王力曾写有一首缅怀朱自清先生的诗《怀佩弦》，表达了两人在学术上互为知己，在生活中谊同金兰的深厚友谊：

促膝论文在北院，鸡鸣风雨滞南疆。
同心惠我金兰谊，知己蒙君琬琰章。

子厚记游清见底，伯夷耻粟永流芳。

荷塘月色今犹昔，秋水伊人已渺茫。

诗中"同心惠我金兰谊，知己蒙君琬琰章"句，记述了朱自清对自己深切的关爱，时时的提醒，为自己的学术著作作序，如琬似琰，堪称珍宝。他们在学术上互为知己，在生活上谊同金兰，留下了一段学林佳话。

学者之间的君子之辩
——朱自清与梁思成

梁思成（1901—1972），广东新会人。梁启超之子。早年就读于北京清华学校和美国康奈尔大学、宾夕法尼亚大学、哈佛大学。1928年回国后，为东北大学创办建筑系，并任教授兼系主任。1931—1946年担任中国营造学社研究员、法式部主任。1946年为清华大学创办建筑系，担任教授兼系主任到1972年。1947年，作为中国代表担任联合国大厦设计委员会顾问。1948年当选为中央研究院院士。新中国成立后，历任北京市都市计划委员会副主任、首都人民英雄纪念碑建设委员会副主任、中国科学院技术科学学部委员（院士）、全国人大常委、全国政协常委等职。曾领导清华大学营建系国徽设计小组完成中华人民共和国国徽的设计，担任北京人民英雄纪念碑建筑设计主持人。1972年1月9日病逝于北京。著有《中国建筑史》《中国建筑史图录》等。

1948年3月31日出版的《大公报》（天津版）上，发表了清华大学中文系教授朱自清的一篇文章《文物·旧书·毛笔》，对当时的北平市政府"拨用巨款修理和油漆北平的古建筑"的做法，表示不能赞同。在他看来，如果"身处太平年代，这种修饰也许还可以招揽些外国游客，得些外汇来使用"。但当时正值大规模的内战时期，"那辉煌的景象却只是战乱和饥饿的现实的一个强烈的对比，强烈的讽刺，的确叫人有些触目惊心"。朱自清还表示说，自己的看法"自然是功利的看法，可是这年头无衣无食的人太多了，功利的看法也是自然的"。况且，"照道理衣食足再来保存古物不算晚；万一晚了也只好遗憾，衣食总是根本"。这是他坚持"虽然也赞成保存古物，却并无抢救的意思"的观点的理由。

在文中，朱自清还进一步发挥说，"文物、旧书、毛笔，正是一套，都是些遗产、历史、旧文化。主张保存这些东西的人，不免都带些'思古之幽情'，一方面更不免多多少少有些'保存国粹'的意思。'保存国粹'现在好像已成了一句坏话，等于'抱残守缺''食古不化''迷恋骸骨''让死的拉住活的'"。

时任清华大学建筑系教授的梁思成，大半生致力于古建筑的研究及保护工作，自然不能同意朱自清的观点，他一直极力主张保护北京的古建筑，维护老北京的原貌，并且他认为这种保护必须是一种整体性的全面的保护，而绝不能是某一点的零碎的保护。当他看到像朱自清这样在教育界、学术界和文化界具有很大影响力的学者发表这样的文章，立刻引起了他的忧虑和不安，他奋笔疾书，在同年4月13日出版的《大公报》（天津版）上发表了《北平文物必须整理与保存》一文予以辩驳。

对于朱自清认为如果身处太平年代，还可花钱来修理和油漆北平的古建筑的观点，他用近十几年的事实反驳道：1935年，北平市政当局成立了故都文物整理委员会，负责修葺艺术价值高且亟待整理的建筑。至抗战开始时，已完成天坛、国子监辟雍殿、智化寺等数十个单位或景点的油漆工作，这其实是出于既保护古建筑的木料又满足民众期待的双重需求的结果。至于古建筑的修理，当时有一些机关团体在使用一些古建筑，例如故宫博物院、北海公园等，他们负有保护古建筑之责，也曾修缮了许多建筑物。

从长远考虑，梁思成进一步论述道：假设把北平的大量古建筑视作废而无用的古迹，从今不再整理，则二三十年后，所有的宫殿坛庙牌坊等等都成了断瓦颓垣，到那时，"即不顾全国爱好文物人士的浩叹惋惜，其对于尚居住在北平的全市市民物质和精神上的影响将若何？其不方便与不健全自不待言"。因此，他认为，抢救古建筑势在必行。

针对朱自清文中所说的"应该是保存只是保存而止，让这些东西像化石一样"的看法，梁思成作了这样的解答："假使建筑物果能如朱先生希望，变成化石，问题就简单了。可惜事与愿违。北平的文物建筑，若不加修缮，在短短数十年间就可以达到破烂的程度。""溃烂到某阶段时，那些建筑将成为建筑条例中所谓'危险建筑物'……既不堪重修，又不能听其存在，必须拆除。"届时"费用可能增大若干倍"。到那时，"北平市不唯丧失了无法挽回的美善的体形环境，丧失了无可代替的历史艺术文物，而且为市民或政府增加了本可避免的负担"。"北平文物整理与否的问题，单打这一下算盘，就很显然了。"

对于朱自清特别强调的"衣食是根本"的观点，梁思成换了另外一种思考问题的方式进行阐述，他说："今日的中国的确正陷在一个衣食极端不足的时期，但是文整工作却正为这经济凋敝土木不兴的北平市里一部分贫困的工匠解决了他们的职业，亦即他们的衣食问题，同时也帮着北平维持一小部分的工商业。""钱还是回到老百姓手里去的。"

梁思成与朱自清在保护北平古建筑问题上的这场辩论，两人持有的观点从表面上看截然相反，但由于他们都是站在民众的立场上，着眼点都是为了民众的大局利益，因此朱自清认真阅读了梁思成的反驳文章，认为梁思成既有理论上的严密解释和阐述，又有实践上的确切实例作有力佐证，不愧是一名严谨的学者态度，从此他对梁思成更加钦服，更加敬重了。后来人们说，梁思成和朱自清两人都是"文人中的君子"，这场辩论堪称是"完美的君子之辩"。

"纯粹君子"留下"不毁灭的背影"

——朱自清与沈从文

沈从文（1902—1988），原名沈岳焕，字崇文，湖南凤凰人。14岁投身行伍，浪迹湘川黔交界地区。1923年到北京旁听北大课程，自学写作，随后发表《长河》《边城》等小说，在文坛产生很大影响。1929年后，相继在中国公学、武汉大学、青岛大学、西南联大和北京大学任教。新中国成立后，在中国历史博物馆和中国社会科学院历史研究所从事中国古代历史与文物的研究，出版学术著作《中国古代服饰研究》。1988年5月10日在北京逝世。有《沈从文全集》（32卷）行世。

在民国年代，朱自清和沈从文同属于"京派文人"。他们从20世纪30年代初相识订交，一同参加过中小学国文教科书的编辑，一同担任过《大公报·文艺副刊》和《文学杂志》的编委，一同在西南联大担任过教授，其间在文学上的交流和在学问上的切磋，使他们相知日深，惺惺相惜。虽然他们的文学见解并不完全相同，却结下了和而不同的君子之交。沈从文在朱自清病逝后七日写就的《不毁灭的背影》一文中说，

"佩弦先生人如其文，可爱可敬处即在凡事平易而近人情，拙诚中有妩媚，外随和而内耿介，……其为人也，温美如玉，外润而内贞。"认为朱自清可称得上是"纯粹君子"。

一起编书编刊，加盟"京派文学"

据沈从文回忆，他与朱自清相识是在民国十九年（1930年）以后。最初的见面可能是在一些文人聚会的场合，由于两人性格都比较腼腆，没有进行深入的交流。在朱自清的日记中第一次提到沈从文，是在1933年的元旦。这一天，朱自清应邀参加新文学作家、学者杨振声的宴请，座中就有沈从文。当时，杨振声接受教育部的委托，主编《高小实验国语教科书》和《中学国文教科书》。他将在国立青岛大学任教的沈从文调来北平，协助自己编辑教科书。这年9月，在文坛已小有名气的沈从文加盟天津《大公报·文艺副刊》。他在北平约稿、看稿，编好之后寄往天津排印，每周出两期。此前的1929年，朱自清应吴宓之邀，已经参加了《大公报·文艺副刊》的编辑工作。1937年，胡适、杨振声等发起创办《文学杂志》，朱自清和沈从文又一起被聘为编委。工作上的交集，使两人交往逐渐密切起来。

值得指出的是，《大公报·文艺副刊》是20世纪30年代中国文坛举足轻重的文学重镇，团结了周作人、朱自清、沈从文、俞平伯、林徽因、朱光潜、金岳霖、芦焚、凌叔华、汪曾祺等一批文学和哲学精英，形成了著名的"京派文学"，创办了中国文艺界第一个文学奖，呈现出一道独特的文人群像风景，演绎过许多文坛的趣闻佳话，也产生过许多文坛纠葛和纷争。《文学杂志》致力于探索中国现代文学的创新之路，垦殖纯文学的沃土，催生出许多经典文学作品，成为20世纪30年代京派文人文学创作的一方重镇。

1934年12月，作为"全聘教授"的朱自清得到清华大学校方批准，开始接手《中学国文教科书》的编辑工作。在12月20日的日记中，朱自清有这样的记载："进城。沈给我看编教科书的计划。我未作认真考虑之前，提不出什么意见。"此后，朱自清的日记中多处有关于编辑教科书的记载。

因为教科书要面对全国的中小学生，编辑教科书是一项十分审慎复杂的工作。虽然他们之间有分工，但每隔三两天就要聚在一起商量文字，斟酌取舍。这项编书工作持续了四五年之久，直到1939年春季才逐渐结束。

这一时期，正是京派文学形成和发展的重要时期，沈从文和朱自清也因各自的文学成就成为京派文学的重要代表性作家。

朱自清竭力促成沈从文到西南联大任教

1936年4月，沈从文退出《大公报·文艺副刊》的编辑工作；1937年8月，《文学杂志》因抗战全面爆发也暂时停刊；到1939年春季，教科书的编辑工作也已结束。这样，沈从文从之前忙忙碌碌的编辑竟成为一名失业者了。一直关照着沈从文的杨振声这时已担任了西南联合大学常务委员会委员兼秘书长、大一年级国文教科书的主编。前几年沈从文无论是编辑教科书还是编辑文学报刊，都是杨振声推荐或安排的，从沈从文的特长和文学方面的发展考虑，他向西南联大举荐沈从文担任该校师范学院的教师一职。

朱自清与沈从文这几年在编辑工作中合作得很愉快，当然愿意为朋友帮忙。但是他感到有很大的难度。在1939年6月6日的日记中，他写道："今甫（今甫为杨振声的字——引者注）提议聘请沈从文为师院教师，甚困难。"

清华大学聘任教师一向看重学术水平和学术出身，也很看重海外留学的背景。虽说沈从文当时已经发表了小说名篇《边城》等一大批新文学作品，在文坛如日中天，虽说他也有在上海吴淞中国公学、武汉大学和青岛大学的任职经历，但他仅仅只有小学学历，到联大任教遇到了很大的阻力。其实，对于重学历的清华来说，这一点也不奇怪，连朱自清这样只有国内大学经历没有留学背景的教师，在清华也时时感到一种莫名的压力。

进入清华以来，朱自清一直战战兢兢，如履薄冰，连在梦中都数次梦见自己被学生指责学问不足以服众被迫提出辞职。为适应学术和教学的需要，他把主要精力开始从新文学作家向学者转型。为此，他刻苦钻研古典文学和文学史，拜国学大家黄节为师学习写作旧体诗词，还抓住机会到欧洲游学，系统学习语言学和英国文学，十几年的厚积薄发，使他进入独成一家的学术境界，渐成学术大家。

朱自清素以办事稳健和认真著称。为了给沈从文在联大谋一教职，他专门找联大中文系主任罗常培商谈，两人都认为，以沈从文目前的情况，对应清华的职称体系，应聘"助教"（与现今的助教不同，助教系助教授，相当于现今的副教授）比较适宜。这样的提议在学校教师聘任会议上仍然遇到了很大的阻力，结果沈从文只能屈居"讲师"，才得以到联大师范学院谋到了一个职位。对这样的结果，朱自清觉得委屈了颇具才华的沈从文，而沈从文知道自己的"短板"，表示愿意到联大师范学院担任一名普通的讲师。沈从文到联大任教之后，先后担任各体文习作、创作实习和中国小说史等课程教学，教学认真负责，讲课深入浅出，加以著名青年作家的身份，深受学生欢迎，不几年间，就先后升为副教授和教授，成为联大的知名教授。

沈从文说："佩弦先生的人与文，必然活到许多人生命中"

在日益密切的往来中，朱自清与沈从文不仅在文学和教学中经常进行交流，在生活上也越走越近。在朱自清的日记中，有两人一起批阅学生卷子的记载，有在沈从文家吃"酒酿鸡蛋"的记载，有通过沈从文结交新朋友的记载，有议论两人都相识的文人之间发生口角的记载，有向沈从文借钱的记载，甚至有关于沈从文恋爱故事的记载……

近二十年的交往，朱自清为人的真诚，在文学上的执着，在学术上的严谨，也使沈从文在感性和理性两方面对朱自清有了区别于他人的深刻理解。朱自清病逝后，他回忆了对朱自清文学作品认识的逐步深入的过程：

我认识佩弦先生和许多朋友一样，从读他的作品而起。先是读他的抒情长诗《毁灭》，其次读叙事散文《背影》。随即因教现代文学，有机会作进一步的读者。在诗歌散文方面，得把他的作品和俞平伯先生成就并提，作为比较讨论，使我明白代表"五四"初期两个北方作家：平伯先生如代表才华，佩弦先生实代表至性，在当时为同样有情感且善于处理表现情感。记得《毁灭》在《小说月报》发表时，一般读者反映，都觉得是新诗空前的力作，文学研究会同人也推许备至。唯从现代散文发展看全局，佩弦先生的叙事散文，能守住文学革命原则，文字明朗、素朴、亲切，且能把握住当时社会问题一面，贡献特别大，影响特别深。

他还高度评价了朱自清在中国现代文学史和文学教育上的独特贡献和地位：

在文学运动理论上，近二十年来有不断的修正，语不离宗，"普及"和"通俗"目标实属问题核心。真能理解问题的重要性，又能把握题旨，从作品上加以试验，证实，且得到持久性成就的，少数作家中，佩弦先生的工作，可算得出类拔萃。求通俗与普及，国语文学文字理想的标准，是经济、准确和明朗，佩弦先生都若在不甚费力情形中运用自如，而得到极佳成果。

一个伟大作家最基本的表现力，是用那个经济、准确、明朗文字叙事，这也就恰是近三十年有创造欲，新作家待培养、待注意、又照例疏忽了的一点。正如作家的为人，伟大本与素朴不可分。一个作家的伟大处，"常人品性"比"英雄气质"实更重要。但是在一般人习惯前，却常常只注意到那个英雄气质而忽略了近乎人情的厚重质实品性。……文运的开辟荒芜，少不了一二冲锋陷阵的斗士，抚育生长，即必需一大群有耐心和韧性的人来从事。文学教育则更需要能持久以恒兼容并包的人主持，才可望工作发扬光大。佩弦先生伟大得平凡，从教育看远景，是唯有这种平凡作成一道新旧的桥梁，才能影响深远的。

他还特别指出朱自清的叙事抒情散文收入中小学国文教科书中，对于"生命在发展成长的青年学生"，在情感的启发与教育方面，具有"最深刻"的意义。他意味深长地说：

佩弦先生的人与文，必然活到许多人生命中。

时代风雨离别情
——朱自清与叶公超

叶公超（1904—1981），名崇智，字公超，祖籍浙江余姚，生于江西九江。早年就读于天津南开中学和美国麻省赫斯特大学、英国剑桥大学、法国巴黎大学。1926年至1941年先后在北京大学、暨南大学、清华大学、长沙临时大学、西南联合大学等高校任教。1941年后从政，历任中国国民党中央宣传部国际宣传处驻马来亚专员、驻伦敦办事处处长，国民政府外交部常务次长、政务次长等职。1950年后，任台湾国民党当局"行政院"政务委员兼"外交部"部长、中国国民党中央评议委员、台北故宫博物院管委会常委等职。1981年11月20日病逝于台北。著有《介绍中国》《中国古代文化生活》《英国文学中之社会原动力》《叶公超散文集》等。

叶公超是民国时期著名的文学批评家、"新月派"学者、外交家，时有"文学天才，外交奇才"之美誉。陶希圣评价叶公超有"文学的气度，哲学的人生，国士的风骨，才士的手笔"，其个性风采可见一斑。

20世纪20年代末至40年代初，叶公超曾在清华大学、长沙临时大学和西南联大外国文学系任教，与朱自清长期在同一所大学共事，结下了十分密切的友谊。朱自清日记里提到比自己年轻六岁的叶公超，形容他"喜怒无常、狂狷耿介。和他相处，如同喝一杯醇酒，吃一碟辣椒……"。

为朱自清与陈竹隐牵线搭桥

1929年夏，叶公超辞去上海暨南大学外文系教授、系主任兼图书馆馆长职务，到一年前刚刚改为国立的清华大学外文系担任教授。这样，他与清华中文系教授（后任中文系主任）朱自清就成了同事。出于对文学的共同爱好，他们之间交往甚密，谈诗论文成为他们之间经常交流的话题，连一些私密的事，他们也会经常进行交流。

朱自清与第二位夫人陈竹隐的相识，也有叶公超参与其中。据陈竹隐在《追忆朱自清》一文中回忆，她与朱自清相识于1930年，那时她经常到老师溥西园先生家里参加昆曲"曲会"，溥先生眼见她一个弱女子已长成二十七八岁的"大龄青年"，孤身一人在北平，没有家人操心，对她的婚姻大事颇为关心。"他就与当时清华大学中文系导师（此处有误，叶公超时任清华外文系教授——引者注）叶公超谈起我，并请他帮忙。这一年四月的一天，溥老师带我们几个女同学到一个馆子去吃饭，安排了我与佩弦的见面，陪坐的还有两位清华大学教授。"

溥西园在一次闲谈时，与叶公超提起了陈竹隐的婚事，介绍了陈竹隐的情况，叶公超马上想到自己的同事兼好友朱自清丧偶已经一年多，留下六个孩子，家累使他身心俱疲，对他的事业影响很大，于是向溥西园介绍了朱自清的为人、才华和目前遇到的窘境，认为这两人可以认识交往一下。据考证，他们一起吃饭的饭店是西单大陆春饭庄，那两位陪同的教授即是叶公超和浦江清。

一个多月之后，相知相恋、两情依依的朱自清和陈竹隐就在北平正式订了婚。

1932年朱自清刚从欧洲游学归来，就于8月4日在上海与陈竹隐举办了简单的婚礼。

可以说，是叶公超和溥西园两位热心的"月老"一起，成就了朱自清和陈竹隐的这段荷塘清风般的美好姻缘。

朱自清日记中的叶公超

叶公超从没有记日记的习惯，但在朱自清的日记中却可以时常见到他的身影。

在保留下来的朱自清日记中，第一次出现叶公超的名字是在1932年9月30日，那时朱自清刚刚与陈竹隐新婚不久。"晚赴公超宴，宴后观斗蟋蟀，宛如儿时。"可见叶公超在教书治学之余，业余生活也颇有情趣。

朱自清虽然在清华教的是中国古典文学和新文学课程，但对外国文学也有浓厚的兴趣。叶公超曾留学于欧美多所大学，不仅对外国文学造诣颇深，而且对欧美的大学制度、学术研究风气也多有见解。朱自清在日记中，频繁地记载他们在一起或谈论时政，或交流学术问题，或议论文友私事，或谈论国外见闻，多有叶公超放言高论的描述。

1932年12月27日，朱自清"与石荪等同至公超家便饭，饭时谈吴雨僧婚姻事，认为无办法，饭后谈美国大学中课堂讨论办法，以为最为有趣。又谈公超业师福罗斯特。公超言谈娓娓，又左右逢源，令人倾倒"。

1933年3月4日晚，朱自清参加叶公超宴请，陈寅恪也在座。与叶公超各"谈所藏西书善本"，谈得很尽兴。谈到近代人作诗，叶公超说："近代人作诗，不必有我，只传境界即成，如啖苹果而甘，即崇此甘味，故不必有自己。"

1933年3月5日晚，朱自清到叶公超处聊天，"公超谈美国大学对勤学之士及勤学、运动、交际兼长之士奖励之制度甚佳。又谈兄弟会，谓青年及老年最有兴味"。

他们在一起谈论最多的，当然还是文学。

1932年11月15日晚，他们有过一次长谈："晚公超来谈中国所以无长诗之故，因中国无宗教信仰，不思灵魂得救，而西方有识者皆腐心焦虑于此。又中国人对自然与西方不同，西方人最初亦只以自然作背景，渐乃付以生命，至华兹华斯竟于自然中吹入全神思想，且彼等对自然有一种美的直觉，此实中国所无也。又谓西洋近代诗，日趋精确，阅者渐少，小说新体已成，诗尚在创造中。公超谓此方面试验以美国为最，大抵年轻诗人为之。"

叶公超接着举E.E.卡明斯的一首诗《日落》为例：

耀眼的

金光

闪耀在

银色的塔尖上

唱着祷文

洪亮的钟声

在芬芳的玫瑰丛中回荡

远方的暮钟

和着

阵阵疾风

像梦一样

飞驰在

大海上——

朱自清在日记中接着写道："公超为予讲解此诗，谓此种诗每字用法非常精确，只令人发生一种联想。又谓现在只有诗与读者，而无诗人，不似昔者有诗人、诗篇、读者三方关系也。"

在文学之外，他们的话题十分广泛，也包括性的问题。

在1933年9月15日的日记中，朱自清写道："午饭在叶公超处。公超正作一文，曰《文学的雅俗观》。盖欲就文学批评名词下一定义也。饭后与孙晓梦及公超谈性事。"

因闻一多经常戏称叶公超为"二毛子"，朱自清有时在日记中也称叶公超为"二毛公"。1933年2月21日，朱自清写了散文《春》，第二天就拿去让叶公超和俞平伯提意见，"以《春》寄俞宅、二毛公鉴定之"。仅仅过了一天，朱自清在23日的日记中写道："访平伯、二毛公，以《春》之鉴定书见示，颇有意思，不懂的只有一句：'都开满了花赶趟儿！'"

字里行间，可见他们之间的亲密程度。

从亲密挚友到渐行渐远

不过，由于叶公超平时说话锋芒太露，有时用语尖刻刺耳，也会让朱自清感到很不舒服。

在1934年1月14日的日记中，朱自清记了这样一件事："早公超论《文学副刊》之失败在趋时，如十几首诗即作一评——我并不知是谁做的——其说实与事实相反，所谓诗评，疑即指《三秋草》，殆当面骂我也。与公超相对常得益，然其锋芒亦实实可畏，江清（指浦江清——引者注）之言不误也。"

朱自清是一个涵养很好的自由主义知识分子，他虽然在日记中对叶公超的某些方面有过批评和不满，但这并没有影响到他们之间的友谊。在西南联合大学任教期间，朱自清和叶公超两家仍然频繁走动。在朱自清的日记中，仍有多次两家互相宴请的记载。如1939年11月1日，"在公超家用午餐，炸牛排甚佳，糖拌燕麦粉也不错"。12月12日，"公超的太太赠以燕麦炒面。晚又因吃炒面长时间不能入睡"。12月16日，"上午访叶公超，就北大纪念论义集的义章题目的翻译进行商谈，在叶家午饭"。

1940年2月15日，"叶公超夫妇携孩子们来访。与刘、杨一同在此吃午饭。女仆进城办事，妻准备饭食很忙，幸好黄家女仆前来帮忙。她们做了碎肉面，味颇美。叶很喜欢妻自制的火腿，这是她的一大成功。叶谈了清华大学与北京大学的办学方针，刘与杨对其观点颇有保留"。

1941年秋，应国民党中央宣传部副部长董显光之邀，叶公超到国民党中央宣传部国际宣传处工作，从此弃学从政，踏上了仕途。从此，一人从政，一人在学，两人的交往日渐稀疏。至1948年4月25日，他们在北平再度重逢，朱自清依然在清华大学执教，叶公超却已升至国民党政府外交次长的高等职位。那一天，在朱自清的日记中有"在甲所午餐时遇公超"的记载。这应该是他们最后的一次见面了。

"清华双清"

——朱自清与浦江清

浦江清（1904—1957），江苏松江（今属上海市松江区）人。1926年毕业于东南大学外文系，经吴宓推荐到清华国学研究院任陈寅恪助教。1929年转入清华大学文学院中国文学系，任助教、讲师，讲授中国文学史。课余曾一度代吴宓任《大公报》文学副刊主编。1933年与冯友兰同赴意大利、法国、英国游学，1934年回清华大学任教。全面抗战爆发后，先后任长沙临时大学和西南联合大学中文系教授。1948年暑假朱自清病逝，继任清华大学中文系代理主任。1952年院系调整，调任北京大学中文系教授。1955年加入中国作家协会。1957年8月31日在北京逝世。著有《浦江清文录》《无涯集》《屈原》《祖国十二诗人》《杜甫诗选注》《八仙考》《逍遥游之话》《花蕊夫人宫词考证》《词的讲解》《词曲探源》等。

民国年代，大学校园里有一个人人皆知的说法，叫作"清华双清"。"双清"者，是指清华大学中文系两位师德高尚、学识渊博、深受广大学子爱戴的教授朱自清和浦江清。这两位教授几乎在同时入职清华，在清华中文系共事长达二十多年，是清华中文系成长壮大的重要参与者，也是其枯荣沧桑的历史见证者。

亲密无间

与朱自清一样，浦江清也是江苏人。他比朱自清小六岁，少负文才。在南京东南大学外语系读书时期，他那令人惊艳的国文、外文和诗文，赢得了曲学大师吴梅的垂青，又得到吴宓的青睐和器重。22岁大学毕业后，时任清华国学研究院主任的吴宓把他引荐进清华国学院，与陈寅恪对门而居，任其助教。

陈寅恪是一代学术大师，有"教授之教授"之誉，给他做助教，要付出比别人数倍的辛劳。在这里，他既要协助陈寅恪的教学与研究，又要研习东方学，还要辅佐吴宓编《大公报·文学副刊》，后来又跟随王国维致力于古典文史的研究。浦江清在短短两年多时间内，先后掌握了法、德、希腊、拉丁、日、梵、满等多门语言，还为陈寅恪编了一部梵文文法。这段学术历练，使浦江清功力大进，很快地，他那"文史并进、博览无涯"的名气，便在学界不胫而走。

1929年，清华大学国学研究院停办，浦江清转入文学院中国文学系，与朱自清成为同一系里的同事。他们两人都是相对低矮的小个子，又是江苏同乡，加之在学术上的相互吸引，使他们似乎天然地感到亲近，两人交往很快就密切起来。浦江清后来曾在日记中说过："改入中文系后，与朱佩弦先生最熟。"事实上，朱自清加入《大公报·文学副刊》编辑部，在吴宓的诚邀之前，也有浦江清和另一位编辑赵万里强烈推荐的背景缘由。在浦江清的日记中，记载有他与朱自清等人一起到赵万里家吃年夜饭的经历，他们之间密切的程度，由此可见一斑。

连朱自清与陈竹隐的恋爱秘事，也被浦江清记入日记之中。在1930年12月27日的日记中，他有这样的记载："陈（竹隐）女士为艺术专门学校中国画科毕业生，四川人，习昆剧，会二十余出。佩弦认识她乃溥西园先生介绍，第一次（今年秋）溥西园先生在西单大陆春请客，我亦被邀。后来本校教职员公会娱乐会，她被请来唱昆曲。两次的印象都很好，佩弦和她交情日深。不过她对佩弦追求太热，这是我们不以为然的。"在观看了1930年12月31日清华大学举办的元旦晚会之后，浦江清在日记中这样写道："是晚节目有国乐、国技、昆曲、皮簧等，……陈竹隐女士之春香，玲珑活泼，……大轴为皮簧《群英会》，溥西园（红豆馆主）饰周瑜，身段工稳老练，以六十老翁唱小生，尚英姿雄发也"。那时的陈竹隐26岁，是晚饰演昆曲《牡丹亭》中的春香。溥西园是清室宗亲，是当时大名鼎鼎的"红豆馆主"，那时在清华教授昆曲，陈竹隐是他的学生。1931年1月25日的日记，浦江清写道："陈能画，善昆曲，亦不俗，但追求佩弦过于热烈，佩弦亦颇不以为然。佩弦在这里已满五年，照校章得休假一年，资送国外研究。他要到英国，想回国后再结婚，陈女士恐不能等待了。"文字写得一本正经，读之却令人哑然失笑。朱自清的含蓄矜持，陈竹隐的不顾世俗，跃然纸上。

浦江清年届而立仍未成家，朱自清对这位密友的婚事也很关心。清华大学外文系教授钱稻荪是民国学术界的日文泰斗，也是浦江清的老师。钱教授对浦江清的学术才华极为欣赏，不时邀其赴家宴，盛情款待。此时，钱家女儿钱澄待字闺中，浦江清亦是大龄青年，钱氏之意大家看得清清楚楚。对此，同事和朋友极为热心，甚至游学在英伦的朱自清也不远万里写信力促好事，说："钱公之美德，实为大家风范，即此何必他求哉！"不过，浦江清与钱家女儿终是没有缘分，后来他与松江籍金石书画家张琢的女儿张企罗结为伉俪。

互相激赏

当然，朱自清和浦江清两人最为互相欣赏的，还是各自的学问。他们治学的方向和路径虽有同有异，但相互激赏并各有参取。浦江清对朱自清的歌谣研究评价很高，认为朱自清那部未完成的《中国歌谣》"是部有系统的著作，材料通乎古今，也吸取外国学者的理论，别人没有这样做过，可惜没有写成。但就这六章，已足见他知识的广博，用心的细密了"，对其推崇备至。

浦江清虽然在学问上用功极勤，治学却极谨严，不轻易下笔，饶有"述而不作"之风。在十几年时间里，他写的论文很少，每篇却极见功力。《八仙考》一文发表后，学界大表钦服。便是对学界大佬朱希祖都很不以为然的张荫麟也特地跑来祝贺。他的《词的讲解》一出，朱自清、叶圣陶、吕叔湘、程千帆等学术名流均极表激赏，"盛称讲解之精"，以为在俞平伯名作《读词偶得》之上。仅此一文，就奠定了他作为词学高手的地位。

1937年6月6日，作为中文系主任的朱自清曾专门致函清华大学校长梅贻琦、文学院院长冯友兰，请求为浦江清增加薪水。信中说：

中国文学系专任讲师浦江清先生颇为用功，近年已成之论文计二篇，一为《八仙考》，载《学报》十一卷一期，一为《逍遥游之话》，载敝系刊物《语言与文学》中（即将出版）。又书评两篇，一载《学报》十一卷二期，一载十三卷三期（即将出版）。其教书亦颇认真，本年度并开"西人汉学论文选读"一新课程。因此拟请于下年度为浦先生加薪二十元。至祈裁夺见复，为感。

1937年"七·七"事变爆发后，清华、北大离北平南迁，先至长沙与南开一起建长沙临时大学，后至昆明建西南联合大学。朱自清和浦江清一起，长途跋涉，历尽艰辛，成为颠沛流离中广大学子的精神支柱。其间，浦江清曾因送妻女返乡和探亲两度陷身敌占区上海，两度皆克服种种困难，应朱自清的函请而辗转到达长沙和昆明。当时，浦江清完全可以在上海找到教职，但在接到朱自清的信后，他义无反顾地抛妻别女，冒着生命危险闯过日寇的警戒线，在水灾、空袭的威胁下，忍受着胃病和疟疾的折磨，行程数千里回到学校。

抗战胜利后，联大结束，清华恢复。长年清苦的生活，艰难的处境，令浦江清的胃病日甚一日，南方气候无疑与其更加相宜，东南不少名校也争相聘请。本来他已经决意留在东南。不意此时噩耗传来，闻一多在昆明不幸遇刺。朱自清力单难支，催他立即返校。家人反复挽留，他终是拒绝道："闻先生遇害，系里正缺人，我怎能不去呢！"回到清华后，他立即接替闻一多的工作，续讲"楚辞"，并与朱自清等共同整理闻一多遗著。

诗词唱和

在长期的工作和学术交往中，朱自清与浦江清互相欣赏，情感日密，这在两人的诗词唱和中，时有显露。

1931年夏，朱自清赴欧洲游学。浦江清依依不舍，作诗《赠别佩弦（佩弦以民国二十年仲夏赴英国）》送别：

已作天涯客，胡为更远行？
尽伤朋旧意，忍拂美人情。

俄岭冰千叠，英京海百程。

相看万里别，送子泪纵横。

写完这首送别诗，浦江清感到意犹未尽，又接连作了两首诗作相送。其中一首云：

初日照芙蓉，灼灼如仙姝。

明年花再发，迟君清路衢。

不讶君貌瘦，应嗟我貌癯。

飘零岂终改，沉沦聊复如。

吁嗟此小别，小别亦踟蹰。

两人都是清癯瘦弱之躯，一"清"作万里海天之行，另一"清"心生感念，情不能已。

1938年，在战火烽烟中，二人随校暂迁湖南衡山。这年元旦，他们与同人作游，两人作有联句诗《戊寅元日纪游，与朱佩弦联句》，抒发目睹国土一天天沦丧，对祖国大好河山的痛惜与挚爱之情。

抗战期间，浦江清送母亲回家乡松江，滞留沦陷区上海，在暨南大学任教一年有余，关山重重，前路漫漫，他于1942年元旦作诗《壬午元日试笔，兼怀佩弦》，表达对远在昆明的朱自清的深深思念。

1943年，浦江清与朱自清和闻一多、余冠英等人同游黑龙潭，留下了《新正三日同一多、佩弦、冠英、骏斋诸君游黑龙潭二首》。

清华"双清"，携手同心，孜孜矻矻，为传承中华文脉并肩战斗着。

天妒英才

　　1947年，又值朱自清休假，他特地委托浦江清代理系主任职务。然而出人意料的是，朱自清休假不到一年，因胃穿孔不治而英年早逝。在巨大的悲痛中，浦江清亲自主持朱自清的追悼会和殡葬仪式，并赶写了《朱自清先生传略》一文在《周论》发表。这篇《传略》，精当概括了朱自清平凡而又光辉的一生，深切表达了对老友的敬重哀悼之情。他撰写的挽联《佩弦先生千古》，在表达对朱自清短暂人生的痛惜之情中，又给予其文章不朽与精神永存的盖棺之论：“万里倦长征，返得园林未休息，渐病入膏肓，谈笑处风神顿减；百年原短暂，惟有文章堪不朽，看薪传灵火，永恒中生命长存。”

　　之后，浦江清肩负着朱自清生前交给他的系主任担子，独撑危局，不顾病弱之躯，毅然承担起主编《朱自清全集》《朱自清文集》的重任，并为朱自清的《文集》《宋五家诗钞》《中国歌谣》等书撰写了《前言》《后记》。

　　几十年的刻苦用功和战乱环境，把浦江清素来羸弱的躯体渐渐掏空了。他的课越讲越精彩，他的学问越做越深湛，而他的身体也越来越枯瘦。1957年8月31日，浦江清被长期的病痛折磨致死。朱自清活了50岁，临终前体重不到40公斤，浦江清活了53岁，临终前体重不到45公斤。还有一点应该让我们铭记的是，1947年底，浦江清与朱自清一起，在《抗议美国扶日政策并拒绝领取美援面粉宣言》《反内战宣言》等文件上签了名。

"忘形竟然到你我"

——朱自清与李广田

李广田（1906—1968），山东邹平人。早年就读于济南第一师范和北京大学。在北大读书期间，与卞之琳、何其芳出版三人诗合集《汉园集》，被誉为"汉园三诗人"。民国年代曾先后在山东省立一中、西南联大、南开大学、清华大学等大中学校任教。新中国成立后，曾任清华大学副教务长、云南大学校长，兼任云南省作家协会副主席、中国作协理事、中国科学院云南分院文学研究所所长等职。1968年11月2日在昆明逝世。著有长篇小说《引力》和散文集《画廊集》《银狐集》《雀蓑集》《圈外》《回声》《日边随笔》等。

李广田比朱自清小8岁，两人却不仅是学术知音，而且在人生道路上也互为知音。

两人的经历非常相似，都有过短期的中学教师履历和长期的大学教授生涯，都以教育为终生职业；都是著名文学家，都以新文学诗人和散文家而著称；都具有"坦白而诚挚的天性"和稳步前行的性格，都具有追求真理的品格。

朱自清病逝后，李广田亲自题写了这样一副挽联：

> 如师如友如父如兄，忘形竟然到"你我"；
> 是假是真是梦是幻，伤心不敢觅"踪迹"。

挽联将朱自清的作品集《你我》和《踪迹》缀入其间，真诚地书写出昔日两人不分你我的亲密友情和挚友遽然离去带来的无尽伤悲，读之令人潸然泪下。

朱自清的早逝让李广田无比痛惜，他接连写下《哀念朱佩弦先生》《记朱佩弦先生》，深情回忆了两人之间的交往，全面评述了朱自清"有至情，爱真理，有风趣"的"最完整的人格"；他郑重地撰写了《朱自清先生传略》，全面介绍了朱自清一生的经历和成就；在《朱自清先生的道路》一文中，他还把朱自清与闻一多两位先生作了这样的对比评价：

> 有人飞跃前进，斩将搴旗；有人步步为营，稳扎稳打。闻先生属于前者，朱先生属于后者。而条条道路通罗马，两人都与时偕行，达到了同一的目标：健康的人生观和进步的文学观。

文学工作的道路，文化工作的道路，现实生活的道路，时代思想的道路，这一切造成朱先生自己的道路。他的道路走得非常稳当，非常踏实。和闻先生相比，假如说闻先生是狂者，那么朱先生就是狷者。然而狷者之中也有积极的与消极的之分，朱先生是积极的狷者，是并不止于"有所不为"而已的，这使他免于成为迂腐的狷者或乡愿式的狷者，这使他成为一般知识分子所最容易追随的前驱，成为一般知识分子最好的典型。

北大红楼的第一次相遇

　　李广田17岁考入济南山东省立第一师范学校，开始接触"五四"以来的新思潮、新文学。23岁考入北京大学外语系，不久开始在《华北日报》副刊和《现代》杂志上发表诗歌、散文，并结识本系同学卞之琳和哲学系的何其芳。1934年，28岁的李广田把自己的诗集《行云集》与卞之琳的《数行集》、何其芳的《燕泥集》合为《汉园集》，交商务印书馆，作为郑振铎编的"文学研究会创作丛书"之一于1936年出版，一时声名鹊起，他们被誉为"汉园三诗人"。

　　李广田在北大红楼度过了六年读书岁月（预科两年，本科四年）。1931年，李广田还在北京大学预科读书时，时任清华大学中文系教授的朱自清应北大中文学会的邀请，作关于陶渊明的专题演讲。李广田后来回忆说："只记得在北大红楼下西端的大教室里挤满了人，主持开会的是中文系主任马幼渔先生，朱先生的讲题是《陶渊明》。那时候我在北大预科读书，对于听名人讲演之类的事似乎并不热心，而一定要挤着拥着地去听朱先生演讲，还是由于读过朱先生的作品，尤其是《背影》。"那时的中学国文课本上有《背影》这篇散文，很多中学的教师和学生虽没有见过朱自清本人，却都亲切地称他为"背影作者"。所以，李广田在听讲时，很注意朱自清的容貌，留下了这样一个印象："朱先生是白白的，胖胖的，穿着长衫，意态非常潇洒。"

　　在北大读本科三年级时，李广田与时在北平师范大学国文系读书的王兰馨谈起了恋爱。王兰馨与李广田同样爱好文学，两人时常在一起交流读书体会。1934年11月中旬的一个星期天，王兰馨来到北大找到李广田，兴致勃勃地向他谈起朱自清到他们学校上课的情形以及对这位著名散文家的印象。原来，应师大国文系主任钱玄同的邀请，朱自清从本周起每个星期六的下午给他们这一届国文系毕业班的学生讲授"中国新文学研究"这一课程。朱自清刚刚给他们上了一次课，她就为朱先生的渊博学识所吸引，特地赶过来与李广田分享。李广田也与她谈了两年前听朱自清讲演《陶渊明》的情形。他们还怀着浓厚的兴趣交流了对朱自清散文作品的一些看法。朱自清在师大国文系毕业班兼这门课一直持续到翌年六月中旬才结束，因此，王兰馨与朱自清也有着半年多的师生之谊。在之后两家相熟后，王兰馨一直称朱自清的夫人陈竹隐为"朱师母"，而李广田则称呼她为"朱太太"。

西南联大的一致步调

1935年，李广田从北大毕业，先后在山东省立第一中学、国立湖北中学、国立第六中学等校度过了六年中学教书生涯。1941年4月，应国立西南联合大学叙永分校主任杨振声之邀，他来到该校，担任中文系助教。

这年10月，朱自清结束在成都的休假，在返回昆明西南联大的途中，由于战时车次少，在叙永分校滞留了10天。在这里，李广田与朱自清又见面了。相隔十年，在战乱之中再次相逢，李广田惊异于朱自清形貌的变化之大："朱先生完全变了，穿短服，显得有些消瘦，大约已患胃病，特别引起我注意的是他的灰白头发和长眉毛，我很少见过别人有这么长眉毛的，当时还以为这是一种长寿的征象。"他们进行了多次晤谈，主要是讨论抗战文艺，特别是抗战的诗歌，这引起了他评论抗战诗歌的兴趣。朱自清在三年后出版的《新诗杂话》序文中说："秋天经过叙永回昆明，又遇见李广田先生；他是一位研究现代文艺的作家，几次谈话给了我许多益处，特别是关于新诗。于是到昆明后就写出了第三篇

《新诗杂话》，本书中题为《抗战与诗》。那时李先生也来了昆明，他鼓励我多写这种'杂话'"。在这篇序文中，朱自清还对李广田等人表示感谢，称"不是他们的引导，我不会写出这本书"。

李广田在叙永分校任教只有半年时间，因为分校并入昆明校本部，李广田于1941年底也来到昆明西南联大任教。李广田在昆明街上见到的第一个熟人就是朱自清，这次见面让他又一次大大地惊异了：时间仅仅过去了半年，"假如不是他老远地脱帽打招呼，我简直不敢认他，因为他穿了一件奇奇怪怪的大衣，后来才知道那是赶马的人所披的毛毡，样子像蓑衣，也像斗篷，颜色却像水牛皮"。那时，国统区知识分子生活困顿，几乎难以为继。朱自清"冬天，没有大衣，把马夫用的毡子裹在身上，就作为大衣；而在夜里，这一条毡子便又作为棉被用"。

在昆明西南联大，朱自清与李广田一同反击教育领域中的复古逆流，捍卫新文学、新文化的地位；他们有破有立，同时期发表了对新文学的新的"立论"，李广田的文学理论著作《文学论》《诗的艺术》和朱自清的《新诗杂话》，在20世纪40年代交相辉映，共同提高了那一时期文学批评的水准。他们还立足于教育岗位，一同参与指导冬青社、文聚社、文艺壁报社、文艺社等学生社团的活动。此外，面对外敌入侵，他们一起参加了"中华全国文艺界抗敌协会昆明分会"组织的一些活动；面对国内政局，他们也发出了自己的声音。1946年1月，在中国共产党、民主党派和全国人民的共同努力下，政治协商会议在重庆召开。会议进行期间，1月20日《昆明教育界致政治协商会议代电》发表，就改组政府、缩编军队、修正宪法原则等问题发表意见，李广田与朱自清等194位教育界知名人士在电文上共同签名。在共同的政治境遇面前，两人总是立场相同，步调一致。

在追求民主进步中共同铸就完美的人格

　　1946年7月，西南联大宣告正式结束。10月，李广田应南开大学文学院院长冯文潜之聘，担任该校中文系教授。由于参与和支持南开大学的进步学生运动和爱国民主运动，他受到国民党天津地方当局的忌恨和迫害，因此产生了离开南开到清华大学任教的想法。1947年2月，他在十天内连续给朱自清发去两封信，商量申请到清华大学任教的事情。时任清华大学聘任委员会委员的朱自清深知李广田的学术水平和对学生诲人不倦的敬业态度，在聘任委员会会议上极力推荐，虽然遇到了一些阻力，终于促成了此事的通过。李广田于这年8月正式受聘担任清华大学中文系教授。

　　其实，抗日战争胜利后国民党政权推行的一系列倒行逆施的反动政策，使李广田和朱自清这两位追求民主和进步的学者逐渐认清了国民党当局的反动本质，两人越来越多地参与到现实斗争中来。

　　1947年12月11日，国立清华、北大、南开三所大学教授联名上书蒋介石，要求政府合理有效地调整教师待遇。李广田与朱自清都在上面签了名。

　　1947年7月，朱自清与李广田、吴晗、张奚若、潘光旦、余冠英等一起参加了闻一多教授死难一周年纪念会。1948年7月，朱自清与李广田、吴晗等出席闻一多遇难两周年纪念会，并发表了演讲。

　　1947年10月，国民党政府宣布民盟为"非法团体"，勒令民盟解散。11月8日，北大、清华、燕京三所大学48名教授在《观察》杂志上联名发表《我们对于政府压迫民盟的看法》，李广田和朱自清都在上面签了字。

　　特别需要指出的是，在1948年6月在清华大学《拒绝美援和美援面粉的宣言》上，李广田与朱自清一起，郑重地签下了自己的的名字。这一行为显示出崇高的民族气节和从自己做起的负责态度，正如毛泽东所赞颂的，"表现了我们民族的英雄气概"。在毛泽东的眼中，朱自清是中华民族有骨气的爱国知识分子的人格代表，当然，这一赞誉也可视为对包括李广田在内的一大批爱国知识分子的高度赞誉。

清华园里携手并肩的难忘一年

1948年7月，李广田加入了中国共产党。一个月后，朱自清病逝。

在清华大学与朱自清并肩战斗的一年，是李广田"自从教书以来""最愉快的一年"。

他记得，朱自清在教学和创作上异常投入，每天都能看到他在中文系办公室办公、研读、写文章，他们几乎天天都要见面。有一次，朱自清刚刚下课，两手沾着粉笔末还未来得及洗，就急匆匆走进李广田的研究室，问道："对不起，有烟没有？"李广田从不抽烟，只能说"没有"，朱自清笑着走开了。过了几天，又是刚刚下课，朱自清手里夹着一支香烟，闯进李广田的研究室，问道："对不起，有火没有？"他只能还是说"没有"。又有一次，朱自清刚走进李广田的研究室，似乎已经醒悟，自己解嘲似的说："对不起，我又忘了你原来是不抽烟的！"

他记得，在清华的一次朗诵大会上，朱自清与自己一起联袂登台，合作朗诵了诗人臧克家的对话体诗作《老哥哥》，朱自清扮诗中的长工，李广田演诗中地主家的小孩。首先由李广田开始朗诵："老哥哥，翻些破衣裳干什么，快把它堆到炕角里去好了"；朱自清应道："小孩子，不要闹，时候已经不早了！"两人边诵边演，现场气氛十分热烈。

他记得，朱自清每有新作脱稿，总要让自己先看一下，并认真地要求他提出意见；而当他得知李广田也在写某一篇文章时，也总是要求"写完了让我看看"，看完后总要认真说出一些意见。后来，李广田有时在构思文章时也要征求他的意见。为了纪念1948年的文艺节，李广田打算写一篇论述文学教育的文章，为此他特地来到朱自清的家里，详谈了自己的构思，征求朱自清的意见。文章写成后，他又拿去给朱自清看。在2月23日的日记中，朱自清记下了自己的读后感："读广田《论文学教育》，文中强调温柔敦厚及爱憎分明之文学教育，颇精当，甚同意。"在他们这一年的交往过程中，这样互相切磋的情形还有很多。

他还记得，1948年11月22日，是朱自清50周年的寿诞日。旧历年刚过不久，2月26日，他就与王瑶、范叔平三人一起到朱自清家里拜望，提出今年要为他举办祝寿仪式。初步设想是不惊动学校，联络北平文艺界同人开一个茶话会，并出一个特刊，来纪念他的五十华诞和三十年来在创作著述方面取得的成就。朱自清听了他们的想法，表示自己并没有什么值得庆祝的成绩，而且距离生日还早，到时还是由自己请客小聚为好。在当天的日记里，朱自清记下了此事："广田、叔平和昭琛来访，他们要为我的五十寿诞庆祝，谢绝之。"从朱自清家里出来，他们商议，到11月朱自清的寿诞日仍按照原来的设想安排，事先不再通知朱自清本人。他们哪里会料到，没有等到寿诞日，朱自清却于8月间就英年早逝了。

他更记得，在许多理念问题上，自己与朱自清几乎都是同声相应，同气相求。在大学文学系教育问题上，他们都主张新旧并重，中外会通，将中国文学系和外国文学系合并。在文学观上，两人所持的见解也有许多相通或相近之处。尤其是到20世纪40年代中后期，他们都能够与时俱进，善于接纳新事物，如关于朗诵诗的问题，朱自清认为朗诵诗"能够表达出来大家的憎恨，喜爱，需要和愿望"，因而它"是群众的诗，是集体的诗"，"是新诗中的新诗"；李广田也认为朗诵诗能够

255

第四辑 友人（下）

"表现现实的人民大众的思想与情感"，能够充分发挥"诗的政治效能"，因而它"是新诗中的新诗，是诗中的新生命"。

朱自清病逝后，李广田于1949年5月曾继任清华大学中文系主任，并着手选编《朱自清选集》。1951年《朱自清选集》由开明书店出版，李广田亲自撰写了序文。

怀才与识才　信任与敬重

——朱自清与陈梦家

陈梦家（1911—1966），浙江上虞人，生于南京，现代古文字学家、考古学家、诗人。早年就读于南京中央大学法律系和北京燕京大学宗教学院。1931年出版新诗集《梦家诗集》，与闻一多、徐志摩、朱湘被誉为"新月诗派的四大诗人"。1934年在燕京大学研究院开始学习古文字学，1936年毕业后留校任助教。全面抗战爆发后，先后在长沙临时联合大学和西南联合大学主讲国文、古文字学、《尚书》通论等课程。1944年赴美国芝加哥大学讲授中国古文字学，1947年秋回国任清华大学教授。1952年后任中国科学院考古研究所研究员、《考古学报》副主编等职。1966年9月3日在北京逝世。一生著述颇丰，有诗集《梦家诗集》《不开花的春》《铁马集》《在前线》《梦家诗存》及学术专著《老子今释》《汉简缀述》《古字中之商周祭礼》《海外中国铜器目录》《殷虚卜辞综述》《西周铜器断代》等。其中《殷墟卜辞综述》被学界视为"甲骨文研究的百科全书"，是甲骨文研究领域的权威著作之一。

陈梦家一生阅历极为丰富。从文坛到杏坛，从教育界到学术界，他与众多的作家、学者都有交集。其中，朱自清是他最为敬重的前辈之一。

朱自清与陈梦家结识于20世纪30年代初期。据《朱自清年谱》记载，1932年10月20日，陈梦家与同为"新月派"青年诗人的方玮德，结伴访问刚刚就任清华大学中文系主任的朱自清，"谈诗歌改造与诗的音节等问题"。不久，朱自清回访方玮德，地点就在陈梦家在燕京大学的宿舍。

早在南京中央大学就读时，陈梦家即是闻一多的得意门生。当时的闻一多已是全国闻名的新文学诗人，得到闻一多的亲炙和扶持，陈梦家由此走上了新诗创作道路。1931年1月，时年20岁的大学生陈梦家出版了新诗集《梦家诗集》。胡适和闻一多为这部诗集写了评论。胡适说，近年来的诗歌中，以《梦家诗集》中的《都市的颂歌》最算成果；闻一多说，《梦家诗集》的出版，是本年诗坛上最可纪念的一件事。由此，陈梦家成为后期新月派诗人群体中的重要代表人物。

1932年8月，闻一多辞去国立青岛大学文学院院长之职，前往北平任清华大学中文系教授。从此，闻一多与朱自清开始了长达十几年的"共事论学"之谊。作为闻一多的得意弟子，陈梦家也给朱自清留下了既具才华又重学问的美好印象。

怀才遇朱公，推荐入清华

1937年卢沟桥事变爆发后，北京大学、清华大学、南开大学三校被迫南迁，合并组建长沙临时大学。历经颠沛流离，朱自清、闻一多先后抵达长沙圣经书院临时大学所在地。朱自清被任命为临时大学中国文学系教授会主席（后改称系主任）。因战时交通不便及教师个人情况等多种原因，三所学校的许多教师未到长沙报到。在对中文系学生进行课程安排时，朱自清发现尚缺一名文字学教师。闻一多得知这一情况，当即向朱自清介绍了陈梦家的学术研究情况，认为陈梦家可以胜任这一教学岗位。朱自清本来就对陈梦家有好印象，加上闻一多的郑重推荐，于是他立即致信梅贻琦校长，以系主任身份进行推荐：

> 临时大学尚缺文字学教员一人，拟由清华（在合并组建的长沙临时大学中，内部保留三所学校的自身建制——引者注）聘陈梦家先生为教员，薪额一百二十元，担任此类功课。陈君系东南大学（国立中央大学的前身——引者注）卒业，在燕大国学研究院研究二年，并曾在该校任教一年。其所发表关于古文字学及古文之论文，分见于本校及燕大学报，甚为前辈所重。聘请陈君，不独可应临时大学文字学教员之需要，并可为本校培植一研究人才。倘承同意，至为感谢！

当时的陈梦家为了避免当亡国奴的命运，与妻子赵萝蕤逃出北平，躲避在浙江德清县新市镇岳父家中，处于失业的境地。接到清华召他去任教的电报，一时惊喜交加，激动万分。从此，他把朱自清视为与闻一多同样尊贵的前辈，在各种场合包括在给私人的信函中，从不直呼他们的名讳，而是尊称他们为"朱公""闻公"。

从长沙临时大学到后来的西南联合大学，陈梦家先后教过中国古文字学、《尚书》通论等课程。他教授学生认真，钻研学问勤奋，到1944年秋季新学期开始，短短六七年时间，他已从一般教员升为西南联大的正教授。这一时期，也是他在学术上取得丰硕收获的时期。他撰著出版了《海外中国铜器图录》《汲冢竹书考》等几部有分量的学术专著。刚跨过而立之年的陈梦家，成为一名冉冉升起的学术新星。

时空隔不断，信任贵于金

1944年9月，经清华大学金岳霖教授和美国哈佛大学费正清教授介绍，陈梦家应邀赴美国芝加哥大学讲学一年。对他本人来说，访美的主要目的在于收集流散在北美的中国铜器资料，因此一年时间远远不够。在讲学即将结束之前，他一边向清华大学校方提出休假申请，一边分别给清华文学院院长冯友兰和评议会主要成员朱自清写信，希望得到这两位关键人物的支持。

1945年9月9日，朱自清致信陈梦家："前日又开评议会，通过此事。但附一条件（学校已请陈福田先生赴北平，梅先生或亦拟往视察，又及）先生在美所得他项津贴须不超过美金二千四百元。学校想已有正式通知矣。"对于陈梦家在信中询问的学校大约何时能复员、燕京大学在北平开学等事项，朱自清也一一作了回答："学校复员恐须俟滇越路畅通，当在明夏。燕大已在北平招生，定双十节开学。蓉校明春或即可北迁。"在信中，他还特意告知："闻一先生已将胡须剃去。"因为闻一多在1938年从长沙前往昆明途中，与同行的李继侗教授相约留须直到抗战胜利。这件事在西南联大尽人皆知，陈梦家与闻一多又有着非同寻常的师生情谊，所以朱自清才在信中特别告知此事。

接到朱自清的来信，陈梦家如释重负。他立即投入"详细调查美国境内之中国铜器"的工作。之后，他又争取到芝加哥大学东方学院续聘任教和哈佛燕京社资金方面的支持。这样，他在美国逗留了长达三年的时间。在此期间，他长途跋涉，历尽艰辛，造访了上百处公私藏家，亲手摩挲千余件铜器，摄取器形照片，打制铭文拓本，记录尺度和流传情况。他还曾到加拿大多伦多的安大略博物馆，收集并记录所藏安阳、洛阳两地出土的铜器。1947年八九月间，他又飞渡大西洋，访问英、法、瑞典、荷兰四国首都，收集流散欧洲的中国铜器资料。后来，他将收集到的资料汇编成《美国收藏中国青铜器全集》一书。这些搜集和研究工作，不仅体现了一位正直严谨的学者的学术努力，而且彰显了一位爱国学者的赤子情怀。

1947年3月5日，在即将结束在美国的讲学和学术研究工作前夕，陈梦家致信时任清华大学中文系主任的朱自清，汇报了自己在美国三年的工作情况，说明了自己拟定的返校时间和拟教授课程，并询问自己关心的清华返回北平后的状况，中文系的师资和学生情况以及目前清华校方对教授住宅的安排情形等。朱自清接到陈梦家信后，以他一向严谨细致的态度，于5月13日复信一一作答：

梦家先生惠鉴：

前接三月五日手示，欣悉先生九月内决可到校至慰。所开学程除"文字学"（二小时）外，尚拟请开"卜辞学研究"（二小时，下学期），"铜器铭文研究"（三小时，下学期），及"说文"（二小时）。"古文字学"及"尚书"，本年已开过，拟隔年再开。其"说文"一科，至悉惠允开讲，俾可一新阵容，并盼早日惠覆。至住宅事，已请校长特许保留一所，与战前在校同人同例。至何处住宅，现尚未定，惟盼台端务于九月内到校，免生枝节。

高本汉来华事不知能提前否？至念。冯先生有去檀岛一年之意。此间却切盼其回校，除另行去信外，并请函劝其打消去檀岛之原议，至托。

了一先生回校与否，尚未确信，下年度系中新聘李广田先生任现代文学方面课程。并拟聘张清常先生任"音韵训诂"等课，尚未大定。

系中学生本年度共二十七人，语文组只四人。二十七人中临大分发者甚多，临大无语文组，亦语文组人少之一原因，但主因实在教授方面无专授语文者。下年度，先生回校，好极。了一若亦能回，则更圆满矣。

清华复员情形尚称迅速。昆明文科研究所书籍大部到平。先生一小部分书籍亦已到此。至存毛先生处之尊书，前晤毛先生谈及，据云尚存昆明，想毛先生有信奉告矣。系中下年度，许维通兄拟休假在国内研究。匆此，即颂近安！夫人均此致意。

　　　　　　　　　　　　　　自清顿首　卅六年、五、十三

闻先生文集已定分开排印，现在编辑中。

又在美购书，中文系约有三千美元，请酌购汉学、语音学、文学理论及批评、英译本中国文学名著四方面书籍。但校中正式信恐尚未寄出。

在这封六百多字的信中，一方面可以看出，朱自清对陈梦家所托之事十分尽心，一一落实；另一方面朱自清除委托他在美国选购中文系所需的书籍外，还交给了他两项有一定难度的任务：一是敦促瑞典籍汉学家高本汉提前到清华讲学，二是劝冯友兰打消去檀岛一年的原议，促其尽快返校。由此可见朱自清对陈梦家十分信任。

北平再聚首，失望仍敬重

朱自清与陈梦家在长沙临大和西南联大共事七年，对其学术功底和治学态度十分了解，一直视其为难得的学术人才。在陈梦家即将回国的前夕，有传闻说，陈梦家回国后要到南京中央大学中文系任教。朱自清听到这一传闻后，立即于1947年7月29日致信陈梦家，证实传闻的真伪：

前日《大公报》载胡小石先生新任中央大学中文系主任，宣称新聘教师，有大名在内。校方行政同人及清均甚惶惑，佥信不致有此事，当系报纸误传或仅胡先生有此意向。兹特函达，想承见覆，如其所望也！

事后得知，中央大学确有聘任陈梦家之意。因陈梦家曾是中央大学毕业生，又曾长期生活在南京，与胡小石也是交往甚深的朋友。不过，陈梦家最终还是遵守了与清华的承诺，于1947年10月开课前准时回到清华。

时隔三年，国内形势发生了巨大的变化，清华园亦不复当年的清幽和适意，文学院和中文系中的人事变化也颇大。他向来敬重的闻一多已被国民党特务杀害，当年的文学院院长冯友兰此时远在美国讲学，陈梦家再次见到的朱自清"已衰老，疲黄不堪"。而且他感到自己已经很难融入这个日益政治化的群体里。他在写给妻子赵萝蕤的信中说："朱公为人方正，甚多拘忌，亦不免有疙瘩，我一切小心了，时时捧他甚高，以免有误。"在他眼中，除朱自清等少数几人还算是学问家外，此时清华延聘的许多教授或是"中庸之才"，或陷于钩心斗角，或热衷于搞政治运动，已不复当年清华园的学术氛围。面对这样的情况，他对清华国文系的前途十分失望，于是只能对中文系里的事务"不闻不问"，专心筹建他的文物陈列室了（1947年11月，在清华大学校长梅贻琦支持下，由中文系、历史系、营建系、人类学系联合组建清华大学文物陈列室，陈梦家兼任文物陈列室主任）。

尽管对朱自清主持的国文系有诸多的不满，但是陈梦家仍然认为朱自清"不失为好人"，面对一直敬重的朱公，他仍然保持着"极恭敬客气"的态度。

陈梦家是一个具有诗人气质和文人情怀的学者，他个性孤傲，特立独行。不解人情世故的他常常口无遮拦，对当时的许多风云人物多有不敬之语，却对朱自清始终保持着敬重的态度，一生视其为温良宽厚的师长。

学　生

师生亦挚友　耿耿一世情

——朱自清与曹聚仁

曹聚仁（1900—1972），著名记者、作家。浙江金华人。毕业于浙江第一师范。1922年到上海，任教于爱国女中、暨南大学、复旦大学等校。曾主编《涛声》《芒种》等杂志。全面抗战爆发后，任战地记者，曾报道淞沪战役、台儿庄之捷。1950年赴香港，任新加坡《南洋商报》驻港特派记者。20世纪50年代后期，主办《循环日报》《正午报》等报纸。后多次回内地，促进祖国统一事业。1972年7月23日在澳门病逝。周恩来盖棺论定，称其为"爱国人士"。著有散文集《我与我的世界》《今日北京》《万里行记》《文坛五十年》《北行小语》，报告文学集《采访外记》《采访新记》，长篇传记《鲁迅评传》及论著《文史讨论集》《国学概论》《国学大纲》等80余种，约4000余万字。

曹聚仁是中国现代文化史上的一个传奇人物。22岁时，他因记录章太炎的讲演稿《国学概论》在《觉悟》发表并得到章太炎首肯认可而引人注目，以一个中等师范学校毕业生的资格，走上大学讲坛，先后担任过上海艺专、复旦、暨南等多所名牌大学的教授。20世纪30年代，他主编以乌鸦为标记的《涛声》周刊，在新闻报道上倡导"乌鸦主义"，自称只报忧而不报喜，被鲁迅称之为"赤膊打仗，拼死拼活"的一张报纸。1935年，他力主抗日，与邹韬奋、沈钧儒、李公朴等成为抗日救国会的11名成员之一。抗战时期，他投笔从戎，作为战地记者，他最早报道震惊中外的台儿庄大捷。时隔二十年，又是他首次在新加坡《南洋商报》上发出了中国人民解放军炮击金门的消息。他还曾为蒋经国在赣南的《正气日报》主持过笔政，使该报成为当时东南三大报之一。他平时总说自己"最不爱写文章"，但他留下的著作却多达80余种，积四千多万言。20世纪五六十年代，他作为国共两党特使，与毛泽东、周恩来和蒋经国等国共双方领导人会面，为两岸和平统一牵线搭桥。

曹聚仁一生的交游可谓广泛，从政坛高层，到学术界、教育界、文化艺术界，他与许多著名人物往来密切。其中，他与自己在浙江第一师范时代的老师朱自清保持了终生的友谊。

相差两岁、相知渐深的师与生

1920年，朱自清从北京大学毕业，前往杭州浙江省立第一师范学校，开始了他的中学国文教师生涯。

"五四"运动前后，浙江一师成为全省宣传新文化、新思想的中心。校长经亨颐推行的与时俱进、人格教育和全面发展的办学方针受到全国教育界人士的普遍推崇，新思想、新文化让该校充满了活跃的气氛。朱自清到校前夕，学校刚刚经历了一场学潮。这场学潮的起因是，浙一师学生施存统在夏丏尊、陈望道、刘大白等一些新派老师的影响下，在《浙江新潮》杂志上发表了一篇题为《非孝》的文章，揭开了反封建礼教的序幕，被旧派势力视为洪水猛兽，进而遭到北洋军阀政府的电令查禁。浙江省教育厅指责经亨颐和被称为浙一师"四大金刚"的四名国文教师夏丏尊、陈望道、刘大白、李次九支持学生"闹事"，并以此为由下令开除学生施存统的学籍并解聘新派教师。经亨颐拒绝执行，被省教育厅免去校长职务。浙一师师生发起"挽经护校"运动，与省政府形成对峙局面，结果经亨颐和"四大金刚"被迫离校。

这次"一师风潮"平息后，学校师资出现短缺，新任校长姜伯韩向北京大学求援，代理北大校长的蒋梦麟推荐朱自清、俞平伯到该校任教。再加上另两位教师刘延陵和王祺，后来被称为浙一师的"后四大金刚"。

朱自清走上讲台伊始，正遇上学校试验"道尔顿制教学法"，国文课成了热热闹闹的社会问题研究会，上海新文化书局出版的关于社会问题、妇女问题的讨论集，成了学生手中的国文阅读资料，青年学生好新好奇的心理已经很难让他们回到国文学习和研究的旧路上。在这种背景下，初登讲台的朱自清不免惶惑，况且他不谙教法，虽然功底深厚，但一上讲台就情绪紧张，讲得结结巴巴。他的扬州官话让学生听起来也不甚好懂，学生对他的课反应自然冷漠。

当时浙一师的学生，年龄差距很大，小的只有十五六岁，大的却有二十七八岁，朱自清教的是高年级班，学生普遍在二十岁上下。而那时的朱自清才二十二岁，在跟自己年龄差不多甚至比自己更大的学生面前，常常显得拘谨紧张，有时遇到学生发问，他就会满脸通红，甚至弄得满头冒汗。

勉强教了一个月，朱自清便以"学识不足"的理由决定辞职，他函告蒋梦麟要离开杭州，不再教下去了。蒋梦麟接信后立即致信姜伯韩，说："假如像朱自清先生这样的教师，还不能孚众望的话，一师学生的知识水准，一定很差。"

当时浙一师学生自治会负责人正是曹聚仁。这年他已经二十岁，只比朱自清小两岁。当他在姜伯韩校长处看到这封信，对这位同学们口中的"小先生"十分理解和同情。他专门找到朱自清，说教学是一门专门的艺术，虽然要以学问的广博为基础，但总是要经历一个过程，着急是不行的。随后，曹聚仁还陪同朱自清看了高年级学生所作的教学方案，到一师附属小学观摩了教学法，渐渐改善了教学效果。不久，朱自清的课堂不仅得到了学生们的认可，而且还深受一批学生的欢迎。在相互交往的过程中，这对年龄相仿的师生相知越来越深，成为超越师生关系的朋友。

朱自清病逝后，曹聚仁写了《〈背影〉作者朱自清》一文，称朱自清"是一个带诗的气氛的散文家，也是一个平正质朴的文艺批评家"。他指出，朱自清与鲁迅、周作人、林语堂、徐志摩、俞平伯等人的小品散文各具特色，还特别比较过朱自清与俞平伯诗文的同与异：两人都富有诗人的气质和性格，但俞氏诗文流于"赋"，不如朱氏"清隽"。曹聚仁认为，朱自清一生始终是新诗的爱好者、批评者，作为《中国新文学大系》新诗部分的编选人，是真正懂得新诗境界的人。可以说，曹聚仁也是真正懂得朱自清诗文的人。

师生呼应撰文说扬州

1934年，江苏省教育厅编审主任易君左写了一本名为《闲话扬州》的小册子，由中华书局出版。该书以一个外地人的视角看扬州，涉及扬州的历史、风景和扬州人的衣食住行、性格脾气等等。在书中，他批评扬州人的性格"带有几分懒惰、浪漫、颓废的不景气"；说扬州人吝啬、不爱干净，对外地人漫天叫价；在扬州烟鬼多，街上走来走去无精打采的人、泡茶馆无所事事的，十个有九个都是烟鬼。甚至说："全国的妓女好像是由扬州包办，实则扬州的娼妓也未见得比旁边的地方高明。"这些内容令扬州人大为光火，引起了扬州人的公愤。扬州几位律师组织了追究《闲话扬州》书籍案联合会，各界代表数百人浩浩荡荡到镇江向江苏省党政机关请愿，要求惩撤作者，停止这本书籍的发行。上海扬州同乡纷起响应，时年65岁的妇女代表郭坚忍更是组织了"扬州人民追究易君左法律责任代表团"，向镇江地方法院起诉。易君左自知理亏，起初不敢出庭，几经调停，他只得公开登报，承认对扬州的批评多失实之处，并向扬州人民表示赔礼道歉。中华书局也销毁了《闲话扬州》一书的纸版。

当时，"闲话扬州"事件闹得沸沸扬扬，一些作家和报刊也做过回应。曹聚仁在林语堂主编的《人间世》第十期上也刊出了一篇《闲话扬州》。文章说，虽然未读到易君左的《闲话扬州》这本书，但从他所揭举的关于娼妓等方面的内容，可以判断是浅薄无聊的，至少其父易顺鼎先生也会提出抗议，反对这样的说法。曹聚仁历数扬州在历史上的光荣，喟叹交通线路的改易和战争的影响导致了扬州的中落，虽然如此，扬州的酱菜、扬州菜和扬州戏至今仍然值得人们留恋。

自称"我是扬州人"的朱自清，也在此时写过一篇《说扬州》的文章，发表在《人间世》（1934年11月20日第十六期）上。他在写给陶亢德的信中说："久未能多作稿，歉甚。兹写上《说扬州》一篇，乃见聚仁文而想起者也。"可见是曹聚仁的文章为其写作该文提供了机缘。文章开篇说："在第十期上看到曹聚仁先生的《闲话扬州》，比那本有名的书有味多了。不过那本书将扬州说得太坏，曹先生未免说得太好；也不是说得太好，他没有去过那里，所说的只是从诗赋中，历史上得来的印象。这些自然也是扬州的一面，不过已然过去，现在的扬州却不能再给我们那种美梦。"朱自清在文中谈到，自己在扬州住了十多年，因是客籍，父亲又总在外当差，与当地贤豪长者并无来往，故对扬州的雅事不在行，倒是对光复前后父亲被高等流氓敲了一竹杠，和中学时由地方绅宦子弟构成的"甩子团"到处横行无忌这两件事记忆犹深；扬州从前是大地方，现在是没落的小城；扬州菜滋润、利落，味道鲜美，颜色清丽悦目，而面馆胜在汤味醇美；扬州最著名的是茶馆，吃的花样也多；扬州游览以水为主，以船为主，是寻幽访古的好去处。

之后，曹聚仁又写了《扬州庖厨》等文，再次回应朱自清的文章，并直接引用了朱自清对扬州的一些描写和对扬州的许多看法。

鸿雁传书谈文论艺

朱自清和曹聚仁在杭州浙一师别后，两人见面的机会很少，但长期保持着通信联系。曹聚仁曾说过："我所积存的师友书简之中，朱先生的来信写得最恳切，也最整齐有条理。最后两封信，一封是从昆明写来的，和我谈论报告文学之事，（他在成都公开讲演中，推荐了我的《大江南线》和《新闻文艺论》；《新闻文艺论》曾刊于十年前的《星岛日报》。）他认为报告文学是一条散文的新路，值得我们去努力。又一封，是胜利后到了北平，他看了我的《抗战画史》写给我的，他鼓励我在历史研究上可以再努力下去。"

1942年7月起，曹聚仁受蒋经国之邀，在江西赣州担任《正气日报》主笔，次年元月又开始编印《正气周刊》。1942年，曹聚仁从赣州把战地通讯集《大江南线》寄给在成都休假的朱自清，朱自清随即给曹聚仁写了一封信。《正气周刊》第一卷第一期在"论新闻文艺"栏目刊登了朱自清这封信：

聚仁先生：

多年不见，也没通信，抗战以来，常在报上读到你的通讯。你似乎走了不少地方。这期间一定冒了许多险，吃了许多苦，但也一定增长了许多阅历。最值得钦佩的是这种事业直接帮助了抗战。

去年在成都接到你的《大江南线》。那篇引论极有趣味。我在成都讲演过一回《文学与新闻》，曾经引用你的意见，不过我觉得你将"艺术笔触"看得似乎太轻些。新闻事业的发达，现在可见端倪。只看成都燕大招生投考新闻系的特别多，就可知道。新闻写作的讨论，该能引起青年们的注意。我近年来写文字，总劝青年人不必只在文学创作的圈子里转，他们可以转向新闻的写作方面去。这样办，成就得也许更多些。

近年来，虽然报纸的篇幅缩减，但还有不少写得好的通讯和记载。我常想搜集这类材料，选择一下，出一个选集，也许可以表彰那些写作的记者，并可做学习的记者的镜子。但自己读的报太少，到现在止，积下的材料还有限得很。再说，我对于新闻学还是门外汉，恐怕自己判断也靠不住。我想，这种工作，也许别人会去做的。

《正气日报》不知是不是你教送的？这个报编排得不错，印刷也清楚。谢谢你，谢谢报馆。你近来身体可好？这里只是物价高，别的都还好。

同期刊出的还有曹聚仁的复函：

佩弦我师：

"战争"把师友们的音信都隔绝了，我也是跟着战局的演变，流转往来，靡有定所。假使，我们这样的工作，也算对国家民族有点贡献，也就聊以自慰了。"战争"似乎还会延续下去，一般的生活情况，我们在前方的，或许比在大后方的好一点。我曾到过最前线，那儿的百姓照样地耕作，生活也过得不错，自然也有很紧张的恐怖场面。

　　经过了这样剧烈复杂的变化，我们的生活经验比以前丰富得多了。我们的时代，远比杜甫白居易伟大得多。照理说，写作的视野广大起来了，可以产生以新作风写新题材的作品了。据我所看见的作品，十有八九，还是写他个人的离乱中遭遇，渗上了悲观消极的个人情调，简直找不出一点大时代的气息。而所谓"离乱"也还是"宁做太平犬，不做乱离人"的老调子，近于"无病呻吟"，使人十分失望。我师劝青年人转向新闻写作方面去，那是不错的；至少可以扩大他们的写作范围，养成观察社会动态的能力。不过，就报刊所见的特写文字来看，还是凭着个人想象之处太多，对于搜集资料，加以裁剪的能力太差了。好似王尔德说了"文学创作便是说谎"的话，他们就不妨运用自己的想象力，至于"真实不真实"，不在他们着力之中了。我以为新闻文艺，还得把"真实性"摆在主要地位，少用个人主观的推想，先把所报道的题材弄正确来，再动笔，最为妥当，我师以为如何？

　　说到新闻文艺作品的选辑，由商务印书馆编刊的《战时国文读本》《抗战特辑》来看，兼收并蓄，本无不可。可是，既不求新闻的真实，又不求文字的通顺，那就太差劲了。盖编者见闻有限，又缺乏史学的修养，粗制滥造，太不够水准了。我师鉴别力过人，能从《中国新文学大系》之后，别编一选集，足以嘉惠后学，待之待之。

　　查阅朱自清的日记，其间有多次阅读《正气日报》的记载。可见朱自清一直关注着曹聚仁这位在抗战中异常活跃、很有作为的学生。

　　抗日战争胜利后，曹聚仁重新回到过去长期工作的上海，过起编报、教书的生活。在上海安顿下来后，他找到抗战时期在重庆主编《联合画报》的舒宗侨，商议两人一起采用图文并茂的形式，编著出版一部《中国抗战画史》。经过两年的搜集整理，由曹聚仁撰写文字，舒宗侨提供图片，共同编著完成了《中国抗战画史》，1947年5月由上海联合画报社印行。全书40万字，1200张照片，600幅地图，留下了大量的日本侵华的罪证和中国人抗日英雄事迹，是第一部内容完备、详尽解读中国抗日战争全过程的重要历史文献。

图书出版后，曹聚仁寄给朱自清一本，请其教正。朱自清很快复函曹聚仁，对该书给予高度评价："大著从'日本社会文化与民族性'说起，使读者对我们的抗战有个完全的了解，这种眼光值得钦佩！书中取材翔实，图片更可珍贵！这些材料的搜集、编排，一定费了两位编者，特别是你，很大的心力。我早就想我们该有这么一部画史，现在居然看到了，真是高兴，真是感谢！"

这是他们之间最后的一次通信，翌年朱自清在疾病折磨中辞世。

1956年，归国后的曹聚仁再次来到清华园，有感于跟朱自清的师生情谊，赋作《昨过清华园，有怀朱自清先生，感赋一律》："烂漫桃花映李花，抠衣我亦到清华。堤边踪迹留名句，灯影秦淮忆昔家。漫说思亲情似海，无言怀橘意如麻。满园荡漾春消息，不尽低徊一老鸦。"诗后附有一段短跋："《踪迹》《桨声灯影里的秦淮河》及《背影》均系朱师旧作。传诵一时。或问：何为背影？余应之曰：亲情深似海也。"诗与跋文，语短意深，殷殷之情，跃然纸上。

历史变迁中的永恒情谊
——朱自清与冯雪峰

冯雪峰（1903—1976），原名福春，笔名雪峰、画室、洛扬等，浙江义乌人。现代诗人、文艺理论家。1921年考入浙江省立第一师范，1925年到北京大学旁听日语，1926年开始翻译日本、苏联的文学作品及文艺理论专著。曾历任中国左翼作家联盟党团书记、中共上海文化工作委员会书记、中共中央党校副校长、中共上海办事处副主任等职。1950年后，历任上海市文联副主席、鲁迅著作编刊社社长兼总编、人民文学出版社社长兼总编、《文艺报》主编、中国作协副主席、党组书记等职。1976年1月31日在北京逝世。著有长篇小说《卢代之死》，诗集《雪峰的诗》《真实之歌》，杂文集《乡风与市风》《有进无退》，寓言集《雪峰寓言》，文集《鲁迅论及其他》《鲁迅的文学道路》等。

1919年，朱自清以新诗《睡吧，小小的人》登上"五四"诗坛，很快成为新文学运动初期具有重大影响的诗人，并且影响了一批年轻诗人的成长。20世纪20年代初，"晨光社"和"湖畔诗社"几位年轻的诗人汪静之、潘漠华、柔石、冯雪峰、应修人、魏金枝、谢旦如等深受其影响，其中冯雪峰后来在文学史上成就最高，与朱自清的友谊延续的时间也最长。

结缘在杭城：年轻诗人的"精神领袖"

1920年，刚从北京大学毕业的朱自清，来到杭州浙江一师任教。这位比学生大不了几岁、被学生称为"小先生"的青年教师，一方面认真践行教书育人的职责，一方面展开了他一生中最初的实施文学理想的活动。在江浙一带教书五年的时间里，他用了很大精力支持和指导学生的文学创作，与"晨光社"和"湖畔诗社"的文学青年们结下了不解之缘。

1921年10月，爱好诗歌写作的汪静之联络同在浙江一师学习的柔石、潘漠华、冯雪峰、魏金枝等人共同发起建立了新文学团体"晨光社"。除浙江一师之外，惠兰中学、安定中学和女子师范也有学生加入，成员达到二十多人。晨光社还特聘朱自清、叶圣陶等浙江一师教师为诗社顾问。对此，冯雪峰有过这样的回忆：

> 提到"晨光社"，我也就想起朱自清和叶圣陶先生在1921年和1922年之间正在浙江第一师范学校教书的事情来，因为他们——尤其是朱先生是我们从事文学习作的热烈的鼓舞者，同时也是"晨光社"的领导者。

在此之前，朱自清和叶圣陶、刘延陵等以"中国新诗社"的名义，创办了"五四"以来中国第一家发表新诗及新诗理论的专门刊物《诗》

月刊，在全国文坛引起了很大的反响。为支持和鼓励学生们进行文学创作，朱自清在《诗》月刊上连续刊登了冯雪峰、汪静之等学生的诗作。冯雪峰的《小诗》和《桃树下》，也都发表在第二期上。

1922年4月，汪静之、潘漠华、冯雪峰和应修人等在杭州成立"湖畔诗社"。朱自清顺理成章又成为"湖畔诗社"的"领导者"和"精神领袖"。在这些青年诗人的心目中，只比他们年长三五岁的朱自清是他们名副其实的导师和前辈。

湖畔诗社成立不久，就出版了诗集《湖畔》，收入汪静之、冯雪峰、潘漠华、应修人四人的诗作61首。朱自清对这些青年诗人的作品十分珍爱，很快就写出了《读〈湖畔〉诗集》一文，刊载于1922年6月11日上海《时事新报》副刊《文学旬刊》第39期上，对诗集中的作品进行了热情的鼓励和中肯的评论。在文章中，朱自清指出，这些"作品都带着些清新和缠绵的风格，少年的气氛充满在这些作品里"，比之"成人"的作品，他们"都还剩着些烂漫的童心"，唯其涉世未深，所以"只有感伤而无愤激了"。对诗集中冯雪峰的以"人间的悲与爱"为主题的诗作，朱自清认为它们是"以对于被损害者和弱小者的同情为主，读了可兴起人们的'胞与之怀'"，"尤为难能可贵"。对诗集中冯雪峰的一首表达母爱的诗，朱自清说"最教我感动"。并指出冯雪峰在艺术表现及风格方面"以自然、流利胜，但有时不免粗疏与松散，如《厨司们》《城外纪游》两首便是"。可谓切中肯綮之论。这篇评论文章既体现了朱自清与湖畔诗人之间心灵的会通，字里行间又充满了对年轻诗人们成长的殷殷期待，拳拳之心跃然于纸面。

事过13年之后，1935年，朱自清在主编《中国新文学大系·诗集》的时候，依然没有忘记湖畔诗社的诗人们。在《诗集》中，他编选了冯雪峰的《桃树下》《落花》《春的歌》等7首诗作。尤其引人注目的，是他在《中国新文学大系·诗集》导言中关于湖畔诗派的一段史论性的评价。他说：中国缺少情诗，有的只是"忆内""寄内"，或曲喻隐指之作。坦白地告白恋爱者绝少，为爱情而歌咏爱情的更是没有。真正专心致志作情诗的，是"湖畔"的四个年轻人。他们那时候差不多可以说生活在诗里。他特别指出，"冯雪峰氏明快多了，笑中可也有泪"。在诗集的附录"诗话"里，他又引用应修人的"雪峰的使我心笑""晴风乱飐时我想读雪峰的诗了"两句诗，来说明冯雪峰诗作的艺术魅力。

老师为学生写书评：《历史在战斗中》

1925年，朱自清到北京清华园任教，冯雪峰也北上到北京大学旁听。

在北大旁听期间，冯雪峰开始翻译苏联文艺理论，研究马克思主义著作。1927年6月，在大革命失败后的血雨腥风中，他加入了中国共产党。后来他到上海同鲁迅一起组织"左联"，并担任"左联"党团书记、中共上海中央局文委书记等职，成为党在文艺战线上的重要领导人。全面抗战爆发后，朱自清随学校撤至大后方昆明，在艰难的条件下坚持战时教育和学术研究，坚守教书育人的使命，延续着中华学脉。两人关山阻隔，难有见面的机会。

1944年11月，冯雪峰的杂文集《乡风与市风》由重庆作家书屋出版，收录杂文41篇。这些杂文一部分取材于浙东普通农民或妇女的生活，着重剖析他们面对残酷民族压迫的现实的精神状态，统称为"乡风"；一部分取材于后方大城市知识分子的生活，着重剖析他们的种种思想心态，统称为"市风"。无论是写"乡风"还是写"市风"，冯雪峰都怀抱着一种历史使命感，将政治揭露寓于社会批评之中，通过对社会时事的分析，挖掘中国国民的劣根性，表达出对不合理社会制度与人际关系的批判，不仅文笔活泼，议论风生，而且具有很高的思想性，是抗战时期文坛不可多得的收获。朱自清看到自己久违的昔日学生的作品，欣喜异常，当即撰写了一篇五千字左右的书评，题目为《历史在战斗中》。

文章一开始，朱自清就追溯了冯雪峰二十多年来的文学创作生涯："雪峰先生最早在《湖畔》中以诗人与我们相见，后来给我们翻译文学理论，现在是给我们新的杂文了。《乡风与市风》是杂文的新作风，是他的创作，这充分地展开了杂文的新机能，讽刺以外的批评机能，也就是展开了散文的新的机能。"从中不仅可以看出朱自清对冯雪峰的杂文创新的高度评价，同时也可以看出，他们之间虽然多年未有联系，但朱自清仍然一如既往地关注着冯雪峰。作为诗人的冯雪峰，作为文学翻译家的冯雪峰，作为杂文家的冯雪峰，都一直在朱自清关注的视野中。

朱自清在书评中具体评述了冯雪峰的几篇具有代表性的杂文，特别指出："雪峰先生教人们将种种历史的责任'放在自己的肩上'，'因为这个历史到底是我们自己的历史'；这样才能够'走上自觉的战斗的路'。这是现在的战斗，实际的战斗；必须整个社会都走上这条路，而且'必须把战线伸展到生活和思想的所有的角落去'。这战斗一面对抗着历史，一面领导着历史。人们在战斗中，历史也在战斗中。可是'乡风'也好，'市风'也好，现在都还没有自觉地向战斗的路上吹，本书著者所以委曲地加以'分析，批判，以至否定'，来指明这条路。"

在书评中，朱自清对冯雪峰的杂文文风也作了准确到位的评价。他说："著者是个诗人，能够经济他的语言，所以差不多每句话都有分量；你读的时候不容易跳过一句两句，你引的时候也很难省掉一句两句。文中偶然用比喻，也新鲜活泼，见出诗人的本色来。"

朱自清认为，冯雪峰这部杂文集是抗战时期杂文的"新作风的代表"。这是一种十分准确的定位。同时，不可忽视的是，从这篇书评中，也可以看出朱自清由自由主义知识分子向民主主义革命战士的转变姿态。

对中国现代自由主义知识分子来说，1943年是一个特殊的年份。在此之前，他们大多从内心里认同国民党政府，认为国民党政府代表中国的正统；1943年，蒋介石发表了国策性的著名文章《中国之命运》，站在保守的民族主义立场上，大肆诋毁"五四"以来的新文化，攻击西方的自由与民主，要以中国传统的伦理价值重建道德基础和社会秩序。这种文化上与政治上的复旧，是明目张胆地开历史倒车，让一大批如朱自清这样的自由主义知识分子大失所望，认为这样的政府绝不能带领国人走向民主与进步。从此之后，朱自清一步步从"象牙塔"走向"十字街头"。这种转变，从朱自清这个书评中也可以看到一个侧面。

学生对老师的思念和评价：《损失和更重要的损失》

1948年8月，朱自清在贫病交加中英年早逝。当时在上海时代出版社从事编审工作的冯雪峰，闻此噩耗十分悲痛。作为马克思主义文艺理论家，他对老师朱自清的理解，自然不同于一般文人学者。

在《损失和更重要的损失》一文中，他这样评说朱自清逝世产生的影响：

朱自清先生的逝世，对于中国新文学和人民的事业，都有重大的损失。这个损失，不仅因为他是一个真挚的诗人、散文家和批评家，也不仅因为他是最负责的教育家和青年的领导者。我想，这个损失，还更因为他是民主运动的一个诚实的参加者，而尤其因为正在他思想上开始着大的发展的时候。

有感于自己切身的感受和体会，冯雪峰在文中对于朱自清在文学事业和教育事业上的功绩，给予了高度的评价：

作为一个新文艺的开垦者、推广者，以及传授给青年和培育青年的教育者，朱先生实在是一个最坚毅和最勤恳的工作者，并且对于新文艺和青年，他实在是一个伟大的，吴晗先生所说的褓母。他是用了母性的爱在保护新文艺和指导青年的。

冯雪峰在文中还特别强调了朱自清晚年在思想和行动上以艰难的步履追求进步的特殊历史意义："朱先生是在一步一步向着革命的阶级思想走去的，而且开始在达到了，只不过他是非常地艰苦，脚步很沉重。""这样艰苦地前进着的朱先生，最后终于胜利了。这种艰苦有特别的意义，这个胜利特别地可贵。""我们在朱先生这里同样听到了时代奔腾的声响和历史前进的轮声。在大队兵马的驰骋里，我们固然听见了时代的飞跑的声音，在背着包袱一步一步地徒步跋涉的人们吃力的脚声里，也听得见历史在前进。""因为历史的前进运动，完成于人民及其先觉和英雄们的猛进，但也同样要完成于一切负着种种重荷而辛苦跋涉的人们向着目的地的最后的到达。在这意义上，对于多数知识分子的转变和前进，朱先生就给了一个不同的鼓动，展示了一种深刻的历史意义。"

冯雪峰指出："损失了一个诗人，一个最负责的坚毅的文艺工作者，尤其损失了一个青年的褓母和领导者，这些损失也都属于人民的。而损失了这样的民主战士，以及经了他那样坚忍的、持重的、艰苦的'内心'斗争而达到的思想上的大发展，这个发展正预期着伟大的收获——这样的损失是尤其大的，更为重要的。我们的悲哀，也更从这方面增加了重量。"

　　冯雪峰在文章最后指出，朱自清是知识分子走向人民道路的一个引路人。这已经不是作为一名学生对自己不断进步的老师，而是作为马克思主义文艺理论家对朱自清先生作出的一个准确而精当的政治评价。

恩师赐笔名，引领文学路

——朱自清与金溟若

金溟若（1905—1970），原名金志超，浙江瑞安人，现代作家、翻译家。童年和少年时代在日本接受小学和中学教育。20世纪20年代先后就读于温州浙江省立十中、南通医专和上海大学。大学毕业后，历任上海时代书店总编辑、世界书局编辑、《未明月刊》主笔、北新书局特约编辑。全面抗战爆发后，先后到丽水、金华、温州等地任教。1946年应许寿裳之邀赴台湾，担任编译馆编审和《大众日报》副刊主编，1947年后在台湾大学任教。1970年6月19日，在台湾病逝。著有散文集《残烬集》《人间味》，小说集《白痴的天才》，译作有《雪乡》《美丽与悲哀》《蜕变》《罗生门·河童》《出了象牙之塔》《俄国革命后之文学》《世界文化史》等。

及室半年补国文

1905年1月4日，金溟若出生在一个世代书香家庭。他的父亲金嵘轩早年留学日本，信奉教育救国，一生大半时间在家乡办学，历任多所中学校长，在温州百姓中颇有声望，新中国成立后曾任温州师专首任校长、温州市副市长等职，至今在温州还有金嵘轩纪念馆、嵘轩亭等纪念性的建筑物。由于金氏家族诗书传家，历来重视对后代的教育，金溟若在四五岁的时候，家里就聘请了一位年逾古稀的老秀才为他举办了颇有仪式感的发蒙开笔仪式。当时他的父亲还在日本留学，母亲承担起教他认字的职责。不过，幼时的金溟若在孩童中是"出格"的顽皮，母亲管教不住，颇为头痛。在发蒙开笔的第二年，家里把他送进新创办的勤业学堂，依旧是不服先生的管束。到了第二年暑假，父亲从日本回来，听到的依然是母亲的诉苦和先生的告状，父亲再到日本时，索性把只有六七岁的金溟若带到了日本。从此，金溟若在日本从小学读到中学，接受日语教育，与国文绝了缘。在他上中学时，父亲回了国，那时他写给父亲的家信，也用的是日文。

1922年，金溟若在中学毕业前夕回到国内。作为教育家的父亲看到儿子说日语，写日文，国文一点根基也没有，认为这是绝对不行的——他认为，应该给儿子植下中国传统文化的基因，才不枉为炎黄子孙。于是，他把儿子送进了位于温州的浙江省立十中。

然而，由于长久与国文的隔膜，在省立十中读了一年，效果却不尽如人意。金溟若晚年回忆说："我插入四年级上学期，是准备正正式式读好一年的国文，待中学毕业后，再作别图的。但这一年间，我在学校里所得的国文课业，可说只是一张白纸。在日本的中学里虽也有汉文一科，记得读的课文是《战国策》之类的节选。而且读起来颠三倒四，仍是日文，现在要我从上而下顺着文字读，就是日本人所谓的'棒读'，已是搅昏了头。再加上现在的课文尽是汉魏六朝的文选，国文老师在讲台上摇头晃脑地自我陶醉，却要我们'不求甚解'地生吞活剥，简直使我越读越糊涂了。"

到了下学期，金溟若的父亲金嵘轩出任浙江省立十中校长。他倡导"名师兴学，培育良才"，聘请朱自清等好几位外地知名的老师来任教。金嵘轩早知朱自清在新文学上的成就，特地与朱自清商量，请他为自己的儿子金溟若特别指点国文。

朱自清仔细询问了金溟若在日本读书的情形，了解到金溟若喜欢文学，读过许多日本作家的作品和一些西洋文学的日译本之后，为打消他学习国文的畏难情绪，认真地给他讲了一番道理："文字的运用和艺术的境界是国际性的，所不同的，只在所使用的符号——即文字的不一。要在这一原则下去领悟自己国家的文学。"朱自清还告诉他："以当时的文学训练，不论你以前读的是日文、英文，同样能有助于国文的进修。"为了帮助他学好国文，朱自清特地选了一本古文今译的新书《辛夷集》，给他进行了详尽的讲解。《辛夷集》是一本仅有数十页、六十四开本的薄薄的小册子，朱自清竟然给金溟若讲了将近三个月的时间。

亲取笔名引路径

朱自清在浙江省立十中任教时，年龄只有二十五六岁，与学生的年龄差距不大，他的"亲切而严格，别致而善诱"的教学风格，很受学生们的欢迎。由于之前父亲的特意安排，金溟若与朱自清的交往更是多于一般学生。在长时间的磨合中，他们聊的话题越来越广泛，相互之间也谈得越来越深入，成了超越一般师生关系的忘年之交。

每逢星期天或假日，朱自清常常主动邀金溟若等几个喜欢文学的同学结伴去郊游。温州近郊的许多景点，都留下了他们师生共同出游的足迹：他们到过三角门外，去看妙古寺的"猪头钟"；他们到过江心寺后，去看古井；他们渡过瓯江，游览白水漈；他们坐河船，去探头陀

285

第五辑 学生

寺，去访仙岩的雷鸣潭和梅雨潭。在那些游踪之中写成的文章，后来都收入了散文集《温州的踪迹》一书中。还有散文名篇《月朦胧，鸟朦胧，帘卷海棠红》，散文诗《毁灭》和短篇小说《笑的历史》，也都是那个时期在温州写就的。金溟若后来说：朱先生"那些在温州写的，有的未被寄走前，我曾看过原稿，或者看过留下的底稿"。"朱先生是'认真'的人，做人认真，做事认真，对人对己，都是一本正经的。而他的写作态度，更是认真，原稿上留下的涂改痕迹，重重叠叠地，有时简直使人难以辨认，可谓一字不苟的了。这份认真，只要看过他文章的人，便不难窥知。"

金溟若在朱自清身边度过了半年追随学习的时光，慢慢地，对于怎样运用中国文字，他有了自己的感悟。于是他写出了第一篇用中国文字写成的散文，题为《孤人杂记》。他忐忑不安地交到朱自清手上，没料到，朱自清阅读过后十分欣赏，竟然把它寄给了时事新报的副刊《学灯》上发表，并亲自为他取了"溟若"两字，作为笔名。这是金溟若写作的第一篇散文，也是他正式发表的第一篇文章。后来他又写了一篇《我来自东》，朱自清也要了去，刊在《我们的七月》上。《我们的七月》是朱自清与俞平伯两人的私人不定期刊物，创刊号上只登载他们两人的作品，后来也刊些熟人的文章，大概只出两三期便停刊了。经朱自清之手发表的那两篇散文，后来金溟若把它们收在散文集《残烬集》中，由北新书局出版发行。

金溟若后来成为作家和翻译家，他一生都没有忘记，是朱自清对他进行国文启蒙，引领他走上文学之路的。他发表、翻译文章或出版每一本作品时，一直用朱自清为他取的笔名，直至辞世。

顺带加几句闲笔。在文学之路上，金溟若是幸运的。后来，他又受到鲁迅的关注、提携和鼓励。在1928年5月2日至1933年12月11日大约五年多的时间里，鲁迅日记中出现过"金溟若"的名字27次，鲁迅给许广平的信中也有两次提到金溟若的书稿。鲁迅对这位精通日文、俄文又有良好文学功底的青年作家很器重，称金溟若"勇决地完成"了他想做而没有做的事，"是很不易的事"，并推荐他成为北新书局的签约作家。

鸿雁传书情不断

1923年冬，金溟若离开温州，到上海准备考取大学进一步深造，与朱自清先生依依惜别。在上海大学中国文学系读书期间，他一面攻读繁多的课业，一面为北新书局翻译日本作家有岛武郎的小说和米勒、罗丹、惠特曼的评传。一晃两三年过去了。一天，金溟若听朋友说，自己的恩师朱自清路经上海，打听到他在上海的住址在同孚路（北新书局李小峰为他租下的寓所），专门前来探望而未遇，他十分激动，当天晚上即找到闸北叶圣陶家去看望久别的老师。他们各自谈了别后的情况，约定第二天在开明编译所再次见面。在开明编译所，金溟若不仅见到了恩师朱自清，还见到了几位上海文化名人叶圣陶、夏丏尊、方光涛、章克标等。朱自清与金溟若谈了他在北平的一些经历，金溟若也谈到了当时上海文坛的一些动态。金溟若回忆说，"那时创造社与文学研究会仍在闹别扭，新月的学院派与鲁迅则各树一帜，超乎这些的写作者，颇有左右做人难之感"。从开明编译所出来，金溟若陪着朱自清在大街上闲逛了一会，然后到饭馆吃了一顿饭。饭间，在谈到上海文坛的动态时，朱自清特别告诫金溟若说："拿笔杆的人，最好不要卷入任何圈子里去。"这句意味深长的告诫，让金溟若铭记了一生，直到晚年他仍清晰地记着这句话。

此次一别，朱自清与金溟若各自西东，再也没有见过面。连接他们的，只能是书信往还了。朱自清的发妻武钟谦病逝，后来与陈竹隐结婚，以及历时一年的欧洲游学之行，朱自清都在书信中给金溟若一一述及。全面抗战爆发后，金溟若辗转浙江丽水、金华、温州等地教书，朱自清远在西南大后方的昆明和成都，关山重重，战火连绵，致使两人失去联系，通信一度中断。直到抗日战争胜利结束，金溟若到台湾大学文学院教书，得知朱自清又回到了北平清华园，他们的通信才恢复了。在书信中，金溟若向恩师汇报了两人离别后自己的经历和文学创作、翻译情况，以及在台湾大学教书的事。

接到久未音讯的金溟若的书信，朱自清十分高兴，也十分惦念远在台湾的金溟若的情况。不料，刚刚接到金溟若的来信不久，台湾就发生了震惊中外的国民党当局镇压台湾人民的"二·二八"事件。朱自清十分担心金溟若的安危，在这一事件刚刚结束不久，就专门给金溟若去信慰问：

志超仁弟惠鉴：

前次接来信，知道令尊大人和弟的近况，很为欣慰。但是弟来信后不久，台湾就起了大变。这件事真伤脑筋，弟大概也很受惊吧？弟现在台大文学院任什么课？是用日语还是夹国语教授？最近台湾情形似乎稳定了，还得政府好好的做才成。现在一切无从说起，我们只好努力守住自己岗位工作，有一天是一天。祝好。

朱自清　三、廿九

金溟若想，他与恩师朱自清不久就会有再次见面的一天，却万万没有料到，在仅仅一年多之后，朱自清即因病与世长辞，他们再也没有见面的机会了。晚年的金溟若怀着沉痛的心情，写下了《怀念朱自清先生》一文，追忆了朱自清先生对自己文学道路上的引领，表达了自己对恩师的深沉缅怀和思念。

授业一年 影响一生

——朱自清与朱维之

朱维之（1905—1999），浙江苍南人。现代学者、翻译家。早年就读于浙江省立十中和金陵神学院。1927年投笔从戎，参加北伐军总政治部工作。1929年到福建协和大学任教，翌年赴日本中央大学和早稻田大学留学，回国后先后担任福建协和大学讲师，上海沪江大学中文系教授、系主任。1952年后担任南开大学教授、中文系主任等职。1962年加入中国作家协会。曾任中国比较文学学会顾问、中国外国文学学会顾问。著有《基督教与文学》《李卓吾论》《中国文艺思潮史略》《文艺宗教论集》《中国文艺思潮史稿》等，译著有《失乐园》《复乐园》《斗士参孙》《弥尔顿抒情诗选》《聪明之误》《宗教滑稽剧》等。

先生的引领：点点滴滴春风化雨

1919年，14岁的朱维之考入浙江省立第十中学（温州中学的前身）师范部就读。那时，新文化运动思潮云涌，他与许多热血青年一样，如饥似渴地阅读着创造社的郭沫若、郁达夫，文学研究会的冰心、朱自清等新文学作家的作品。

正所谓有缘人总会相见，1923年2月，由北大同学周予同介绍，朱自清来到浙江省立十中担任国文教员，兼任伦理学和社会学课程。未开学之前，朱维之在教员名单上看到了仰慕已久的"朱自清"的名字时，高兴得"手舞足蹈起来，快活得不敢信以为真"。他天天想，日日盼，在"焦急万分"之中终于把朱自清先生盼来了，哪承想学校教务处却偏偏没有安排朱自清先生来教朱维之所在的班级。

朱维之回忆说："那时我正是温中高年级的学生，虽是班中年纪最小的一个，却是最热心欢迎佩弦先生的一个。"当得知朱自清先生不教自己的班级时，"我们好像是从悬崖上掉下失望的深渊，觉得这是平生最大的损失"，于是他这个在班里年纪最小的学生极力怂恿"几个爱好新文艺的同班生"，"联名作去旧迎新运动"，要求朱自清先生到他们班级任课，结果竟然成功了。这样做的结果，"虽然从此被学校当局看为'头痛的'分子，我却觉得有无上的胜利的快慰"。

当时的朱自清虽然是北大高材生，在新文学上也已崭露头角，但教学经历却只有短短的两年多，还没有积累到更多的教学经验，在课堂上面对一大群比自己小不了几岁的学生，还是显得有点紧张。"上课时大家都洗耳恭听，又是为他那急促的、怕羞的样子发愁。他常在讲台上红脸、擦汗，我也好像随着他红脸、擦汗，生怕有些差错，致使那些年岁较大而爱好旧文学的同班生吐露不满之辞。他虽然没有雄辩家的口才，然而始终没有人忍心说他的坏话，因为他的认真、诚恳，感动了全体学生。"

那时，朱自清在十中工作异常繁忙。他同时担任国文、社会学、伦理学三门课程，要准备教案、讲义，要批改作文、试卷，同时还要"一字不苟地写稿"，时常还要"一大堆一大堆地写信"。

朱维之常常邀约苏渊雷、金溟若等几名爱好新文学的同学结伴到朱自清在四营巷的家中请教。朱自清告诉他们，写作没有捷径，要养成勤写的习惯，日积月累，积少成多，自然会取得进步。朱维之他们"几个喜爱涂鸦的孩子"便把积累的一本一本的所谓的"诗集"和"散文集"，怀着忐忑的心情交给朱自清先生批改。稿子送去后，过不了几天，朱自清就会发还给他们。只见上面满是紫色墨水的批改和圈圈点点的痕迹。朱维之记忆最深刻的是，朱先生在他的"诗集"上面既有鼓励又有提醒的一段批语："诸作气势奔放，佳句络绎，惟题材太狭，宜扩大生活范围。"这些满浸着先生的殷殷期盼和拳拳之心的批语，直到朱维之晚年时仍然铭刻在他的记忆中。

在朱自清先生的带动与鼓励下，朱维之与蔡雄、金贯真、苏渊雷等同学发起组织文学社"血波社"，以文会友，抒发情怀，在校园里形成了一种阅读新文学、写作新文学的新的氛围。

在一次又一次的交往过程中，朱维之感到朱自清丝毫没有先生的架子，就像自己的兄长一样亲切。

一次，朱维之随着朱自清到四营巷的家中，在路途中想到一个问题："先生的功课这样忙，怎能有时间去写那样细腻的诗歌和散文？是不是在早晚往返的途中构思的？"

朱自清笑着说："在这条荒草瓦砾、污气阵阵的路上怎样构思诗文呢？最好的文思也要被秽气冲散了。"

"那么像《毁灭》《桨声灯影里的秦淮河》那样的精心之作，是在什么地方，什么时候写的呢？"

"我每天回家去写一点，有时一天只写一二句，这样慢慢的积成一篇篇东西。"

当时，作为中学生的朱维之对朱自清所讲的这种慢慢积累的写作方法有些怀疑，因为在他的想象里，天才的写作都是倚马可待，下笔如神，一蹴而就的。后来，随着阅读的视野渐趋扩大，他读到日本作家厨川白村和他的老师小泉八云的作品，才认识到他们那些清新流利而多风趣的文章，看起来是随手拈来、不费力气的样子，却是经过审慎推敲、千锤百炼而成的。"由此，我更觉得佩弦先生所用的方法是一种标准的方法。后来我也喜欢写写文章，往往有粗心的地方；但一想到自己启蒙的老师，便不能不谨慎戒惧了。"

朱维之后来还反思过朱自清在写作上实地观察的"直接法"对自己的影响。他说："如《踪迹》集子里的《绿》是描写温州名胜仙霞山的梅雨潭风景的。我少年时也曾同样地游过那里，也曾同样地写些游记；但拿自己所写的和他的作品比一下时，便知道自己缺点所在了。他这种直接法的写作教授，虽是出于无心，但笔者却有意地接受了。"

可以说，是朱自清激发了朱维之早已潜藏的新文学爱好，把他引上了新文学道路。

学生的追随：时时处处踏实足迹

朱自清在浙江省立十中任教仅仅只有一年，但对朱维之来说，影响却是深远的。

像老师朱自清一样，后来，朱维之也走上了大学讲坛，也当过中文系主任。在这些岗位上，朱维之有时竟觉得，自己与老师朱自清有许多相似之处。当他在工作中遇到困难时，就会自觉地想，老师是怎样做的，自己应该怎样做。

他说："我的命运有几分和老师相像，年纪轻时便有'为人师'之患。十几年来，也曾被学生说是稍带怕羞的神情，往往也自己觉得匆促；但我只用'诚恳'这一样老师所曾用的武器来克服了一切困难。"

从老师身上，朱维之仿佛看到了自己的影子。对朱自清的讲课和诗文风格，朱维之有这样的感悟："老师教书或演讲时，声调平平，平得像无风无浪的壮阔江流，但水势深厚，滔滔不绝。他的诗文风格也是这样，如涨满了的潮水，一川溶溶，猗欤盛哉，但绝少波澜起伏，奇峰突兀的奇气。"朱维之的文章也与朱自清有相似之处，有人认为他"行文像泛滥的河水，滚滚东流，不舍昼夜，却缺少浊浪排空、惊涛拍岸之势"。他当众讲话时声调平淡，也与朱自清相似。他认为这是一个"大大的缺点"，非加以改正不可的。

从金陵神学院毕业后，朱维之先是投身北伐军，从事部队宣传工作，后到上海青协书局书报部担任编译员。在此期间，他在《文社月刊》《青年进步》《野声》等刊物上发表了数量众多的文章，包括论文《十年来的中国文学》《戏剧之起源与宗教》《最近中国文学之变迁》，中短篇小说《玛瑙一般的希望》《天堂里的烦恼》《天堂梦》《小丑波白》《不法的幽灵》《信条》等。

1929年初，福建协和大学校长林景润来上海招聘教师，当他读到朱维之的论文《十年来的中国文学》时，大加赞赏。该文盘点了新文化运动十年来中国文学观念的变迁和中国诗歌、小品、散文、戏剧、文学评论等文体的成就与不足，是我国较早一篇全面系统评论"五四"以来新文学的论文。林校长认为，二十出头的年纪就有这样的学术视野和见识，确为不可多得的学术人才，当即决定聘用他。

24岁的朱维之就这样踏上了大学的讲坛。

作为后来者，朱维之发现，学校里主要的课程都是先由老教授们去担任，作为初入职场的他没有选择的机会，只能去担任剩余下来的课程，而这些剩余下来的课程表面上看好像是不重要的，而其实是最难教的。因为主要课程都有现成的课本可用，参考书也有很多，因此准备起来不多费事，授起课来比较方便；而剩余下来的课程如"文艺思潮""现代文学""民间文学"等，在当时都是不易整理的材料，必须另辟蹊径，别开生面，才能站稳讲台，赢得学生的肯定。

初为人师的朱维之虽然缺乏教育教学经验，却决不肯敷衍了事。没有现成的课本和备课资料，他只能先用自己的论文作为授课大纲，每一个小时的课程都需要用很大的气力去预备。面对教学中遇到的难题，他不禁想起已到清华大学中文系任教的朱自清先生，于是去信向他求助。此后，每过一段时间，便有一个印着铅字的清华讲义邮包从北平寄到朱维之手中。这些讲义虽然不能直接用来照搬到课堂上，但在仔细阅读之后，却使朱维之明白了老师在大学教书时所用的工夫和编纂讲义的方法。

聘期满后，校方认为朱维之勤勉认真，很有培养前途，安排他赴日本中央大学和早稻田大学进修。

1936年开始，朱维之进入上海沪江大学中文系任教。他不仅认真对待教学工作，还积极鼓励青年学子爱国自强。在为沪江大学民二十九年级作词的级歌中，他这样写道："碧绿草原，自由天地，桃李芳菲，江潮漪媚。多士济济，潜心学识。乐园虽失，我侪深记，从此纯钢化成利器，于今再开自由天地。"

1948年，朱维之被任命为沪江大学中文系主任。作为教会大学的中文系一直是一个十分薄弱的系，面临的一个最大困难是学生太少，难以形成学术研究氛围——这成为沪江大学中文系最尴尬的一件事。到朱维之上任时，中文系竟然只剩下两名学生，其余的都转系了。朱维之调查这些学生转系的原因，大多说中文系教授的是佶屈聱牙的老古书，他们不感兴趣。朱维之认为，不论是从学生的兴趣出发，还是考虑到时代的变化，这种局面必须改变，否则中文系就没有前途。于是他决定"立下新方针"——"把研究的重点转移一下，就是用新的观点去研究古代的文学遗产，批评地接受外来的文学，而创造新的文学。"这个方针立定之后，在他的亲自主持下，一切系务和物色教授、计划课程内容等工作，都依照这个目标来进行。很快地，便有几个转到他系的旧学生又转回了中文系，同时还吸引来一些别系的学生加入中文系，连同新生增加到二三十人的规模，这样中文系才显出了一点生气。后来，他得知朱自清老师早在十几年前主持清华大学中文系时就已立定同样的方针，朱维之蓦然间感觉到，自己真的是受朱自清先生影响太深了，因此才会在教学方法、办系思路乃至为人处世等多个方面与朱自清先生或自觉或不自觉地如出一辙。

朱维之的一生也像老师朱自清一样，绝不赶时髦，绝不人云亦云，而是一向"谨慎着双双的脚步，一步步踏在泥土上，打上了深深的脚印"，严谨治学，笔耕不辍，终于在宗教文化、文学理论、文学翻译、外国文学史、中外比较文学等多个领域成就斐然，成为学贯中西著作等身的学术大家。

同乡·师生·挚友

——朱自清与余冠英

余冠英（1906—1995），字绍生，江苏扬州人。早年就读于清华大学历史系、中文系。1931年毕业，相继在清华大学、西南联大等校任教。新中国成立后，曾任中国科学院（1977年后为中国社会科学院）文学研究所研究员、副所长、学术委员会主任，《文学遗产》杂志主编，中国大百科全书《中国文学》编委会委员和秦汉文学主编，国家古籍整理出版规划小组顾问，中国作协理事、中国文联委员等职，当选为第三届全国人大代表，第五、六届全国政协委员。1995年9月2日在北京逝世。毕生致力于古典文学研究、古籍整理，著有《乐府诗选》《诗经选》《三曹诗选》《汉魏六朝诗选》《唐诗选》《唐宋八大家全集》等。

1921年秋，朱自清回到母校江苏省立第八中学，担任教务主任，兼任国文课教学。有一次上课时，当朱自清诵读一段古文时，坐在前排的一位瘦小的学生把头微微摇了两摇，这个小小的细节被细心的朱自清一眼瞥见。他随即中止了诵读，走到这位学生跟前，以一种谦和的态度俯身问道："你有不同的'句读'法吗？"这位学生当即站了起来，朗声说道："朱先生，我以为您刚才有两句'断'错了……"朱自清凝眉沉吟片刻，觉得对方言之有理，用鼓励的语调面对全班学生说："此生断句精当，匡正了我的谬误。古人云：'弟子不必不如师，师不必贤于弟子。'……"接着他又询问道："你叫什么名字？"学生回答说叫余冠英，并一一说了自己姓名的三个字。朱自清微笑着说："希望你努力学习，日日精进，将来成为名副其实的群英之冠。"

余冠英中学毕业后，与朱自清在清华大学再续了一段师生缘分。不仅如此，他们后来又成为清华大学和西南联合大学的同事，在一起切磋学问二十余年，超越了一般的师生情谊，结下了亦师亦友的真挚感情。余冠英以研究屈原而著称于世，不仅是现代学术史上著名的文学史大家，也是当代成就最高的人文学者之一。

一次在给清华大学学生讲课时，余冠英深情地说："我的恩师朱自清先生就像屈原一样，道德和文章都是第一流的。如果没有朱自清先生对我的教育培养，我是不会有今天的成就的……"

早年经历相似的小同乡

余冠英的家世、青少年时代的经历，许多地方与朱自清都有相似之处。朱自清出生于江苏东海县，六岁时全家搬到扬州，在扬州读了小学和中学，自称是扬州人，"生于斯，死于斯，歌哭于斯"。余冠英出生于江苏省松江县，也是在六岁时全家迁居扬州，在扬州读的小学和中学，而且巧的是，江苏省立八中是他们共同的母校。扬州旖旎的风光和浓郁的人文环境，共同陶冶了他们的性情，滋养了他们的文学素养。

朱自清的父亲当年为儿子取名"自华"，源自苏东坡"腹有诗书气自华"之诗句，寄予着对儿子读书成名的殷切期望。与朱自清重视文教的家庭一样，余冠英的父母也特别重视对孩子的文化教育。他的父亲是清朝的武职人员，母亲虽没有太多的文化，但能读书绘画。父亲对作为长子的余冠英寄予厚望，为儿子取名"冠英"，就是期盼他长大后能成为"群英之冠"。为此，从3岁起，父母就用方块卡片教他识字。余冠英从小记忆力超群，领悟能力也明显高出同龄儿童，到五六岁时，已能背诵上百首诗词。父亲常常唤他到客堂上给客人背唐诗，很快，小神童的声名就在扬州城里传开了。当时，扬州城里有一位名望很高的文化耆宿，名叫陈巽卿，是清朝的遗老，民国后仍然拖着长辫子，听说了余冠英的才名，亲自考察做主，把自己心爱的女儿陈竹因许给余冠英为妻。当年，余冠英7岁，陈竹因6岁。婚后二人相濡以沫，白头终老。

余冠英十一二岁时，白话文运动开始兴起，各种新书刊在扬州城里的书馆里都能买到。他如饥似渴地阅读那些能够找到的白话小说，读得多了，一时兴起，写出一篇滑稽小说，没想到投出去后竟被报纸予以连载。

1917年冬天，朱自清祖母在扬州病故，父亲朱鸿钧也在徐州丢了官，家境从此败落下去。恰恰也在这一年，余冠英的父亲病逝，余家家道开始中落。但他的母亲不因家境困难而放松对儿子的学习教育，总是想方设法尽量满足儿子的读书需求。扬州有两家余冠英常去的书店，母亲给了他一个折子，可先取书记账，年底一并付钱。

余冠英15岁时，考入江苏省立第八中学（后改为扬州中学）。这时朱自清正巧从浙江第一师范回到母校八中任教导主任。他想在八中有所作为，到校不久就为学校写了一首校歌。歌曰："浩浩乎长江之涛，蜀岗之云，佳气蔚八中。人格齐全，学术健全，相期自治与自动。欲求身手试豪雄，体育需兼重。人才教育今发煌，努力我八中。"

余冠英在办理入校手续时，第一次见到了矮矮胖胖身材、方方正正脸庞，身着青布褂、留着平顶头的朱自清老师。第一次见面，余冠英觉得这位年轻的教师对人态度和蔼，很感亲切。刚办过手续后不久，他又看到一位学生家长因手续不全，与朱自清老师争执起来，一方要求通融，一方坚执不允。这使余冠英感到这位表面谦和的老师，其实秉性是耿直的，发起怒来还是很严厉的。朱自清在八中担任了一段国文教学，不久后因与校长意见不合，辞职而去。虽然，二人这段师生关系时间不长，由于本文开头朱自清虚怀若谷激励自己的那特殊一幕，却给余冠英留下了深刻的印象。

老师为学生作小传

学生时代的朱自清，性格沉稳，不喜社交，不爱活动，一心只读圣贤书。与朱自清不同，学生时代的余冠英却是一个同学们公认的活跃分子。他在学业功课之余很喜欢玩。那时学校里没有像样的跑道，他常常从城墙坍塌处登上城楼，在城墙上快步跑回家，距离差不多有半圈城了。一次，在省立八中举行的运动会上，冠英一举夺得了跳高、跳远、百米短跑、一百一十米低栏四项冠军，成了学校里小有名气的"体育明星"。

20世纪20年代，是中国革命风起云涌的时代。受到时代风潮的影响，余冠英开始阅读进步书刊，接触反帝反封建的民主革命思想，结交了许多追求进步的同学朋友。1925年"五卅"运动爆发，扬州爱国学生奋起声援，余冠英被推举为新成立的扬州学生联合会的第一任会长。他组织学生游行，邀请恽代英等知名进步人士到学校讲演，扬州城一时风起云涌。

1926年，时年20岁的余冠英以优异的成绩考入清华大学历史系，后转入中国文学系。当时清华园名师荟萃，鸿儒云集，杨树达、陈寅恪、黄节、刘文典、朱自清、俞平伯等著名学者都为余冠英讲过课。

在众多先生中，由于是同乡关系，更由于在扬州已经有过的那段师生缘分，余冠英与朱自清在感情上更为亲近，交往也更为密切。在一次闲谈中，朱自清得知余冠英的父亲与自己父亲原本是好朋友，再往下说，余的岳父陈巽卿又是其父朱鸿钧的金兰兄弟。从此以后，朱自清就以平辈对待余冠英，但余冠英始终对自己心目中崇敬的朱先生执弟子礼。

余冠英在大学一年级时，秘密加入了中国共产党，后来他还介绍同宿舍一个叫朱理治的经济系学生入了党。"四·一二"事件发生之后，北京的奉系军阀大肆抓捕共产党人。有一次，军阀部队到清华园里抓人，情势十分危急，余冠英带着朱理治，藏在朱自清家里，躲了一宿，第二天两个人才分手。朱自清冒着生命危险对学生施以援手，使余冠英跟朱自清老师在心理上更加亲密了。

在清华大学学生的眼里，朱自清是一个既待人谦逊平和又非常坚持原则的师长。学生们既敬仰他渊博的学识，喜欢接近他，同时又惧怕他的严格，都有点怕他。他对教学态度极为认真，对每一名学生的作业都是精批细改，连一个标点也不肯放过。在他的课堂上，纪律要求十分严格，每堂课都要亲自点名。如若发现有哪个学生没来上课，第二天他会把那个学生叫到面前，问清楚缺课原因，常常弄得对方面红耳赤，连忙道歉。他教的课，经常要求学生默写和背诵，错了要扣分记录在案，以致有些学生对选修朱先生的课感到发怵。

余冠英喜欢朱自清对学术的严谨认真，不仅选了朱先生的多门课，还把自己撰写的各类文章请朱先生过目批改。朱自清不但详尽地提出自己的意见，还常常拿出自己的文章与他一起讨论。朱自清是中国现代文学史上有杰出建树、有独特风格的散文大家，曾被时人评为"白话美术文的模范"，《荷塘月色》《桨声灯影里的秦淮河》《温州的踪迹》等名篇情景交融，历久传诵，以至影响着几代人的散文写作。余冠英时常与朱自清讨论切磋，自然获益匪浅，因而余冠英年轻时的散文、小品、小说也写得很有一些自己的个性和味道了。

朱自清的新诗在当时已经很有名气，但他偶然也作些旧诗，学杜诗风格，填些旧词，风格接近唐代温庭筠、韦庄等"花间派"。同事或朋友们要看时，他总是自谦地说，都是一些练习之作，见不得人的。那时余冠英在学校里编《清华周刊》，非要将诗发在文艺栏里，朱自清无奈，但表示要用笔名，不能署真名。

尤其应该记上一笔的是，1930年应清华年刊之约，朱自清还曾为作为学生的余冠英写过小传。写第一稿时，依照年刊惯例，小传用调谑的口吻，写得诙谐生动。后来，作为本系教授的朱自清觉得，对学生开玩笑似乎不甚得体，于是又改为庄重的写法，用文言写成。小传中说余冠英是"狷者之流"，即性情正直，不肯同流合污的人，"外温然无圭角而内颇有所守"，还说余冠英为文是"理胜于辞"。余冠英看后笑着对朱自清说："别人也正是这样评论你的啊！"朱自清听后笑了，似乎默认了他们师生两人确实是同样类型的人。

在清华大学，有朱自清等一批名师的精心指导，余冠英在学业上进步很快。除了听课，他把大多数时间泡在学校图书馆中，着重阅读了大量的中国古典文学作品。他在主修中国古典诗歌的同时，还喜欢创作新诗。大学四年级时，余冠英和曹葆华、郝御风等几个同学组织了一个"唧唧诗社"，每作一诗，社友们都要评头品足，在相互切磋之中体味作诗之欢乐。除诗歌之外，余冠英的小品、散文、小说也很出色。他用汉朝大将"灌婴"之谐音为笔名，大多发表在《清华周刊》及《中国文学会刊》上。后来，这些文章有的被人民文学出版社编的《当代散文精华》收入，有的被收入朱自清编的《中国新文学大系》。

同时代在清华大学读书的吴组湘（后成为著名作家、教授、学者）在《谈谈清华的文风》一文中，曾高度评价余冠英当时的作品，称余冠英是当时清华的代表作家，代表了清华的文风："园子里常写东西的人，我不妨先谈灌婴君。我就打算派他是清华园的代表作家，因为他的文章，最能代表清华园的文风，他善长于小品、散文，……他的文章底委婉，冲淡处像朱佩弦（朱自清）先生和英国贝尔磅，轻快、趣味处象周作人、俞平伯二先生。至于纤巧绮丽处则是他自己的。"

亦师亦友，情谊恒久

1931年夏，余冠英以《论新诗》为题通过了毕业论文，留在清华大学担任助教。有了安身立命的固定职业，他打算将家眷从南方老家接来，但是在清华园内一时找不到合适的住处，朱自清得知后，将自己在清华北院的住宅腾出了两间，借给余家使用。这样，两家人住在了一个屋檐下，更加亲近了。朱自清的新婚夫人名竹隐，余冠英的夫人名竹因，两人名字字音相近，巧的是又同姓陈，学生们戏称他们两家的寓所为"四个斋"，课余常来叙谈。就这样，两家比户而居了大约三年后，余家才搬到清华园里的照澜院宿舍。

1937年"七·七"事变爆发后，余冠英携家眷回到扬州避难。孩子无法上学，他就亲自教孩子读《古文观止》和英文。1938年暑假，由清华、北大、南开组成的西南联合大学在昆明复学，由朱自清主持中文系。余冠英得知后，携家小由上海坐船到越南，再由滇越铁路辗转赶到昆明，出任联大师范学院的讲师，后又擢升为副教授、教授。

在抗战后方的昆明，生活是异常艰苦的。余家住在山脚下的老乡家里，楼下就是猪圈，居家环境臭烘烘的。余冠英每周两次从乡下到学校上课，要步行十几里，非常辛苦。尽管如此，余冠英每夜读书写作，常常忙到大半夜。1940年9月，为"促进国文教学以及补充青年学子自修国文的材料"，朱自清发起创办《国文月刊》，在开明书店出版。从第3期开始，朱自清信任地把刊物交给余冠英，由余冠英担任主编。此刊至抗战胜利出到第40期，历时5年，在当时的国文教育界产生了很大影响。后来，朱自清又发起创办《语言与文学》周刊（《新生报》副刊），也是由余冠英代朱自清编辑。经常在这些刊物撰稿的，除了朱自清和余冠英外，还有闻一多、罗常培、浦江清、王力、沈从文、游国恩、李广田、陈梦家、肖涤非、李嘉言、张清常等许多著名学者、教授、作家。

抗战胜利后，清华大学复员，返回北平的清华园。朱自清重任清华中文系主任，余冠英担任教授，讲授"中国文学史"和"汉魏六朝诗"。两人办公室恰巧门对门，宿舍也都在清华园内，相距很近，两家依然过从甚密。朱自清爱吃零食，尤其爱吃花生米，但他长期生活不安定，家庭负担重，加之过度劳累，胃病十几年来一直折磨着他。余冠英等朋友常限制他吃零食，怕加重他的胃痛，朱自清就像小孩子讨饶似的央求说："只吃十颗好吗？哪怕五颗，三颗也行呵！"此时的朱自清跟余冠英之间，已经不仅是亲密无间的师生，更是学术上和生活中的挚友了。

在朱自清生命的最后几年，余冠英与老师一同经历了李公朴、闻一多等著名教授相继被害，国民党反动派的独裁行径使他们的思想受到很大震动。在后来清华等校广大师生多次开展反内战、反独裁、反饥饿斗争，在激烈的历史命运的抉择中，余冠英坚决地和老师朱自清站在一起。1948年6月18日，余冠英与朱自清同金岳霖、吴晗、陈梦家、钱伟长、朱德熙等著名学者一起，毅然在著名的"百十师长严正声明"（即《抗议美国扶日政策并拒绝领取美援面粉宣言》）上签了名。

这时，朱自清的胃病越来越严重，吃食物如受大刑，动辄大呕大吐，瘦得体重只剩下七十多斤。在生命的最后日子里，越来越浓的思乡病也缠绵着他的思绪，听说余冠英的妻子要回扬州老家，他特地嘱托余冠英写信，回北平时带几样大麦面制作的扬州食物。

这年8月6日凌晨四时，朱自清感到胃部剧痛，难以忍受，当日住进北大医院。余冠英早知老师的胃病拖延了十几年，心想这次总算下决心做一个彻底的治疗，他期盼着老师早日摆脱病魔的纠缠。他知道老师一向不愿麻烦别人，但为了老师的健康，他瞒着老师，与同事吴晓铃一同找到时任北京大学校长胡适，请胡适校长对北大医院打个招呼，特别关照一下朱自清的治疗过程。他们拿着胡适的名片与医院方面的负责人做了沟通，才稍稍放下心来。

不料，朱自清的病情积重难返，胃穿孔严重，虽做了手术，仍未能挽回生命，住院仅仅一周时间即猝然离世，这让余冠英感情上实在难以接受。在心痛又悲痛的心境中，余冠英顾不得字斟句酌，回忆着自己与老师在学术切磋和生活交往中的点点滴滴，在泪眼模糊中，写下了一副挽联：

许商也言诗每当著书余闲密咏恬吟亲教我
正悲哉秋气重过荷塘旧地西风落日倍伤神

朱自清在学术上的严谨态度和做事的认真精神深深地影响着余冠英。在此后数十年的学术生涯中，他在学术上潜心耕耘，一丝不苟，取得了累累硕果。他主持编撰的《中国文学史》（三卷本）1962年出版后，被认为是"新中国成立以来文学史研究工作的一大收获"，半个多世纪以来仍在国内文学史界一直产生着较大的影响，堪称古代文学研究的里程碑之作。他主持编选的《诗经选》《乐府诗选》《三曹诗选》

《汉魏六朝诗选》《唐诗选》等古代诗歌选本被认为是最高水准的选本。直到年近八旬，他还在做学术研究，带博士生，担任《文学遗产》杂志的主编。

师对生的用心用力
——朱自清与李健吾

李健吾（1906—1982），笔名刘西渭，山西运城（今运城市盐湖区）人。在国立北京师范大学附中读书时，与同学组织文学团体曦社，创办文学刊物《国风日报》副刊《爝火》，开始发表小说、剧本。1925年考入清华大学，同年加入文学研究会。1931年赴法国巴黎现代语言专修学校留学。1933年回国后，历任暨南大学教授、上海孔德研究所研究员、上海市戏剧专科学校教授等。抗日战争期间在上海从事进步戏剧运动。抗战胜利后，与郑振铎合编《文艺复兴》杂志。新中国成立后，历任北京大学文学研究所、中国科学院文学研究所、外国文学研究所研究员，国务院学位委员会评议组成员、全国文联委员、中国外国文学学会理事、中国戏剧家协会理事、中国法国文学研究会名誉会长等职。1982年11月24日在北京逝世。

李健吾在戏剧、小说、散文、文学批评、文学翻译、法国文学研究等多个领域都堪称大家，是中国现当代文学史上一个罕见的"通才"。

作为朱自清在清华大学教的第一届学生，朱自清对他一生在文学创作和学术研究上的影响是深远的，也是他一生铭记在心的。

朱自清建议李健吾改读外文系

　　1925年暑假过后，朱自清经胡适推荐，应聘到清华学校大学部担任中国文学系的教授。李健吾这时刚好从北京师范大学附属中学毕业，考取清华中文系。上第一堂课，朱自清拿起花名册点名，念到李健吾的名字时，问道："李健吾，这个名字怪熟的，你是不是常在报纸上发表文章的那个李健吾？"李健吾站起来恭恭敬敬地回答："是学生。""那我算是早就认识你啦！"朱自清高兴地说。课后，朱自清对李健吾说："看来你是有志于创作的，念中文系不相宜，还是转到西洋文学系去读吧。"当时中文系主要课程都是古典文献，号称"国学专修馆"，所以朱自清给出这么一个建议，而这个建议影响了他一生的发展走向。

　　在中文系勉勉强强读了两年，遗憾的是他几乎是养了两年的病——肋膜炎并发肺病折磨着他，让他无法静心读书。这两年的课程，大部分是朱自清指导的，他的国文卷子和旧诗词，也都是朱自清亲自批改的。他后来回忆说，"我只记得当时他改国文卷是一个字一个字地改，不敷衍苟且，让我知道字的价值，一句话甚至一个字都是有用的"。

　　在养病期间，李健吾继续自己在中学时期开启的写作事业，写了一些小说、散文、诗歌等体裁的文学作品。每写一篇作品，他都要私下里请朱自清过目。那时的朱自清虽然只有二十七八岁，但已是名闻全国的新文学诗人和白话文作家。当然，朱自清更是一位热爱教育事业、诲人不倦的教师，对李健吾拿来的每一篇文章，他都要仔细阅读，提出中肯的意见。指点和推荐学生的作品，已成了朱自清的一个习惯。李健吾从中受益颇多。

大学第三年，李健吾转入西洋文学系（1928年改称为外国文学系）。师生虽不在一个系了，但李健吾每写下一篇作品，仍然要先拿给朱自清看。他一生都把朱自清当作导师，称朱自清是对自己的散文写作影响最深的人，自己是在朱自清的"熏陶之下成长起来的"。

在清华读书期间，朱自清还与李健吾合译过一篇文章，题目是《为诗而诗》。这篇文章是英国著名的文艺批评家布拉德雷在就任牛津大学诗学教授典礼上的演讲词，收入他的《牛津诗讲》一书中。文章分两次连载，发表在上海立达学会编辑出版的综合性月刊《一般》杂志1927年第三卷第三号、第四卷第五号上。署名时李健吾在前，朱自清在后，可能是由李健吾初译，经过朱自清修改润色定稿的。

朱自清为李健吾中篇小说写评论

1926年，由王统照介绍，李健吾加入了文学研究会。这样，他与1921年加入文学研究会的朱自清开始共同参与文学研究会的一些活动，在文学的表现和价值取向上有了更多的共同语言。

在人才济济的清华园里，李健吾很快就以独具风格的文学创作脱颖而出，成为清华师生眼中当之无愧的"清华才子"。

除了在《清华文艺》上发表小说、散文、剧本、文学评论和译诗外，他还于1928年和1931年分别结集出版了两部中短篇小说集《西山之云》（北新书局出版）和《坛子》（上海开明书店）。其中，先发表于《清华文艺》1927年第五期，后收入《坛子》中，大约三万五千字的中篇小说《一个兵和他的老婆》，堪称他在清华读书时期的小说代表作。

这篇小说讲的是，民国初年，一个既粗俗孤陋又圆滑机警的旧军队排长王有德，在机缘巧合的情况下，救了一个正在遭受几个士兵欺凌的姑娘章玉姐，几经周折，与章玉姐终成眷属的故事。小说全篇用晋南方言写成，通篇机智幽默，读来轻松畅快。不论是在故事情节的曲折上，典型人物的塑造上，还是叙事人称的选择上，以及人物的心理刻画上，都表现出作者的匠心独运，显示了作者深厚的文学功底和洋溢的才情，被誉为"现代小说史上的一朵奇葩"（评论家韩石山语）。

李健吾的"拟人"作风也感染了朱自清。他为《一个兵和他的老婆》写了一篇评论文章，全篇特意"拟"了评论对象的文体。他模拟作者的晋南方言，起首一句便是："我已经念完勒《一个兵和他的老婆》得故事。我说，健吾，真有你的！"王有德是一个独特的大兵的形象，他没有温文尔雅的气质，也不是振臂一呼的英雄，但他在突兀的事件面前，善于利用条件和心理攻略进行自我防护，多次化险为夷，机智灵活，令人难忘。正如朱自清说，"我说，这个兵够人味儿。他是个粗透勒顶得粗人，可是他又是个机灵不过得人"。在《论白话》一文中，他称赞作者的语言："李健吾先生的《一个兵和他的老婆》（现收入《坛子》中）是一个理想的故事，可是生动极了。"

朱自清为李健吾剧本写序文

1930年夏，李健吾从清华大学外文系毕业，留校给系主任王文显教授当了一年助教。翌年8月，在陕西省主席杨虎城、山西省主席商震及七叔李少白的资助下，他得到出国留学的机会，与利用休假赴欧洲游学的朱自清和清华同班同学徐士瑚一起，踏上了前往欧洲的旅程。

列车行驶在茫茫无垠的西伯利亚大平原上，他们悠闲地观赏着大平原上的落日景色。"车窗外，平原渐渐苍茫起来，边际不像白天那样分明，似乎伸展到无穷无尽的样子。西边一大片深深浅浅的金光，像是一个水波浩渺的大海。他们俯在窗口，一边观看着，一边指点着，这些是岛屿，那些是船只，瞧，还在微风中摇动呢。那金色真是绚烂极了，他们此生都从未见过。在朱自清看来，勉强打个比喻，也许像熊熊的火焰，又觉得火焰究竟太平凡了。那深深浅浅的调子，倒有些像名油画家的画板，浓一块淡一块的，虽不经意，而每一点一堆都可见出它的精神，它的姿态。他们说起'霞'这个名字，朱自清觉得声调很响亮，恰似充满了光明似的。又说'晚霞'这个词，细细品味，'晚'的声调带一些冥没的意味，令人有'已近黄昏'之感。李健吾说，英文中没有与'霞'相当的词，只能叫'落日'。朱自清感慨地说，若果真如此，我们未免要为英国人怅惘了。"

在法国留学期间，传来了日本侵略者发动"九·一八"事变，不久东北大片国土沦丧的消息，李健吾感到异常激愤。不久，又传来了"一·二八"淞沪抗战的消息，他才感到了些许的振奋。很快地，李健吾写出了两个剧本，一个以辽沈失守为背景，取名《火线之外》（三幕剧），一个以淞沪抗战为背景，定名为《火线之内》（四幕剧）。

1932年5月，恰遇朱自清从伦敦来巴黎游览，读了《火线之内》，在游览的余暇，他抽空为李健吾这本剧本写了一篇序文。在序文中，朱自清说，这回中日的战争，是我们的耻辱，也是我们的光荣，有十九路军的抵抗，别人和我们自己才感觉到我们居然还活着，没有全变成墓中的枯骨。但这口活气是好容易才争得着的，多少老少男女，多少将领兵士，多少血，多少肉，才换来这一点儿。这血肉模糊的一页历史，应该有声有色地写下来，让大家警醒着，鼓励着，前头是希望的路，得看准方向拼命地走上去；不然，耻辱到底还是耻辱，而且不止于耻辱。

对于李健吾远离故国身在海外而关心国家前途命运的精神，朱自清表现出由衷的赞赏：

近来上海是人文荟萃的地方。这回身历其境的人，耳闻目睹，有的是第一等的材料；他们应该能写出些有价值的东西。可惜我还在海外，还不知道。新近来到巴黎，却听说有两位在给上海战事写戏，其中一位便是李健吾先生，本戏的作者。这个消息虽然不能算出我意外，却也让我惊奇了一下。我想报纸上的材料怕不够力量吧。但是李先生的戏写成了，他的想象的力量很够用；看，这里不是一本有声有色的戏！

朱自清为李健吾长篇小说在文学史上定位

1933年秋，李健吾回国后，曾与朱自清、周作人、杨振声、沈从文等一起参与了郑振铎主持的大型文学刊物《文学季刊》的编辑工作。10月31日，朱自清与周作人、杨振声、郑振铎、沈从文、靳以等，参加了李健吾与尤淑芬在北平长安街骑河楼清华同学会会所举行的婚礼。

这年11月，李健吾的长篇小说《心病》由上海开明书店出版。这部小说写于三年多以前，当时他还在清华大学读书，完稿后曾拿给朱自清先行过目，后经朱自清推荐，从1931年1月开始在叶圣陶编辑的《妇女杂志》上连载，直到当年11月才连载完毕。

《心病》是李健吾一生中创作的唯一一部长篇小说。篇幅不算很长，只有13万字。其在文学史上的意义，在于它是中国新文学史上第一部用意识流手法完成的长篇作品。

小说描述的是一对青年人的爱情悲剧。一位从老家来到北京读书的青年陈蔚成，寄住在舅舅家中，过着寄人篱下的生活。舅舅私自吞没了父亲寄给他的钱，使他常常交不出学杂费，想回家乡又付不起路费。一气之下，他剪断电线自杀，却被人救活。陈蔚成被救活后，神经错乱，舅母见状，就急急地挑了个日子让他与父亲早定下的女家完婚。新婚之日，新娘才发现陈蔚成并不是自己想象中年轻有为的大学生，而是一个神经有毛病的男人。在洞房花烛之夜，新娘恐惧地躲着新郎。作为新郎的陈蔚成不愿拖累一个无辜的女子，终于离家出走。小说分上、中、下三卷，上卷是主人公陈蔚成的自述，写他所生活的洪家；中卷写陈蔚成的未婚妻秦绣云家；下卷先写洪家，次写秦家，接着又是陈蔚成自述。小说十分注重人物意识活动的描写，其中有大段大段的主人公陈蔚成和秦绣云的自由联想和内心独白，还有多处乔伊斯式的潜意识和梦幻意识描写。

这部长篇小说是根据当时报纸上一则真实的报道改写的，李健吾在跋中说："描写的对象是我们病态社会的一个角落，没有人过问，冷在旁边永远发霉。生活在这阴暗角落的男女，蒙着传统的灰尘，呼吸着恶浊的空气，心情自然不健康，在我们这偌大的社会，这些落伍者，几乎比比皆是。通过这些作品，我们可以清楚地看到中国社会在新旧交替时候的现象，以及在不新不旧中无辜牺牲的青年男女。"

《心病》出版后，朱自清对李健吾新手法的运用很是称赞，专门写了评价文章。他指出，中国的新文学，直到近两年才有不以故事为主而专门描写心理的，像施蛰存的《石秀》诸篇便是，读者的反映似乎也不坏。这是一个进展。施蛰存只写了些短篇，长篇要算李健吾的《心病》为第一部。施蛰存的描写还依着逻辑的顺序，李健吾的有些地方却只是意识流的记录。这是一种新手法，李健吾承认自己是受了英国作家伍尔芙的影响。我们平常总不仔细分析人的心理，乍看这本书的描写，觉得有些生疏，反常，静静去想，却觉得入情入理。书中暗示着一种超人的力量，似乎命运在这里伸出一双手，播弄着一切。全书虽只涉及小小的世界，在那小世界里，却处处关联着，几乎可以说是不漏一滴水，见出智慧的力量。（朱自清《读〈心病〉》）。

朱自清的评价中肯，可谓一语中的。李健吾有意识地使用意识流小说的艺术手法进行长篇小说创作，这在现代文学中是破天荒的，而且使用得是那样娴熟，几乎丝毫没有生硬之感，十分难得。

新婚之后的李健吾一时没有找到合适的职业，朱自清看在眼里，很为这个极有才华的弟子着急。他与杨振声商量后，把李健吾推荐给胡适主持的中华教育文化基金董事会下属的编译委员会。李健吾在编译委员会里，担任法国文学编译工作，这一工作既是自己喜欢的，又有每月150元的稿费补助，真是一举两得，他从心底里感谢两位老师——他的老师是真正懂他的，爱他的，惜他的。

1935年夏，时任上海暨南大学文学院院长的郑振铎聘任李健吾为法国文学教授，从此，李健吾与朱自清天各一方。1937年上海沦陷后，李健吾因病只能困居租界。而朱自清从北平辗转长沙、昆明，在西南联大任教。他们之间时常通信，但直到朱自清在北平病逝，十几年间，再也没有见过面。在1948年8月30日文协与清华同学会联合举行的朱自清先生追悼会上，在谈到自己受到朱自清先生影响至深时，李健吾情绪激动地说了这样一句话：

"假如我有一点好，我所受的他的影响是无法估计的。"

"淡如水的君子之交"

——朱自清与柳无忌

柳无忌（1907—2002），原名柳锡祯，笔名啸霞、萧亚、深溪、无忌，江苏吴江人，近现代著名诗人柳亚子之子。早年就读于清华学校，后留学美国，获得耶鲁大学文学博士学位，曾先后担任南开大学、长沙临时大学、西南联合大学、重庆中央大学和美国劳伦斯大学、耶鲁大学、匹兹堡大学、印第安纳大学教授，长期致力于中外文学的研究、教学与交流，著有中英文著作近50种，是公认的中西比较文学的重要开拓者之一，被中美学术界誉为沟通中国文学与西方文学的桥梁。1976年退休后筹建国际南社学会，被推为会长。2002年10月在美国旧金山逝世。

18岁时，柳无忌进入清华园求学，成为朱自清的学生，由此与朱自清结缘。他们之间先是师生，后又成为一起任教的同事。柳无忌从心底里敬重自己的老师朱自清，说"在现代中国作家中间，朱自清是少有的君子人。我对他有深厚的敬意，同样的在道德与文章方面"。在谈到两人之间的情谊时，柳无忌说他们是"淡如水的君子之交"。

清华园里结缘

生活在诗书传家的氛围里，柳无忌自幼爱好读书，10岁即随父亲参加文学团体"南社"的活动。17岁时，他就能将拜伦的《哀希腊》一诗译成中文。由于较早就大量接触到中国古典文学和西方翻译文学经典作品，他在中、西文化两方面都打下了比较扎实的根底。

1925年，柳无忌进入北京清华学校化学专业预科学习。他之所以选修化学专业，是因为当时他想"研究及制造在欧战（第一次世界大战）末期用过的毒瓦斯弹，那是当时认为破坏力最强大的武器，可以置一切外来侵略者于死地"。然而，在攻读化学专业的过程中，他遇到了一些难以逾越的障碍。他后来回忆道："说起来惭愧得很，在大学内读了两年化学，没有成绩，遂中途而废。在理论与算学方面，我有相当把握，困难却在有机化学的实验室内，手的动作欠灵活，天平弄不准，玻璃管拿不稳。我的实验老是不得要领，没有获得预期的结果，我绝望了。"在绝望之际，在中文系朱自清教授与同班同学朱湘的指引下，他改学西洋文学专业。

仰慕朱自清教授的盛名，柳无忌选修了他的杜甫和李白课程。这时，他才更加深入中国古典文学的堂奥，感受到中国古典文学的无穷魅力。在朱自清循循善诱的引领之下，柳无忌的学术研究上了轨道，渐入"柳暗花明又一村"的佳境。学期结束时，他完成了一篇长达2万多字的李杜诗比较论文，呈交给朱自清。朱自清认为这篇论文言之有物，观点独特，方法新颖，很为赞许。

由此，柳无忌对文学的兴趣大增。他参加了清华文学社，每逢星期六下午或晚上，他与文学社的社员们聚集在清华园的工字厅内或荷花池畔，相互之间交流读书及创作心得。

朱自清是文学社的指导老师，柳无忌经常有机会得到朱自清的当面指导，感到与单纯读书相比，又有另一种难得的受益。在这期间，柳无忌创作了不少文学作品，1927年5月，还在《清华周刊》"学术研究"栏上连续发表了数篇研究著作，其中的《苏曼殊年谱》《苏曼殊年谱（续）》，在苏曼殊研究史上是很重要的收获，显示了这位年轻学者的学术实力。

1927年6月，柳无忌从清华毕业，赴美国留学深造。历四年，柳无忌获得美国耶鲁大学文学博士学位。按学校校规，他获资格申请赴欧洲进修一年。1931年秋，柳无忌由美国纽约乘英轮跨越大西洋，踏上了前往伦敦的旅程。

雾都伦敦同游

1931年10月的一天下午，柳无忌在伦敦不列颠博物院附近一条街上散步，迎面走来一位身材不高，身着长衫的中国人。他觉得此人十分面熟，走近一看，顿时让他喜出望外，这位竟是自己出国阔别四年的清华恩师朱自清先生。几乎同时，朱自清也惊讶地认出了眼前这位正是自己印象十分深刻的清华学生。原来，朱自清在清华执教满五年，校方允其公费出国游学一年，此番越洋首站即选在伦敦，两人遂有缘在异域相遇。这次不期而遇，虽是师生关系，却大有"他乡遇故知"的惊喜之感。

那时，朱自清的英文会话尚有困难，而柳无忌已在美国居留了四年，异域生活已经比较习惯。为了在异国他乡相互有个照应，同时排遣身处异国他乡的寂寞，两人商定结伴同行同寓。经过一番努力，在伦敦西北郊的芬乞来路上，他们找到一处出租的老房子。那时，朱自清家累较重，先挑了一间面积略小、位置略差的侧房住下，留了一间正房给柳无忌。房东歇卜士太太温文有礼，待人诚恳，她非常欢迎来自中国的客人，对这对师生招待得十分周到。

安顿好了住处，此后每天一清早，朱自清和柳无忌同坐公共汽车进城，到大不列颠博物院附近分手，各奔自己的目的地。柳无忌大都终日埋首在博物院里翻阅中国旧书，特别是一些通俗小说，同时前往伦敦大学某女子学院，慕名旁听著名德国学者罗勃生主讲的德国文学史。朱自清则忙于参观博物馆，瞻仰文人室，游公园，逛市场，跑书店，天天早出晚归。

有时，柳无忌和朱自清也相约一起行动。在周末，他们常常一起游览伦敦的名胜古迹。英国的名人故居保护得较好，他们曾一起前往伦敦市北汉姆司台德区，凭吊英国浪漫诗人济慈的故居。济慈故居房屋背后有一个大花园，遍布绿草繁花，静如隔世。据与济慈同住在一起的朋友布朗追记："1819年春天，有只夜莺在屋子近处做巢，济慈常静听它的唱歌以自悦。一天早上吃完饭，他端起一把椅子，坐在草地上的梅树下，直坐了二三点钟。进屋子的时候，见他拿着张纸片儿，塞在书后面去。问他，才知道是歌咏我们的夜莺之作。"他们到达那里的时候，可惜的是那棵老梅树已经枯死。在那里，他们还有幸拜读到了《夜莺歌》的复制件，感到收获颇丰。

在伦敦期间，出于对英国文学的共同爱好，他们还结伴去听英国近代诗人德麦拉的演讲，德氏白发苍苍，态度端庄，语音和悦，讲话富有诗意，给他们留下了深刻的印象。

英国不列颠博物院附近有一家"诗籍铺"，设在一座建筑物的地下室里。诗铺是著名诗人赫洛德孟罗于1912年创办的，其用意在于让诗歌在社会上产生影响。诗籍铺里陈列着各式各样的新诗集子和杂志，给人以美不胜收的感觉。这里每周四定期在晚上举行"读诗会"，柳无忌和朱自清也去听过几回。

直到那年的圣诞节前后，柳无忌已在伦敦看完博物院内所有的中国通俗文艺藏书，选修完一学期的德国文学史，将赴法国巴黎继续研读中国旧小说和戏剧及法国文学，才与朱自清依依惜别，离开了伦敦的芬乞来寓所。

1932年春天，柳无忌重回英国伦敦，又与朱自清重逢了。4月20日，他和高茝鸿女士于伦敦领事馆结婚。婚后不久，朱自清陪同柳氏夫妇来到莎士比亚故乡新落成的斯特拉福特大戏院连观三天大戏，同时还参观了那里的贵族子弟大学预备学校及牛津大学。接着，柳无忌夫妇和朱自清商议相约欧洲旅行，于五六月间结伴同游了欧洲的英国、法国、德国、意大利、瑞士等国的许多名胜古迹，不仅饱览了丰富多彩的异域文化，还从中了解到当地人民的风俗习惯。

令柳无忌夫妇和朱自清最开心的，是游览有如江南水乡的威尼斯城，它风光旖旎，如梦如幻，与中国的苏州有诸多相似之处。看着那里的小桥、流水、人家，勾起了他们心绪间对故乡丝丝缕缕的乡愁。

南开再度合作

1932年7月，柳无忌回国，经南开大学理学院教授杨石先推荐，应聘到南开英国文学系任教。一年后，英文系首任系主任陈逵辞职，系主任的重担便落到了26岁的柳无忌肩上。

当时，南开大学英文系刚刚开始创立，柳无忌怀着极大热情主持该系的工作。他提出创办英文系的三大任务，完善课程体系，规划合理的师资队伍，实行严格的管理制度与宽松的社团活动相结合，这些举措奠定了南开英文系的传统。尤其是他本着"广博而精深"的原则设置英文系的课程，注重培养学生的实用能力，带领全系师生组织文学社团、出版英文刊物、上演英语话剧，开展丰富多彩的课余活动，形成了南开英文系的办系特色。他还邀请朱自清、孙大雨、朱湘、罗念生等著名作家学者先后莅校演讲，扩大南开学生的文学和学术视野。在柳无忌的不懈努力下，南开大学英文系虽然创办不久，却很快就在国内高校中独树一帜，名声大振。

柳无忌特别注意鼓励大学生们对于写作及翻译的兴趣，鼓励他们在刊物上发表文章——他认为"报章杂志是从事文学者的实验室"。为了给学生开辟写作的阵地，1935年初，柳无忌与罗皑岚教授在南开共同发起组织人生与文学社，并亲自担任《人生与文学》杂志主编。柳无忌在创刊号上发表文坛短评《说话难》、杂感《一个理想的实验剧院》、诗歌《病中》等作品；这一年的5月10日，柳无忌还以朱自清所作的《欧游杂记》发表书评，署名无忌。

刊物初创时，写稿者大部分是南开的大学生，为了进一步扩大影响，柳无忌广邀社会知名学者、作家写稿，其中有朱自清、朱湘、罗念生、陈麟瑞等人。这一时期，柳无忌和朱自清时有往来，文学和学术交流密切，这对师生开始了又一段特殊的合作。

1935年5月24日，应柳无忌与好友罗皑岚邀请，朱自清到南开讲授《中国方言问题》。当晚，他在柳无忌、罗皑岚陪同下，来到秀山堂一个大教室里，听众早已济济一堂，连理工科的许多大学生亦慕名而至。

讲座结束，朱自清与二十余名学生进行了座谈。之后，柳无忌、罗皑岚还邀请朱自清到罗皑岚家中做客，谈古说今直进行到深夜。朱自清临别时，在罗皑岚的日记簿上题了如下赠言："一别多年，重逢高兴之至！"留作纪念。6月6日，朱自清认真整理了在南开大学英文学会的演讲稿《语文杂谈》，交给《人生与文学》发表。

一个月后，1935年7月，柳无忌又在《人生与文学》刊物上主持举办"造国新趋势"的描写文比赛,特聘朱自清、张彭春、水同天为评委。此后,朱自清常常应柳无忌、罗皑岚等人之邀到南开大学作学术报告。

在朱自清等人的大力扶持下,柳无忌和罗皑岚主持的《人生与文学》杂志办得有声有色,很受大学生欢迎。刊物出版历时两年之久,共出刊十期,发行销售点达十六个大中城市,不仅带动了一大批文学青年参加,还培养出一些年轻的作家,如当初在河北省立女子师范读书的张秀亚,因为得到柳无忌和罗皑岚的鼓励,发表了一批新诗和散文,20世纪五六十年代成为台湾文坛知名的女作家。

同校执教三年

1937年卢沟桥事变爆发后,华北地区各大学面临着弥漫的战火,不得不向南部地区迁徙。11月初,南开与清华、北大合组长沙临时大学。开学在即,柳无忌与朱自清分别从天津和北平冒着生命危险,辗转到达长沙报到,他们在长沙又一次相遇了。

战时条件非常艰苦,一切只能因陋就简。由于校舍严重不足,校方将文学院设在南岳衡山的圣经书院,称为"临时大学南岳分校"。柳无忌与朱自清和其他教师乘车由长沙同赴南岳。当时教学条件非常差,参考资料匮乏,讲课时连块黑板都没有。在这样的艰苦环境下,大家和衷共济,克服困难,尽力设法教好临大的每一名学生。

长沙临时大学文学院集中了三所顶尖大学的精华,教授阵容可谓"豪华"。当时,流传着一首姓名诗,囊括了在南岳执教的19位文史哲教授的大名,颇为风趣。诗云:

冯阑雅趣竟如何（哲学冯友兰）？

闻一由来未见多（文学闻一多）。

性缓佩弦犹可急（文学朱佩弦），

愿公超上莫蹉跎（外文叶公超）。

鼎沈雒水是耶非（逻辑沈有鼎），

秉璧犹能完璧归（哲学郑秉璧）。

养士三千江山浦（文学浦江清），

无忌何时破赵国（外文柳无忌）。

从容先着祖生鞭（哲学容肇祖），

未达元希扫虏烟（外文吴达元）。

晓梦醒来身在楚（哲学孙晓梦），

皑岚依旧听鸣泉（外文罗皑岚）。

久旱苍生望岳霖（哲学金岳霖），

谁能济世与寿民（外文刘寿民）？

汉家重见王业治（外文杨业治），

堂前燕子亦卜荪（外文燕卜荪）。

卜得先甲与先庚（心理周先庚），

大家有喜报俊升（教育吴俊升），

功在朝廷光史册（教育罗廷光），

停云千古留大名（停云楼，教授宿舍）。

其中，"性缓佩弦犹可急"的朱自清，"无忌何时破赵国"的柳无忌，在六年前伦敦一别后，又有机会在南岳共同生活了一段时间。

当时，教员宿舍在山坡上有一栋楼房，山坡下也有一个宿舍，柳无忌原住山上，1937年12月，因为原来那栋楼房被某军事机关征用，柳无忌和罗皑岚搬入山下宿舍，与朱自清、浦江清同居一室，他们朝夕相处，探讨学术，十分融洽。1938年新年来临之前，文学院师生举行联欢会，场面极为热闹，散会后，包括柳无忌、朱自清在内的几个桥牌爱好者又作桥戏，连战三局，尽兴而罢。

随着南京陷落，武汉告急，大片国土沦丧，战局更加严峻，长沙临时大学只维持了近一个学期，为使弦歌不辍，奉命迁往昆明，更名国立西南联合大学。

1938年1月，柳无忌的教学任务已经结束，于是于20日先期下山，暂未离校的朱自清和浦江清送柳无忌到校门口，挥手作别。朱自清乘分程包租汽车，经南宁龙州出镇南关到安南，再到昆明。柳无忌则回上海接来家眷，经香港、越南至昆明，虽然少了些长途跋涉的艰辛，但一路也时时伴随着劳顿和危险。

在西南联大，文学院与法商学院合并为"文法学院"，最初设在小城蒙自，称为蒙自分校（5月初开学，8月底撤销，回到昆明）。朱自清和柳无忌一同在蒙自执教了近四个月。

那时西南联大的条件十分艰苦：教室是铁皮顶的房子，下雨的时候，叮叮当当响个不停。地面是泥土压成的，用过几年以后，满是泥坑。窗户上没有玻璃，风吹时必须要用东西把纸压住，否则就会被吹掉。

在战时的非常时期，联大教授们的薪水被大打折扣，物价飞涨，每月都是入不敷出，生活相当艰苦。但朱自清和柳无忌与联大教师们一起共克时艰，坚守课堂和学术阵地。朱自清在联大先后讲授过"宋诗""宋诗钞略"及"文辞研究"，"文学批评"等课程，由于他在古典文学和文学理论领域造诣精深，讲课时材料丰富，深入浅出，使学生受益匪浅，成为联大里广受学生欢迎的著名教授。柳无忌则专教英国文学与英国戏剧史两课，作为他的教学特长，颇受学生欢迎，黎锦扬、刘若君、吴纳孙等一些颇有建树的学者和文学家都出自他的门下。

1941年春，柳无忌应重庆中央大学之聘，离开任教三年的联大，与妻女在重庆团聚。朱自清则在西南联大执教将近八年，直至1946年6月，联大奉命解散结束，北大、清华、南开三校也随之分别恢复，朱自清才回到北平清华园。同年，柳无忌赴美应聘罗林斯大学的客座教授，两人再一次分别。不想，这次的分别竟成了永诀。因为国内局势发生了重大变化，从此他滞留美国，度过了自己的后半生。

1948年8月12日，朱自清在北平病逝。远在美国的柳无忌闻此噩耗，痛感失去良师益友，心情无比悲恸。1953年，柳无忌与他的学生李田意合编的《现代中国文学读本》由新港耶鲁大学远东出版社出版，读本共三册，其中第二册为小说，选了朱自清的《笑的历史》，第三册为散文，选了朱自清的《背影》。1978年，身在异国他乡、年逾古稀的柳无忌又写了《与朱自请同寓伦敦》一文（载于1978年10月13日台北《联合报》副刊，后来收入他的散文集《古稀话旧》），寄托了他对朱自清先生的深切怀念和敬重之情。

亦师亦友的忘年交

——朱自清与马星野

马星野（1909—1991），原名马伟，笔名星野，浙江平阳人。早年就读于厦门大学、南京中央党务学校和美国密苏里大学新闻学院。1934年回国后任中央政治学校教授、新闻系主任。1942年后任国民党中央宣传部新闻事业处处长、南京《中央日报》社社长。1949年后历任台湾"中央日报社"社长、国民党中央委员会第四组主任、国民党"中央通讯社"社长、"中央通讯社"股份有限公司董事长、"中国新闻学会"理事长等职。1991年3月11日在台湾台北逝世。著有《新闻学概论》《新闻事业史》《新闻的采访与编辑》《言论研究》《中国新闻记者信条》等。

在温州浙江省立十中任教的大约一年半时间里，朱自清教学任务很繁重。他不仅在中学部教国文课，还在师范部担任公民课和科学概论。那时，他二十五六岁，正是年富力强的时候，在中学部和师范部来回奔波，亦不以为苦。在课堂上，他亲切而严格，别致而善诱，很快地，他赢得了广大学生的真诚欢迎和爱戴。一批热爱新文学的学生聚集在他的身边，常常到他家里拜访，向他请教问题，三三两两，络绎不绝。其中，初二年级有一名叫马伟的学生，十四五岁，天资聪颖，又酷爱读书，作文在学生中出类拔萃，特别喜欢与朱自清交流读书作文的心得体会。朱自清也特别喜欢这位有思想、擅表达、好作文的学生。由此，师生二人结下了亦师亦友的终生情谊。

师生奇文共欣赏

这位叫马伟的学生，后取"星垂平野阔，月涌大江流"中"星野"二字作为笔名，以"马星野"之名行世。他出身于书香门第，幼承庭训，不到10岁，已能背诵《诗经》中的长诗《七月》《氓》以及杜甫、白居易、陆游等古代诗人的诗篇，少年时代就打下了比较扎实的国学功底。民国年代36岁时即出任国民政府首都南京中央日报社社长，晚年荣获美国密苏里大学新闻学院"杰出新闻事业终生服务最高荣誉奖"，被誉为"新闻巨子""新闻王"，与"棋王"谢侠逊、"数学之王"苏步青并称为"平阳三王"。

马星野在浙江省立十中读书时，恰遇朱自清应聘到该校任教。为了激发学生的写作热情，提高他们的写作能力，朱自清不仅精心设计作文命题，采用多种行之有效的方法来评改作文，而且在作文记分方法上也煞费苦心。他别出心裁地创造了一种特别的作文计分法：让班上的每个学生把作文薄的第一页都空下来，正面由学生自己把本学期的作文题目依次写下，并注明起讫页码，列出一份目录，便于师生、家长检阅；反面则由他记分数，方法也很别致：他规定作文薄第一页反面纵向第一行的首格代表九十到一百分，次格代表八十分到九十分……每格十分，如此顺推下去。他每批改一篇作文，就在应得的分数格里标上一点，学期结束时，只要把这些计分点连接起来，便会出现一个升降表，全学期成绩的进退一目了然。这种特别的激励方法极大地激发起学生们的进取心，学生们的作文兴趣大大提高了。

马星野本来就喜欢作文，在这种方法的激励之下，更是对每一次作文都格外用心，在众多学生中很快脱颖而出。朱自清对马星野的作文十分赞赏，平时除在文卷上细加评点外，还个别进行面对面的指导。当时只有14岁的马星野已经广泛涉猎文史哲和词曲戏剧等诸多领域，在师生中有"博学""才子"之誉，被学校推为壁报和校刊主编。在一次马星野的作文卷后，朱自清特别引用李商隐《宋玉》中的诗句"何事荆台百万家，惟教宋玉擅才华"作为评语，一时在温州教育界广为流传。

在学校里，由于对文学的共同爱好，朱自清和马星野超越了年龄的差距，关系十分投契、融洽。马星野说，"我们一点也不像师生，像朋友，也像手足"。"每逢寒假暑假，他怀念着我，我也怀念着他。记得有一次暑假，几个朋友陪他游江北瀑布（即白水漈）。他寄给我一张洁白的笺纸，写着他的游白水漈小品，说当时以未与我同游为憾。"

有一次，朱自清得到一本线装本的苏曼殊《春雨楼诗集》，专门把马星野叫到教师办公室，师生共赏，一起朗读：

乌舍凌波肌似雪，亲持红叶索题诗。

还卿一钵无情泪，恨不相逢未剃时。（本事诗）

春雨楼头尺八箫，何时归看浙江潮。

芒鞋破钵无人识，踏过樱花第几桥？（本事诗）

折得黄花赠阿娇，暗抬星眼谢王乔。

轻车肥犊金铃响，深院何人弄碧箫？（东居八）

万树垂杨任好风，斑骓西向水田东。

莫道碧桃花独艳，淀山湖外夕阳红。（吴门八）

他们高声朗读了一首又一首，共同沉浸在悠远美妙的诗的意境里。这一幕幕师生之间奇文同赏的经历，深深地镌刻在马星野的记忆里。

当时，朱自清已经发表了长诗《毁灭》、散文《桨声灯影里的秦淮河》等名作，已经是具有全国影响的新文学作家了。但他没有名人的傲气和架子，总是平易近人地对待每一名学生。

回忆起这一段不算很长的师生情谊，马星野充满感情地说："一年半时间，朱先生给我的启示太多了。他是一个绝对纯洁无瑕的人。对于文学，他把全生命灌注在里面，对于青年学生，全心全力教导，每逢他发现美好的文章，他必与我们共同欣赏。""朱老师虽然人很矮小、害羞，没有很引人注意的才子气或英雄气。但他是一块美玉。他一句诗、一席话，都有值得长久回味的价值。"

清华再续师生缘

1926年，马星野以同等学力考入厦门大学。有一段时间，正遇见北伐战争，交通中断，他不能及时收到家里的生活费，不敢包伙上学校的饭厅吃饭，只好自己买米煮饭。后来，连煮白米也难以为继，几近断炊了。刚到北京清华园任教的朱自清听说后，赶紧把刚刚收到的稿费四十块大洋寄给他，帮助他解了燃眉之急。马星野知道，朱自清自己的家庭负担也很重，妻子武钟谦常年有肺病，孩子又多，还要替父亲还债。但每当遇到学生有困难时，他总要挤出钱来出手相助。

1927年春，北伐军抵达南京，国民党随即在南京设立"中央党务学校"。马星野闻讯，与十几位同学一同赴南京应试，揭榜时以第一名被录取。在党务学校学习期间，经老师介绍，他兼任《黄埔军报》编辑，并开始在《东方杂志》上发表文章。1928年，"中央党务学校"改名"中央政治学校"。原党校毕业生有的留下继续深造，有的分配到全国各地工作。马星野留校，被聘任为同学会总干事。

离开温州后，朱自清和马星野虽地处一北一南，但一直保持着通信联络。有时候，马星野在报刊上发表文章，朱自清总要仔细阅读并进行评论。1926年暮春，马星野与未婚妻辜祖文到朱自清的家乡扬州一游，随后写了一篇《扬州印象记》，在南京一家报纸上刊出。朱自清在报纸上读到这篇文字，专门给马星野写了一封信，对文章中关于扬州之景物，尤其是瘦西湖和平山堂的描写，仔细点评了一番。

1929年，马星野接任《政治舆论民意》杂志主编。后中央政治学校教务长罗家伦调任清华大学校长，他看中马星野的文笔才华，携他北上担任校长室秘书，并负责编辑《清华校刊》，同时与陶希圣等编辑《政治与民众》刊物。这样，马星野与朱自清在北平又一次走到了一起。

清华园风光旖旎，图书馆藏书丰富。马星野于工作之余阅读了不少书籍。昔日师生，北国重逢，马星野有机会再次得到如兄长般的人生良师朱自清的指导。

在清华园里，朱自清住南院，马星野住北院，几乎每天的黄昏，朱自清习惯在校园中散步，马星野常在南院通往北院的道上迎着老师。接着，他们漫步在清幽的校园中，开始漫无边际地吟诗、作文或聊天。马星野还常常不请自到，来到朱自清家中，一聊就是大半天。那段时间，他们一有空就聚在一起谈天说地，海阔天空，总是余兴难尽。马星野回忆说：

在清华，也同在温州一样，他发现了奇文美句，常要我去共赏。他很喜欢纳兰性德的《饮水词》，他带着一往情深的读它。有一次，他写了一首《浣溪沙》，不知是他作的，还是纳兰性德作的，给我看，我现在还能背得：落日圆时大漠黄，哀嘶征马未收缰，垂杨枝逐辘轳忙。奚事归人吟蜜炬？谁教游女并欢郎，闲眠滋味且思量。

我就像他家人一般，不分彼此。那真是最可纪念的日子。

春风暖阳留遗恨

朱自清一直关注着得意门生马星野的成长之路，马星野也没有辜负朱自清的厚望。

1931年，马星野被派往美国，入密苏里大学哥伦比亚校区新闻学院三年级留学深造，成为中国国立大学派往该校研究新闻学的第一个留学生。留学期间，他常利用课余时间，采访美国政治动态和民情风俗，撰文寄回国内，发表于《东方杂志》《申报》等报刊。尤其是他的评论文章针砭时事，文笔流畅，知识广博，很快就在国内新闻界和文化界引起了较大的反响。

1934年5月，马星野获密苏里大学文学学士学位，回国任教于中央政治学校。校长蒋介石在黄埔路校长官邸召见马星野，问其志愿，马星野答曰："办报"。蒋指示他，办报很重要，当务之急应先办新闻教育。马星野认同蒋的主张，随即撰写《蒋介石先生会见记》一文，发表于《国闻周报》，当时颇有影响。这年秋开学后，马星野首先在外文系讲授《新闻学概论》《新闻事业经营及管理》。翌年中央政治学校成立新闻系，马星野出任教授兼系主任，先后达14年之久。

受老师朱自清的影响，马星野与学生的关系也相处得十分融洽。课堂上，他和学生是师生关系，下课后就和学生们以朋友相处，学生常到他家里用餐聊天，无拘无束。他还为新闻系写了新闻系系歌："新闻记者责任重，立德立言更立功；燃起人心正义火，高鸣世界自由钟。"

抗日战争胜利后，马星野出任南京《中央日报》社社长。当时，由于家境困难，朱自清的次子朱闰生读到高中二年级就辍学了，他在镇江农村一所小学当了一段教员，而农村小学薪水很低，难以为继。马星野得知后，把朱闰生安排到《中央日报》社所属的编辑部做校对工作。朱闰生像父亲一样，对待工作十分认真，但他自幼带着母亲肺病的遗传，常常咳嗽着工作到深夜。马星野在夜里督察工作时，看到朱闰生带病工作，常常嘱咐社里的医生关注朱闰生的病情。他觉得，自己对朱闰生的工作、身体和生活多多关心，这样才能让朱先生放心。

朱自清患有胃病，马星野是早就知道的。1936年，他有一次到北平出差，朱自清邀请他到家里吃饭。朱自清夫人陈竹隐做了一桌丰盛的饭菜，他看到自己的老师只能吃一些面包涂牛油，一桌饭菜只有他自己在享用。陈竹隐叹息着说，你们的先生患了胃穿孔，没有福气啊。

没有想到，在动乱的岁月里，在战时的环境下，条件的艰苦让朱自清的胃病得不到有效的医治，在拖延了十几年之后，虽然住医院做了手术，最后还是过早地辞别了人世。马星野得到朱自清病逝的消息，异常心痛。在朱自清逝世的第二天下午，他把自己关在报馆的一个小房间里，挥泪写下了《哭朱自清先生》一文，回顾了与先生从学生时代起几十年的交往，称"他是我平生最敬佩的人"，赞扬"他的高风亮节，他的完美人格与慈和的性情，同他的学问与文字，互相辉映，并垂不朽"，感叹"没有沾上半点污泥，没有带着半点惭愧，这位献身于教育、献身于写作、献身于青年的伟人长逝了。他只有五十岁，如果中国是上轨道的国家，如果贫病与忧伤不那样向他煎迫，他能贡献于我们的至少还有二十个年头"。

接着几天，马星野接洽联系当时在南京的一些文化界名流，如胡适、罗家伦、叶公超、段锡朋、陈雪屏等人，筹划在南京文化堂召开了朱自清先生追悼会，以寄托哀思。

1978年，在朱自清逝世30周年之际，台北智燕出版社出版《朱自清研究》（周锦著）一书，马星野应邀作序。在序文中，他又一次回忆了许多与朱自清先生的交往细节，并感慨地说："在我的求学过程中，确是很幸运的，能够遇到朱先生这样一位好的老师，得到有力的指导、鼓励和帮助。可是，朱先生自己却一生在穷苦中过日子，除了文学创作，除了学术研究，除了全心全力为下一代服务，从来不为自己打算的。""朱先生给我的太多了，当然他没有任何求报答的打算；但是在我，却不能不放在心上，我总是不停地工作，全力为国家社会奉献，希望稍微冲淡心底的痛苦。"

1980年9月28日，马星野在台湾《中华日报》上发表文章《和气春风朱自清——怀念我的中学老师》，再一次深情回忆了自己一生与朱自清的交往，称赞朱自清先生："他的春风和气、霁月光度的风度，'温良恭俭让'的和平神态，永远使我毕生难忘。"

惺惺相惜的师与生

——朱自清与李长之

李长之（1910—1978），山东利津人。早年就读于北京大学和清华大学，民国年代先后在清华大学、京华美术学院、云南大学、重庆中央大学、北京师范大学等高校任教。曾主编《时与潮》副刊、《和平日报》副刊、《北平时报》副刊，参与《时报》《世界日报》编务。新中国成立后，历任北京师范大学教授、北京市文联文艺理论组组长等职。1978年12月13日在北京逝世。主要著作有《鲁迅批判》《道教徒的诗人李白及其痛苦》《司马迁之人格与风格》《迎中国的文艺复兴》《苦雾集》《梦雨集》《陶渊明传论》《中国文学史略稿》《李白》等。

李长之是20世纪我国最具才华的文学批评家、文学史家和文化学者之一。他25岁在清华求学期间写作的《鲁迅批判》，是经鲁迅本人过目的、系统研究鲁迅作品的第一部专著，由此他被称为"我国系统评论鲁迅的第一人"，鲁迅也曾戏称他为"李天才"。他32岁以超人的睿智和理论勇气写成《迎中国的文艺复兴》一书，对"五四"运动作了梳理和总结，给未来中国的文化复兴绘制了一幅灿烂的远景图。他的代表作《司马迁之人格与风格》，是我国第一部全面介绍和评价司马迁及《史记》的专著。他的《道教徒的诗人李白及其痛苦》《孔子的故事》等都是蜚声中外的古典文学研究名著。他的《中国文学史略稿》（三卷）是新中国成立之初最早的一部文学史，是20世纪50年代全国高等院校的热门教材。

李长之不仅天赋高，而且写作十分勤奋。他的清华同学吴组缃说过："从前讲凡有井水之处，即能歌柳词，我说中国凡有报纸刊物的地方，都曾刊有长之的文章。"

在清华大学读书期间，李长之与比自己年长12岁的朱自清结缘，成为朱自清的私淑弟子。朱自清生前一直关注着李长之的学术研究事业，两人因此结下了亦师亦友的深厚情谊。

特殊师生

从严格意义上说，李长之并不能算是朱自清的学生。

1931年秋，李长之考入清华大学生物系，两年后转入哲学系。他虽然从小学时代就爱好文学，到北平上大学后已经开始了文学活动，在课外还常去找朱自清讨论问题或聊天，但却从来没有听过朱自清的授课。

李长之与朱自清见面频繁交流比较深入的时候，是1934年初至1935年底他们共同参与编辑《文学季刊》那一时期。那时，身兼清华大学和燕京大学教授的郑振铎主编《文学季刊》，为了充实编辑力量，他一方面邀请当时已经在文学界享有盛名的清华大学中文系主任朱自清教授担任编委，另一方面又邀请了当时尚在清华大学就读的学生李长之、林庚等参与编委工作。

《文学季刊》编委会每周举行一次，大多是星期六在郑振铎家里举行，会后大家一起吃晚饭，继续聊天漫谈。每到开编委会的时候，李长之和林庚像哼哈二将，陪着朱自清从清华园到燕京大学郑振铎的住处。在郑振铎家里开会的时候，朱自清讨论问题比较严肃认真，很少谈到编务和学术以外的问题。但在夜深人静回来的路上，他们往往踏着月光，一路谈笑风生。当时的燕京大学到清华大学之间道路崎岖，丛林密布，走起来很是费劲。1933年9月15日，朱自清在日记中写道："夜黑如漆，道路崎岖，持小手电前行。电光变幻万方，或有列阙，如行大野中，平生颇少此感也。"

在林庚等人的口中，朱自清了解到李长之12岁就开始写作，并经常向报刊投稿，他写的新诗、散文当时就发表在郑振铎主办的《儿童世界》、朱天尼主编的《少年》和中华书局的《小朋友》等杂志上，在小学和中学时代就被同学们称为"小作家"。上大学之后，李长之在《再生》《北平晨报》文艺副刊和《大公报》《现代》等报刊上发表《〈阿Q正传〉之新评论》《评〈三闲集〉》《评〈两地书〉》《我对于文艺批评的要求和主张》等文学评论，出版第一部诗集《夜宴》，其间还担任《清华周刊》文艺栏主编、《益世报》文学副主编等职务，这些都是朱自清亲眼看到的。一次，李长之问朱自清："朱先生一天写文章能写多少字？"朱自清答："五百。"朱自清反过来问李长之，李长之说："不一定。快的时候，曾写到一万五千字的长文，还另外写了两篇杂感。"这个回答让朱自清颇为惊讶。

朱自清对李长之的才华和勤奋留下了深刻的印象，李长之也特别崇敬朱自清先生的才华和博学。他经常在结束一天的课程之后，于下午四五点钟到位于清华园北院9号的朱自清家里聊天。他后来回忆说："谈天的时候，不但畅所欲言，既不关时局，又不谈物价，更没有愁眉苦脸，而且吃着好茶，有时来一道甜食点心，像莲子羹一类等等。"

虽说是无拘无束的闲扯，其实谈论的话题仍然大多集中在两人都感兴趣的现代作家和作品评论、文学创作和文学批评的一般原理等方面。在朱自清日记中，对李长之其人及文章、文笔的记载，有一段时间相当频繁。比如：

1933年5月16日："《晨报》上有李长之《评〈杂拌儿〉之二》一文，颇扼要。大旨谓平伯生活态度为淡味，又谓其善言没落之感。又谓平伯对学问亦无甚执着。甚推《中年》一篇。但盼望此种冷淡的玩世态度应收回。又谓周岂老亦如此期望云。"

1933年8月12日："昨李长之来谈，谓大众文学，恐须先用实验法，看何种文字能为大众了解。其意甚是。"

1933年10月27日："晚李长之、林庚来谈，觉甚枯窘。李颇能为文，昨《文副》上有其评林庚之《夜》一文，颇措辞得当。且论作诗不当全以感觉为主，当以感情为主，亦甚妥当。李谓近作《评王云五小学生文库》一文，玩笑太多，《独立评论》及《图书评论》皆不用。"

1933年12月24日："晚李长之来谈，谓张资平小说好在自然主义的技巧，坏在其中渗入理想。又谓张似有悲观的定命论。又商杨丙辰先生讲演事。"

从这些日记中，不难看出朱自清对李长之特别的器重和欣赏。不仅如此，连李长之谈恋爱的事情也被朱自清记在了日记里（1935年7月29日）："林庚下午来访，与之长谈三小时。他谈及李长之的恋爱故事，李因一位丈夫出国的女士而陷入情网。他们是童年时期的邻居。她有两个孩子，是天津市的交际花。李太热衷于爱情，甚至荒疏了学业。这是他第一次接触妇女。他提出这样的观点：以第二次结婚来取代第一次的冲动是合情合理的。但我们认为那会带来很复杂的情况。特别是女方这边。林称之为桃色事件，甚是。"

君子之交

　　1936年，李长之从清华大学毕业，先是留校担任清华大学华侨生、蒙藏生导师，兼任京华美术学院教授，后来辗转昆明、重庆，担任云南大学、中央大学教授。朱自清在全面抗战爆发后，颠沛流离，先后到长沙临时大学和昆明西南联合大学教书。两人天各一方，但书信往来一直没有间断。

　　1940年11月，李长之到成都办事，特地拜访了正在成都休假的朱自清。在东门外宋公桥报恩寺内的旁院三间没有地板的小瓦房里，李长之看到朱自清的书桌上摆着《十三经注疏》。短短的三年多没见，他看到朱自清的头发像多了一层霜，简直是个老人了，没想到这几年的折磨，就让一个人变了大样。李长之心里十分难过。听说朱自清老师在近几年里完成了《精读指导举隅》《略读指导举隅》两部深入浅出的好书，还有一部《经典常谈》——那是"一部非常可称道的书，用着最亲切的语言，报道着最新的专门成绩。"——他的工作依然是紧张而有秩序，他的心里又有了些许安慰。

　　又过了两年，1942年的一天，朱自清和魏建功两位先生来到中央大学。让李长之喜出望外的是，他看到朱自清似乎"又恢复了往日的健康，头发上那一层霜也像揭走了，又是乌黑乌黑的了"。他知道中央大学是一所深受学衡派影响的学校，对白话文一向不够重视，于是他和几位朋友热情奔走，邀请朱自清在中央大学作了一次学术演讲。演讲受到了热诚欢迎，取得了预期效果，李长之为此十分高兴。朱自清回到昆明后，立即给李长之回信答谢。读着朱自清的回信，李长之感到有一种"交情老更亲"的深沉意味。不久，李长之在中央大学指导的一个毕业生考取了西南联大的研究院读研究生，朱自清给李长之写信表示祝贺，深情地说：“这是你的成绩，也是我们的安慰。”

抗战胜利后的第二年秋天，朱自清和李长之先后返回北平。朱自清仍回清华大学，李长之则到北京师范大学任教。大约在朱自清回到北平的第六天，李长之就迫不及待地来到国会街临时招待所朱自清的临时落脚处，看望长期思念中的朱自清先生。分别经年，李长之看到朱自清“分外的憔悴，身体已经没有从前这么挺拔，眼睛见了风就流泪”，“随时用手巾拂拭着，发着红”，不禁黯然神伤。而朱自清很亲切地问起李长之的母亲、太太和小孩的情况，让李长之感到就像一位慈祥的老人对晚辈嘘寒问暖。之后几年，李长之经常去看望朱自清。由于朱自清的夫人陈竹隐和李长之的夫人柯柏薰都是四川人，两家走动得十分亲近。

在生命的最后两年里，朱自清仍然一如既往关注着李长之的写作著述和学术进展。他在给李长之的信中说：“你近年来的散着的批评文字，我差不多都看了，觉得好！除关于司马迁的，我知道要出专书外，如《论批评》《谈选本》一类小文，我觉得也可以集成书，可惜不容易找出版的地方。”

在1946年写的《论诵读》一文中，朱自清说：“昨天又在北平《时报》上读到长之先生的《致魏建功先生书》，觉得很有兴味。”他肯定李长之的说法，一则说：“我在别处说过‘读’该照宣读文件那样，但是这句话还未甚显明。长之先生说的才最干脆，他说：‘所谓诵读一事，也便只有用话的语调（平常说话的语调）去读的一途了。’宣读文件其实就用的是说话的语调。”二则说：“唱曲子讲究咬字，诵读也得字字清朗。尽管抑扬顿挫，清朗总得清朗的。长之先生注重词汇的读出，也就是这个意思。”三则说：“所以认真的演出话剧，得有戏谱，详细注明声调等等。长之先生提到赵元任先生的《最后五分钟》就是这种戏谱。”同时，他又以严谨的态度指出李长之文章中的不足：“至于

337

长之先生提到鲁迅先生，又当别论。鲁迅先生是会说话的，不过不大会说北平话。他写的是白话文，不是白话。长之先生赞美座谈会中顾随先生读的《阿Q正传》，说是'觉得鲁迅运用北平的口语实在好极了'。我当时不在场，想来那恐怕一半应该归功于顾先生的诵读的。"

作为前辈，朱自清知道李长之虽然才华横溢，但遇到具体问题时，政治上有时不太敏感，因此时时关心着他。全面抗战结束后，李长之曾一度参与《北平时报》副刊《文园》的编辑工作。朱自清曾应李长之之邀给该报寄去一首译诗，但他同时告诫李长之："时报不是什么好报啊。"听了朱自清的提醒，李长之不久就退出了《北平时报》。

后来，李长之亲眼看到朱自清站在进步师生方面，参加北平高校的反饥饿、反内战的爱国民主运动，他自己也积极响应，参与其中。有人攻击朱自清，他为自己敬仰的老师辩护说："有些人对佩弦先生现在为青年所爱戴是大不以为然的，甚而有人说：'这是被包围！'然而我们敢说这是最恶毒的污蔑，污蔑青年，污蔑佩弦先生！真理只有一个，认识真理的人自然会牵着手前进，谁也包围不了谁，谁也左右不了谁！正是在这污蔑声中，我们越敬爱他，越觉得他是一个稳健而坚定的有良心的教育家了。"

李长之永远忘不了他与朱自清老师最后一次见面的情景。那是1948年3月28日，朱自清病后初愈，李长之携夫人和孩子前去看望。刚一坐定，朱自清就走进里屋，拿出一封信和四块糖。信是朱自清的一位老朋友写来的，内容是朱自清向这位老朋友推荐李长之发表的《李清照论》而与之讨论商榷的。四块糖则是分给李长之一家三口的，对李长之的孩子，朱自清特别给了两块。因为朱自清的夫人陈竹隐碰巧不在家，朱自清还一再向李长之的夫人表示道歉。李长之觉得，朱自清为人处事，真可谓是文人中难得的君子了。

这次会面后不到五个月，遽然传来了朱自清病逝的噩耗。李长之在无比的悲伤中写了《杂忆佩弦先生》一文。他动情地说："连日的阴风凄雨，更增加了我的耿耿不乐。给我印象那么清晰的朱先生，竟作了古人。""佩弦先生的稳健，没让他走到闻一多先生那样的道路，可是他的坚定，始终让他在大时代的队伍里没错了步伐（他对于新诗运动的认识之正确，可以说明这一点）；再加上他的虚心和认真，他肯向青年学习，所以他能够在青年的热情里前进着，并领导着。他憔悴，他病倒，他逝去了。可是他的精神没生过锈，没腐烂过，永远年轻！"

陶学知音

陶渊明研究是朱自清古典文学研究的主要方向，朱自清是民国学术史上重要的"陶学"研究学者。他的《陶渊明年谱之问题》《陶诗的深度——评古直〈陶靖节诗笺定本〉》等，都是现代研究陶渊明的必读论文。

作为一名中国古典文学学者，李长之对陶渊明的研究在其学术研究中也占有重要地位。而他正是在朱自清的直接或间接影响下，走上"陶学"研究之路的。

在清华读书期间，有一个学期，李长之听说朱自清在中文系开着"陶诗"课程，想去旁听，前去征求朱自清的同意，朱自清谦逊地说："没有什么意思，不值得听的。"在此之前，李长之听说朱自清在课堂上对学生要求十分严格，常常令学生背诵或默写，写错了字还要扣分。那时年轻气盛的李长之不惯于被拘束，于是就放弃了这次听课机会。

虽然没有选修朱自清的陶学课程，但在他们的闲谈聊天中，多次谈到陶渊明的话题。有一次，朱自清还专门委托李长之和林庚到周作人寓所，替他借《陶集版本考》。渐渐地，激起了李长之对陶渊明探索的兴趣。

于天池（李长之女婿）、李书（李长之女儿）在《朱自清与李长之》一文中说，李长之的古典文学研究，几乎是以陶渊明开始，又以陶渊明研究结束的。1933年他在《清华周刊》上发表的《我所认识的陶渊明》，是他第一篇古典文学论文，而1953年他以张芝名义出版的《陶渊明传论》则几乎是他的古典文学专著的最后一部。

1947年9月5日，李长之在《大公报》文史周刊上发表了《陶渊明真超出于时代吗？》一文，朱自清仔细阅读了这篇文章，于第二日就给李长之写信，高兴地说："你说了人家没有说的话，人家不敢说的话。陶渊明究竟也是人，不必去神化他。自然你注重的是他的因袭，他的不超出于时代。他的变化处你没有说，因为不在这篇文章范围以内。你所说的都是极有价值的批评。我盼望你能多写这类文章。"在信中，他还就某些问题提出了商榷意见。

朱自清周到中肯、透着温暖的文字，让李长之十分感动："在一般人愁苦柴米油盐之中，生活于风俗日薄、古道日丧之下，谁还能像这样关心着后进的文字呢？"

在之后的陶学研究中，李长之牢牢地铭记着朱自清"陶渊明究竟也是人，不必去神化他"这个看似浅显实在紧要的治学观点。在认真研读朱自清陶学论文过程中，他发现朱自清总是从文本出发，实事求是，从不说无根据的话。他善于从史的高度把握陶渊明的思想渊源，也善于从时代的总体上检视陶渊明思想和艺术的位置。

1953年，李长之出版了《陶渊明传论》。在这部他一生中重要的陶学论著中，朱自清陶学研究观点和治学方法的影响清晰可见。比如，该书的前半部分，李长之是从"陶渊明的两个重要的先辈陶侃和孟嘉"切入论述的，原因是他认为"朱自清所写《陶渊明年谱中之问题》一文"对于陶渊明的"世系年岁，则只可姑存然疑而已"的观点，已经指明了路径。——"朱自清的文章是带有总结性的,这就是说,这个问题就现有的史料论,已证明是不可能得出明确的答案了"——于是另外转换思路,试图从"陶渊明的两个重要的先辈陶侃和孟嘉"的政治态度中寻找新的线索。在该书的后半部分,李长之认为陶渊明在政治上"已经过了四个朝代,晋改为楚,楚又改为晋,晋又改为宋。要他忠,他实在无从忠起"。"在他所经历的几度改变中,有没有表现他对晋室的留恋呢?虽不能说绝对没有,但总是在情感上很稀薄的。"他的结论是,在思想上,陶渊明"究竟是一个生长在长期'习尚老庄'而风气在向崇尚儒术转变的时代的人物,所以也就不可能在他的思想中没有道家的成分"。这些观点和结论,无疑体现了朱自清"陶渊明究竟也是人,不必去神化他"的一贯立场和思想方法。

从交往之久之密和影响程度之深之远来看,朱自清与李长之之间的关系,可谓不是表面意义上的师生,而是真正意义上的师生了。

两代师者的生命接力

——朱自清与王瑶

王瑶（1914—1989），字昭琛，山西平遥人。早年就读于清华大学中国文学系和清华大学研究院中国文学部，师从朱自清研究中古文学。1943年毕业留校，从事古典文学、现代文学的教学和研究。1952年改任北京大学教授，转向新文学史的教学和研究，讲授中国现代文学史，鲁迅研究等课程。所著《中国新文学史稿》填补了中国文学史研究中的一项空白，成为中国新文学史研究学科的奠基人。后兼任《文艺报》编委，中国社会科学院文学研究所研究员，中国现代文学研究会会长，中国作家协会理论批评委员会委员，北京大学学术委员会委员，中国社会科学院文学研究所学术委员会委员，国务院学位委员会文学评议组成员，《中国现代文学研究丛刊》主编，全国社会科学"七五"规划文学组副组长，中国民主同盟中央文化委员会副主任，中国鲁迅研究学会副会长，中国作家协会理事，全国政协委员等职。1989年12月13日在上海逝世。

王瑶是中国现代学术史上中古文学研究的开拓者，现代文学学科的奠基人，也是著名的鲁迅研究学者。他青年时代执教于清华大学，为"清华学派"的建立与发展做出了独特的贡献；20世纪50年代初到北京大学，耕耘燕园37年，被誉为"燕园学魂"，是"北大精神"的象征和代表之一。

王瑶青年时代就读于清华大学和西南联合大学，朱自清是他的学术导师。在他的学术和教学生涯中，王瑶自称自己走的是"师朱（朱自清）法鲁（鲁迅）"之路。

亲承音旨，师生问学情益深

王瑶出生于一个商人家庭，少年时代性情活泼，思想活跃。在太原进山中学读书期间，他一度辍学，只身前往张家口，参加抗日同盟军。

1934年夏，弱冠之年的王瑶同时考取清华大学和北京大学的中文系。因北大中文系当时标榜"余杭章氏之学"，学术上趋于保守，而清华中文系秉持"中西贯通，古今融汇"的办学方针，颇具开放的世界视野，于是他毫不犹豫地选择了清华大学。

这一年，清华全校共录取新生370名，王瑶名列第89名，中文系只录取了9名新生。当时清华中文系主任是朱自清，另有陈寅恪、闻一多、刘文典、杨树达、俞平伯等学术大家在此执教。在朱自清等老师的耳提面命之下，王瑶渐入学术门径。

在清华，目睹国家和民族的危难，王瑶参加了共产党的外围组织"现代座谈会"和共产党领导下的"左联"，参加了著名的"一二·九"运动，两次遭到国民党当局逮捕。1936年5月，经赵德尊介绍，他秘密加入了中国共产党。

王瑶参加这些秘密活动，朱自清当然是不知道的。应该能够引起朱自清注目的是，王瑶先后担任了《清华暑期周刊》言论栏编辑、清华文学会会刊《新地》编委、第四十五卷《清华周刊》总编辑，发表时评、文论、杂文和译文超过50篇，以雄健的笔锋、犀利的风格，审视历史，针砭现实，被同学们称为"小胡风"和"小周扬"。《清华周刊》的影响不仅超越了校园，而且超越了教育界，一时成为引领舆论界的重要媒体。对王瑶的这些活动，朱自清持何种态度，我们不得而知。根据当时朱自清的政治态度，他可能不会很热情地支持，当然也不会反对和阻止的。

1937年6月下旬，王瑶返回平遥老家度暑假，不料几天后卢沟桥事变爆发，北平很快沦陷，他被困居家中，不仅中断了学业，失去了与党组织的联系，而且被迫改变了原来的生活轨迹。在四年多的时间里，他务过农，经过商，去过临近的抗日根据地，做过家庭教师，任过路局职员，过着动荡不安的生活。经过多年的挫折和磨炼，他决定继续求学之路。

1942年9月，经过大半年的长途跋涉，经历了一次又一次波折，王瑶终于从山西经陕西辗转到达昆明，在西南联大清华中文系复学，这一年，他已经28岁。当时西南联大的教授们，也正处在生活最艰辛的年代，他们生活窘迫，但中文系的学术风气却极为浓厚。朱自清没有御寒的衣服，披着马夫使用的毛毡披风，穿梭在昆明的大街上。他穿的旧夹袍纽扣都掉了，自己缀上些破布条系着，但"一日之中，除了三餐饭和午后的小睡以外，很少看见他离开座位。晚上还要到十二点以后才就寝"。看到王瑶生活困难，朱自清先后亲自介绍他到铭贤中学、天祥中学、五华中学兼课以维持生计。

王瑶深知这样的求学机会来之不易。在大学本科最后的一年里，他认真地听课，大量地读书，在学术上努力地积累着，充实着。据他在西南联大的同学季镇淮回忆："他在经历了一段生活波动之后，似已认清了自己的责任和前途，自觉地努力充实自己，在联大学习很认真。上朱先生的课，朱先生手拿方纸卡片写黑板，一块一块地写；他跟着抄，一块一块地抄。我当时坐在后面听没动手，对朱先生上课的严肃态度和王瑶学长的认真听写，都暗暗地觉得惊异和敬佩。特别觉得王瑶学长这样老实地听课抄笔记是出于我的意料之外的。"

1943年7月，在朱自清和闻一多两位导师的悉心指导下，王瑶完成了本科毕业论文《魏晋文论的发展》。这篇论文由朱自清和闻一多阅卷，一致批给了85分的优秀成绩。有这样既有才华又能苦读的学生，他们感到由衷的欣慰。

在朱自清潜移默化的影响下，王瑶的兴趣中心由在清华大学初期的时事评论转向古典文学的学习和研究。本科毕业后，他锲而不舍，又考入清华文学院中国文学部攻读研究生，继续在朱自清（王瑶的首席导师）和闻一多门下从事汉魏六朝文学的研究。据同时期清华中国文学部研究生何善周回忆：

朱先生"课书"很严，定期给昭琛指定参考书，限期阅读，要求作札记，定期亲自答疑，并提出问题令昭琛解答。师徒二人还常对某一个问题交谈讨论。昭琛在解答问题中时出新意，朱先生极为赞赏。同时，朱先生还在联大为研究生开设专题课，曾有一门课程只昭琛一人修习。朱先生如同上大班课一样，站在讲桌后面讲解（在西南联大只有陈寅恪先生坐着讲课），昭琛坐在讲桌前面听讲。师徒相对，朱先生一直讲解两个小时。当时朱先生已患着比较严重的肠胃病，经常在黎明前呕吐。这样严肃认真的教学精神，是值得我们永远纪念并且学习一辈子的。在朱自清先生的指导下，昭琛不只学业扎实，而且也熏陶成诲人不倦、严格认真、教学民主的态度和作风。

1946年1月，闻一多和朱自清先后两次致函校长梅贻琦和教务长潘光旦，为王瑶安排毕业初试和论文答辩。清华大学组织了由冯友兰、汤用彤、朱自清、闻一多、浦江清、王力、吴晗、彭仲铎、许骏斋九位著名学者教授组成的论文考试委员会委员，其严肃性和严格程度由此可见一斑。王瑶以《魏晋文学思潮与文人生活》为题的研究生毕业论文，顺利通过论文答辩。

1946年8月，王瑶受聘为清华大学中文系教员。他承继朱自清先生的教书育人事业，开始了长达43年的大学教授生涯。

呕心沥血，代代接续启后昆

朱自清十分欣赏王瑶的学术才华和学术钻研精神，对王瑶给予很大的期望。

在昆明时期，王瑶一边攻读学业，一边致力于中古文学的研究。他每写成一篇论文，朱自清都要认真地进行审阅和修改。这一过程在王瑶看来是导师的耳提面命，在朱自清看来是"后生可畏"，可以给自己以学术启发。当朱自清读到其中有的篇章，由衷地称赞说"非常精彩，你能见其大，将繁乱的琐碎的材料整理出线索来"，对王瑶既严谨扎实又高屋建瓴的学术特色十分赞赏。事实上，在研究生时期已经接近完成的《中古文学史论》（1948年定稿），在继承朱自清先生考证细密、辨义清晰、博采精掇学术传统的同时，形成了尊重客观史实的史学主张和强调实证、注重叙事描述的治史方法，显现了从宏观上把握历史和对扑朔迷离的文学现象进行条分缕析的高超能力，标志着王瑶已经成为中古文学领域一名卓尔不群的学者。

从昆明复员回到北平，回到久违的清华园，王瑶十分高兴，他觉得可以更方便地就近向朱先生请教学术问题和教学问题了。不料时局日趋紧张，朱自清长期以来积累的胃病也越来越严重了。眼见国民党当局把广大民众逼到饥饿线上了，朱自清彻底放弃了对国民党的幻想，积极参加到争取民主斗争的实践中。作为中国共产党党员的王瑶，为自己的老师在政治上的进步而感到由衷高兴。

1946年10月，朱自清开始主编《新生报》副刊《语言与文学》，该刊从筹备到出版，王瑶都参与其中，他还在副刊上发表了《读史记司马相如传》《读书笔记十则》《谈古文辞的研读》等文章。1947年12月，朱自清给正在主编大型文艺刊物《文艺复兴》的郑振铎写信，推荐王瑶的文章："此间同事王瑶先生有《魏晋时代的拟古与作伪》一文，甚好！弟拟奉介。乞示定夺。"1948年7月，王瑶的《魏晋笔记小说与方术》发表于《学原》第二卷第三期，朱自清赞誉该文"非常精彩"。

虽然时时处在病痛中，朱自清在教学上一如既往一丝不苟，在创作上常常废寝忘食。王瑶时时关注着朱自清先生的病情，经常去看望他，劝他注意身体。

进入1948年，朱自清的胃病更严重了，有时彻夜胃痛不止，不能正常进食，体重也下降到不到四十公斤。

6月1日，他去参加一个会议，感到极度疲劳，几乎走不回来了，返家后立即卧床。第二天又开始大量呕吐，连续几天，连起床走动一下都感到十分吃力。但他仍然坚持上课，结果在课堂上大吐，几个学生连忙把他扶回家里。王瑶闻讯前来探望，朱自清疲惫地躺在床上，还一门心思记挂着上课的事情，用细弱的声音说："如果过三四天还不能起床，就只好请你代上中国文学史和中国文学批评这两门课了。"

休息两天后，身体稍有康复，他又勉强去上课了。

8月6日凌晨四时许，朱自清感到胃部剧痛，随即呕吐不止。夫人陈竹隐立即送他到校医处检查，十时转入北京大学附属医院，诊断为胃溃疡穿孔。下午二时开刀，历时四十分钟，经过手术，情形正常。不料三天后并发肾炎，出现轻微尿中毒症状。后又出现肺部并发炎症，病情愈加严重。

住院期间，王瑶几次前往探望，有时与陈竹隐一道照看朱自清，招待前来慰问的同事和学生。刚刚做过手术，朱自清清醒后，就问起中文系的试卷评阅情况和当年的生源水平，特别交代让王瑶转达请浦江清先生代阅考研究院的试卷。病情如此仍不忘工作，每每看到这种情景，王瑶常常忍不住落泪。

本来以为经过手术，老师躲过了一场大难，没料到8月12日中午十一时四十分，朱自清竟然在病痛中咽下了最后一口气。

下午三时，王瑶与陈竹隐和朱乔森（朱自清的四子）照应着，把朱自清的遗体移到医院的停尸间。陈竹隐悲痛过度难以自抑，朱乔森只有十五岁，在悲痛之中不知所措，王瑶含泪对前来的一些新闻记者叙述着朱自清的生平、著述和学校的善后措施。

第二天，天下着雨，王瑶在参加朱自清遗体的入殓仪式和火化仪式之后，和清华的许多同事一起，"疲惫地凄凉地拖回了清华园"。

隔了一天，15日清晨，王瑶一早就从位于郊区的清华园进了城，买好香烛器物和盛放遗骨的瓷罐，陪着陈竹隐和朱乔森、朱思俞（朱自清的五子，时年十三岁）一起乘车到阜成门外的广济寺下院去领取骨灰。

下午两点半，朱自清的灵骨回到了清华园寓所。王瑶看着此前无数次在这里向朱先生问学的书房，写字桌上的文具、烟斗还像以前那样摆放着，玻璃台板下仍然是朱先生亲笔手书的"但得夕阳无限好，何须惆怅近黄昏"的诗句。书桌上有一张纸条，上面写着编辑《闻一多文集补遗》的资料目录。抽屉里放着一篇没有来得及写完的半篇文章，题目是《论白话》，已经写了一千七百字。在一个竹篓里，放着一包捆扎得很整齐的书，上面有朱自清先生自己题的字："自存本著作十四本，缺《雪朝》和《语文影》。"一切都与平常一样，好像他只是去上课或者会朋友了。睹物思人，王瑶更加悲痛难抑，凄然泪下。

对朱自清先生的英年早逝，作为多年得其亲炙、感情亲如父子的弟子王瑶，一直难以释怀。他回想起，就在同一年春季的一天，他与李广田、范叔平一起到朱自清家中看望，谈话中提到为朱自清老师庆祝五十大寿，提出一个初步办法：不惊动清华同人，由北平文艺界召开茶话会，出版一期特刊，纪念他三十年来在学术和创作方面的成就。当时朱自清谦逊地婉辞说，自己并没有什么值得庆祝的成绩，而且生日在11月，还是到时由他请客小聚为好。王瑶等几人从他家出来后商议，等到朱自清五十寿辰到来时，不通知他本人，按原计划准备，来个"先斩后奏"。不料，眼前竟是这样悲伤的结局。在《悼朱佩弦师》一文中，他发出这样的质问：

朱先生真的患了不治之疾吗？这病已拖了十几年，为什么没有及早治疗？如果不是这多少年生活的颠沛和艰苦，朱先生是绝不会死的。三十四年（1945年——引者注）在昆明，胃病也曾严重地发过一次，暑假他去成都，打算在成都四圣祠医院根治，但八一五的胜利（指1945年8月15日日本宣布无条件投降——引者注）到了，他写信告诉作者说："胃病已暂平复，胜利既临，俟到北平再为根治。"谁想回到北平的日子，精神物质，比抗战时期都难过呢！报上也常看见患胃病割治的要人，医术也并非束手；但他却只能拖到胃上穿了大洞才借钱入医院，而体力已衰弱得不能支持了。一代学人得到如此的遭遇，这是国家的损失；这是谁的责任？

在悲痛中，王瑶饱含深情，以受业弟子的身份为导师撰写挽联：

十载亲承音旨，未登堂奥愧游夏；

一朝神归道山，空仰文章媲韩欧。

王瑶决心继承朱自清先生的学术精神和伟大人格。他一连写了多篇悼念文章，后来串联组合成《念朱自清先生》的长文，分六节全面记述了朱自清先生的创作和学术研究成就。他还作为清华大学"朱自清全集编辑委员会"的编委之一，参加了朱自清遗文的收集和日记的整理工作。

朱自清一生门下受业者众多，许多弟子卓然成家，除王瑶之外，还有汪静之、潘漠华、魏金枝、吴组缃、李健吾、余冠英、林庚、马星野等。像老师朱自清一样，王瑶一生也是桃李芬芳，继承其衣钵而发扬光大者不在少数，仅在他长期执教的北京大学中文系，就有乐黛云、金开诚、黄修己、谢冕、孙玉石、钱理群、温儒敏、陈平原等。以至学界有人惊呼：王瑶之后，北大中文系尽为"王门弟子之天下"。

1989年11月20日，王瑶前往上海参加巴金学术讨论会。在开幕式上发言时，他感到呼吸困难，体力不支，被送进上海华东医院治疗。短短半个多月，他的病情迅速恶化，终于是年12月13日因肺炎并发呼吸窘迫症在华东医院病逝。像他的老师朱自清先生一样，王瑶也是倒在工作岗位上的。

杏坛结缘　存乎于心

——朱自清与张清常

张清常（1915—1998），语言学家，贵州安顺人。早年就读于北京师范大学和清华大学研究院。曾任教于浙江大学、西南联合大学、内蒙古大学、南开大学、清华大学、北京师范大学、北京语言学院（即今北京语言大学）等校，兼任天津语言文字学会副理事长、中国语言学会理事、中国音韵学研究会顾问等职。早期致力于音韵、音乐、文学三者之间关系的研究，后期致力于语音史、词汇史及社会语言学的研究，在音韵学研究、社会语言学研究等方面具有很高造诣。1988年主持编辑《最完整的人格——朱自清先生哀念集》。著有《中国上古音乐史论丛》《胡同及其他——社会语言学的探索》《北京街巷名称史话——社会语言学的再探索》《语文学论集》《战国策笺注》等。

"千秋耻，终当雪。中兴业，须人杰……"

流传极广的《西南联大校歌》诞生于处处烽烟战火、触目国土沦丧的悲壮时代背景下，由清华大学罗庸教授填词《满江红》，冯友兰教授作引词、勉词和凯歌词。时任清华大学中文系教授张清常从系主任朱自清那里拿到歌词后，爱国激情在他胸中澎湃激荡，他反复吟诵，用了将近一个月的时间才完成了谱曲。歌曲迅速唱响了大江南北，一代又一代的学子铭记在心底，成为现代史上一曲爱国主义的经典之作。

北师大听课：感受讲课治学不一般的朱先生

张清常从小聪颖出众，爱好读书，15岁考入北京师范大学国文系，19岁考入清华大学研究院，先后师从钱玄同、沈兼士、商承祚、唐兰等著名学者，在汉语音韵学领域建树颇丰，成为我国现代著名的语言学家、语言教育家。

1933年10月，应北京师范大学国文系主任钱玄同之邀，朱自清到该校国文系兼任选修课"中国新文学概要"，由此，正在该校国文系读大学四年级的张清常选修了这门课，成了朱自清的学生。

根据朱自清的要求，他在北师大的兼课安排在每个星期六的下午。因为他认为，在清华他是专职，在师大只是兼课，既然是兼课，就不应安排在一周课时的主要时段里。在那时，一般学校里的惯例，星期六的下午一般是不安排课程的。张清常记得，自己从上小学开始，到后来上中学、读大学，星期六下午从来没有上过课。听说朱自清的课要在星期六下午上，感到很是特别。因为是选修课，来不来听课对学生来说更是听凭自便的事。出人意料的是，选修听讲的学生特别多，一般教室容纳不下，只好安排在学校礼堂里上课。虽然朱自清讲授的课程只是国文系一个系的选修课，来听讲的学生似乎各系都有，可谓盛况空前。以前只有一些公共必修课才安排在礼堂上课，而且只有到学期或者学年考试临近才会满座，平时只能维持四五成的学生来听，而女生还是边听课边织毛衣。虽然朱自清当时也很年轻，只有35岁，但由于他的名头太响——不仅是著名的学者，更是著名的作家，他的文章已有多篇被选进中学国文课本——讲课内容又新颖独到，奇迹般地，整整一个学年下来，礼堂里都是座无虚席。张清常不得不感叹：朱自清先生的号召力可不是一般的大啊！

当时大学里的风气常常是，打了上课铃，一些先生姗姗来迟；打了下课铃，一些先生也不下课，常常耽误学生就餐；有时还没有打下课铃，有的先生因为恰好结束了一个段落的内容，就提前下课了。还有一些教授有些名气，忙于在多所学校兼课，在各校的课表排得都重复了，只好这次在甲校，下次在乙校，美其名曰"轮流停电"。这股风气弥漫一时，贤者不免，很难纠正。细心的张清常发现，朱自清上课态度十分认真，在严格守时这一点上即可见一斑。他总是打上课铃前走进礼堂，打下课铃后才下课离开礼堂，从无例外。

朱自清讲课的内容也与讲同样课程的教授区别很大。那时一般大学的国文系，讲授的内容基本是国学，"五四"以后的新文学作品还不敢大量涉猎。尤其是国民党当局有很多清规戒律，让大学教授一般不敢放开手脚。当时，周作人在北京大学开设"中国新文学"课程，还把讲稿交给人文书店出版，书名叫《中国新文学的源流》。在这部讲稿中，他用很大的篇幅讲"性灵"，讲八股文，说这是中国新文学的"源"，新文学则是它的"流"。而朱自清讲"中国新文学"，则是从打倒孔家店和"五四"运动开始讲起的。当时，敢于当众侃侃而谈《新青年》《语丝》，在课堂上讲陈独秀、鲁迅，是需要一定的胆量和见识的。在讲坛下黑压压一片听课的学生中，很可能就有出卖灵魂拿血腥钱的无耻丑类混迹其中。

让张清常感受颇深的是，朱自清讲新文学作家和作品，绝不主观片面，对已具盛名的作家和新生的作家，都一样会作出理性分析，绝不忽略一个人的些许优点长处，也不渲染一个人的若干缺点短处。整个课程听下来，让人感到："一个人在歧路彷徨，千百人继续前进；一个人掉队落伍甚至开倒车，千百人继续革命；一个人被杀害，千百人继续奋战。"中国新文学自"五四"以来就是这样蓬蓬勃勃地生长着，奋斗着。

这是听朱自清新文学课程后给学生的一般感受，也是符合中国新文学发展的轨迹和一般规律的。

清华园读研究生：感受为人处世不一般的朱先生

1934年秋，张清常考入清华大学研究院中国文学部读研究生，真正成了朱自清的门下。

刚到清华时，朱自清专门约他在中文系办公室见面。按照约定的时间，他于下午两点钟准时来到办公室，没想到朱自清早已开始工作了。后来他才听同学们说，朱自清先生一向是吃过午饭略事休息，就从家里到办公室开始工作，不但每天分配时间都有计划，而且时间总是抓得很紧。朱自清看到他敲门进来，离开书本，抬起头来，用手示意让他先在书桌对面坐下，然后又继续看书工作。张清常趁闲坐的工夫，看了看办公室里的环境：窗外挂满了爬山虎，屋里到处摆放的都是书，书架上，地板上，窗台上，书占据了很大的空间。

直到朱自清看书工作告一段落，才开始与张清常交流。他从一个档案袋里拿出一些材料，张清常远远看见有一张就是自己在北京师大本科四年的成绩单。朱自清先生认真看了一会儿，才与他谈了钱玄同先生对他的评价，又询问了一些情况，提出了一些注意事项和对学业方面的具体要求。当时清华中文系研究生大致分为语言和文学两个研究方向，朱自清征求张清常的意见，说你搞文学吧？张清常连连摆手，说自己不是搞文学的材料，说想跟杨树达先生学语言学，朱自清遵从了他的意愿。

这次会面给张清常留下的印象，朱自清先生真正是朴实无华的学者风度。在此之前，他遇到过一个老师，左手拿着电话机听筒，右手持笔批阅着公文，既不误与来访者交谈，又不误在电话中通话，三件事同时进行，不仅能左右逢源，而且能做到三方兼顾。这样总给人对各方都敷衍的印象。朱自清先生对每件事都认真，绝不敷衍，这对学生来说，确是一个身教胜于言教的榜样。

不久，张清常又听到一件事。朱自清请钱玄同到清华兼课。钱先生是语言学界造诣精深、名气很大的学者，在全国文化界影响很大。他只要一登上讲台，就会全神贯注，口若悬河，发扬蹈厉，一气呵成，像磁铁一样地吸引着学生，声震屋宇，四座为之动容，既是名学者，又是好老师，还是出色的演讲家。他的课，教室内外都挤满了人，始终盛况不衰。可是，清华有一个仿洋的制度，学期学年大考之后，任课教师必须于规定的几日之内将学生成绩送到教务处注册组，而不论你这门课的学生是三五个人，还是一二百人。违者就要罚款扣薪。听钱玄同课程的学生达数百人之多，由于未能在规定的期限内交出学生考试成绩，照样受到了罚款扣薪的处罚。朱自清后来听说了这件事，认为这是对前辈、对学者、对教师、对客人的极大不敬，会严重影响清华与外校的合作关系。为此，他亲自向钱先生郑重道了歉。在他看来，这不是一般的代人受过，而是清华对待学者应有的一种态度。

西南联大共事：感受富有艺术情趣的朱先生

清华大学研究院毕业后，张清常到浙江大学国文系任教三年，教学业绩在教师和学生中反映都很好。朱自清一直没有忘记好学、清正的张清常，1940年亲笔致函，请他到西南联大中文系任教。

在西南联大，朱自清很欣赏张清常的语言学才学，张清常也诚心报答老师的信任，承担了比一般教授更多的课程。从1940年到1946年六年间，他共开了13门课，其中7门是为中文系开设（唐宋文、音乐歌词、音乐教学、西方学者的中国音韵学研究、古音研究、训诂学和《广韵》），2门是中文、国文两系学生共选（国语及国音、国语运动史），4门为师范学院专开（教育系大二年级国文、国文系的中学国文教材教法、国文教学实习指导、专修科的文字学概要）。虽然这些课程跨度很大，但由于张清常知识广博，又对工作十分投入，学生普遍反映很好，朱自清先生也很满意。

张清常自幼喜爱音乐，1934年秋开始在交通部北平广播电台担任音乐常识讲座和一些音乐节目主持，每周一次，坚持了将近三年，直到全面抗战爆发才不得不结束。朱自清知道张清常的音乐特长，还曾开玩笑说：你说你不是搞文学的材料，看来你是搞音乐的材料。后来在昆明，西南联大要给校歌谱曲，朱自清知道前几年张清常就曾给浙江大学校歌（马一浮作词）谱曲，反响很好，就把这个任务交给了张清常。他还为西南联大附中、附小创作了校歌，先后为5支合唱队担任指挥。西南联大的课余音乐活动，构成了艰难环境中联大教学的有机组成部分，以丰富的精神财富熏陶了一批又一批民族的精英和人才。

在西南联大，张清常利用业余时间，写成了一部音乐史著作《中国上古音乐史论丛》。朱自清深知他在音乐方面的兴趣和特长，曾提出由清华大学保送他到美国专门学习音乐理论。由于那时他已有家累，怕专搞音乐在战时艰苦环境下难以养家糊口，遂婉言谢绝。

1944年暑假，清华留美预备班举办夏令营，地点在昆明滇池南端西侧的观音山，邀请张清常去教学生们唱歌。那里有一座亭子，可容四人居住，朱自清与同在西南联大任教的二弟朱物华也参加了这项活动。

一个月里，他们朝夕相处，谈诗论文，古今中外，海阔天空，聊得十分投机。朱自清为此专门写了一首七律《清常见示摄影册子辄题其后并序（昆明观音山作）》：

清常与夫人相别六载，曩昔学生聚谭会，清常陈辞感慨，四座动容。顷复以摄影册子见示，皆其夫人造像也。

新婚六稔苦相思，满座悲君感慨辞。
一夕现身闻妙法，盛年造像见幽姿。
平生欢爱肠千结，故国妻儿泪几丝。
为道春华难久住，轩车宜办莫过时。

张清常非常珍视朱自清先生为自己写的诗，悉心贴在那本相册上，一直保留着。

在闲暇交流时，张清常发现，朱自清先生的音乐修养也很高。一次谈到创作歌曲的问题，朱自清仔细询问，先词后谱应该怎么做，先曲后词应该怎么填，问得十分仔细。第二天一大早，朱自清拿着自己刚刚完成的一首歌词，题为《留美预备班班歌》，虚心地请张清常提意见。张清常阅读之后，觉得歌词既有思想内涵，又富有浓郁的情感，非常适合青年学生演唱，于是很快谱了曲，并找人刻写油印，组织学生演唱。

傍晚，靛紫色的天幕渐渐笼罩了大地。在篝火晚会上，师生团团围坐在篝火旁，张清常指挥学生演唱朱自清新写的班歌，朱自清兴致勃勃地坐在其中。架在一起的木柴劈劈剥剥地响着，闪闪的火光照得每个人脸上红彤彤的，悠扬的歌声在青山绿水之间久久回荡。

这一幕，在张清常的后半生中，时常会浮现在他的脑海里。

人格完美的导师　终身追随的学生

——朱自清与郭良夫

> 郭良夫（1916—2010），山东钜野人。1943年10月至1946年7月在昆明西南联合大学中文系就读，1947年清华大学中文系毕业后留校，任助教、讲师。新中国成立后，历任北京大学中文系副教授、汉语教研室主任，华侨大学中文系副教授、副主任，福建师范大学中文系副教授，商务印书馆汉语编辑室主任、编审等职。中国语言学会理事、北京市语言学会常务理事、中国音韵学研究会理事、北京市美术学会常务理事。2010年5月23日在北京逝世。著有《词汇》《词汇与词典》，主编有《应用汉语词典》《完美的人格：朱自清的治学和为人》等。

从西南联大时期朱自清的学生，到清华园里朱自清的同事，语言学家郭良夫与朱自清直接交往的时间大约只有五年。但可以这样说，他是真正把朱自清作为一生的榜样，去治学，学做人，去认真践行朱自清精神的学者之一。

他曾多次说过："为人，为学，我以为都该照着朱先生的样子做，虽然我们很难做到他那个样子。"

互相欣赏又时有争论的不寻常师生

郭良夫于1943年秋至1946年夏在昆明西南联合大学中文系就读。西南联大解散后，他随清华大学中文系返回北平继续就读。

1946年秋，朱自清在清华大学中文系开了"文艺写作"和"中国文学史专题研究"两门选修课程，一向崇敬朱自清先生学识的郭良夫当然把两门课都选修了。

朱自清上课要求很严格，"文艺写作"课上规定，当堂写作，当堂交卷。那时，热爱新文学的郭良夫一度对写小说产生了兴趣。1947年夏日的一天，他在课堂上写了一篇三千多字的短篇小说，题目定名为《梯》。内容写的是，有姐妹二人走了不同的路，嫁了不同的人，结果成了贫富悬殊的两个阶层，原本融洽的思想感情也变得难以相通了。小说中写到楼梯，其意在于象征着社会中的不同阶级。朱自清看过这篇小说，认为写得不错，语言生动形象，人物刻画有个性，也有一定的社会意义，于是把这篇小说推荐给在上海主编《大公报》副刊《星期文艺》的章靳以。不久，这篇小说就在该副刊上发表了，而且排在报纸副刊第一篇的醒目位置。

初写小说就旗开得胜，郭良夫劲头更足了，很快又写出了一篇短篇小说《北京人》。他想换一处发表，于是寄给了主编天津《大公报》副刊《星期文艺》的冯至。与此同时，他又把这篇小说拿给朱自清看，朱自清看后认为写得也很成功，说可以再寄给上海的章靳以。郭良夫说稿子已寄给天津的冯至，朱自清认为换个地方发表也好。不久，这篇小说发表了，郭良夫把这一消息告诉朱自清，朱自清听后，很为他高兴，勉励他多看多写。1948年，朱自清与叶圣陶、吕叔湘、李广田合编《开明新编高级国文读本》，特地将郭良夫的短篇小说《梯》选收在该读本的第一册中。

郭良夫晚年回忆起此事，感慨地说："一个大学中文系的系主任，又是名教授，来教写作课，也就是教作文课，还要亲自看作文卷子，无论在当时，还是在今天，都不多见。一再推荐学生的习作，还要把它选进高级中学的国文教科书里，对青年这样满腔热情的鼓励，无论在当时，还是在今天，都不多见。先生对我的爱护和鼓励，并不是对我一个人的，而是对广大青年学生的，先生的行动确实叫人感动，令人钦敬。"

虽然，朱自清对广大青年学生在学术研究和文艺创作上总是持热情鼓励的态度，但他对每一名学生的赞扬是有原则的，绝不给予轻易的称许。1947年，在中文系举办的中国文学史专题研究班上，有一个议题是讨论文学的人民性和艺术性是否一致的问题。在讨论这一问题时，年轻气盛的郭良夫钦敬鲁迅的战斗姿态，特别强调文学的"人民性"，注重文学的力量和战斗性，与老师朱自清争得不可开交，竟至面红耳赤，还是互不相让。朱自清认为，文学虽然应该注重人民性，但也不可不顾艺术性。从当时黄色和粉色刊物大行其道的事实来看，其中一个重要的原因，正是"正经作品一味讲究正经，只顾人民性，不管艺术性，死板板的长面孔教人亲近不得"而造成的。如果过分强调文学的人民性，忽视艺术性，只恐怕正经作品会越来越失去读者，这种后果不能不引起人们的重视。

在课堂上，郭良夫和朱自清各执一词，互相都不能说服对方。朱自清与学生讨论问题时，总是把自己和学生们放在平等的地位上，从不把自己的意见强加于人。最后，课堂上也没有得出一个结论。朱自清对参加讨论的学生们说："你们不易说服我，我也不易说服你们，甚至我连我的太太也说不服，虽然民主的精神在于说服。"听了这平等对待学术的态度，郭良夫对朱自清老师更加钦佩了。

朱自清在准备动笔写《论百读不厌》那篇文章的时候，专门征求郭良夫的意见，郭良夫说，可以把"百读不厌"跟"雅俗共赏"联系起来考虑一下。听了他的意见，朱自清连声叫好，表示："我想想看，我想想看。"于是，在写了《论百读不厌》之后，他又很快写成了那篇《论雅俗共赏》。

在两人平时的讨论中，郭良夫曾经表达过对当时国画和评剧改良的意见。在朱自清病逝前大约半年，1948年3月31日，他在天津《大公报》上发表的《文物·旧书·毛笔》一文中，专门提到了郭良夫的观点。文章刊登出来后，朱自清对郭良夫说：这文章里面所说的青年同事就是你。郭良夫又仔细阅读了这篇文章，觉得自己的不成熟的意见，经过朱自清老师的修正和补充，更加全面、更加深刻了。从中他感受到朱自清作为学者的从善如流和虚怀若谷。

完美的人格，终生的榜样

直到晚年，郭良夫还记得，1947年夏，他从清华大学中文系毕业时，朱自清先生亲自点名让他留校做中文系助教。暑假里，他从北平回到济南探亲，刚回到济南不久，就接到了朱自清先生的亲笔来信。朱自清在信中对他说，此次回家，得亲堂上，自有一番欢乐；可以在家乡多住些时日，待开学再回学校。在信中，朱自清还告知，已通知财务科给他起薪，一回到学校就可以去领取薪水。对一个刚入职的青年，"他竟想得这么周到，安排得这么妥帖，关心照顾真可以说是无微不至"。"这信写得真好，不光是内容好，书法也好，毛笔字又挺拔又俊秀，简

第五辑　学生

直就是一件艺术品。"朱自清时时处处对学生的关心和体贴，由此可见一斑。

郭良夫几乎仔细阅读过朱自清的每部著作。在阅读过程中，他对朱自清知识的广博、用心的细密，尤其是治学的严谨敬服不已。

朱自清病逝后，郭良夫参与了朱自清遗著《中国歌谣》的校勘整理工作。这部著作是20世纪20年代末30年代初，朱自清在清华大学讲授歌谣课时的讲义，先后有油印、铅印两种本子，题名分别为《歌谣发凡》和《中国歌谣》。朱自清原计划编写10章，结果只完成了6章，分别为：歌谣释名、歌谣的起源与发展、歌谣的历史、歌谣的分类、歌谣的结构、歌谣的修辞。虽然没有形成完整的全本，但它对中国歌谣发展过程中的诸多重要问题进行了比较系统的分析论述。

在对两个印本的比较校勘过程中，郭良夫从中感受到朱自清作为一名严谨的学者，搜集资料的扎实和会通中西的治学方法。它从歌谣的释名、起源与发展入手，正本清源，梳理歌谣发展的历史、确立歌谣的分类、结构，研究其修辞，在汲取同时代人成果的基础上，又借鉴了西方的某些研究方法。这是一部具有开拓性的著作，是"五四"以来研究我国民间文学较早的一部专著。

虽然郭良夫与朱自清直接交往的时间不算长，但朱自清的英年早逝让他十分痛心。他觉得，他失去了一位身边可以时时效法的榜样。在朱自清刚刚病逝十几天后，他怀着沉痛的心情，写下了《照着朱先生的样子做》，回顾了朱自清在与人交往和治学过程中表现出来的"对人对己都一点儿也不放松的精神"，认为朱自清"才称得起是我们的导师"，表达了要以朱自清为榜样做人和治学的态度："要纪念这个人，最好的办法，我以为只有照着朱先生的样子做，虽然我们很难做到他那个样子，不过朱先生是一个伟大的榜样，却是千真万确的。"

时隔34年之后的1982年，66岁的郭良夫以一名受教学生的身份写下了一篇近万字的纪念文章《怀念我的老师朱佩弦先生》，再一次回顾了朱自清在治学、创作和为人中表现出来的"踏实的、认真的、严肃的作风"，认为朱自清"把自己的生命全献给了教育青年的事业，渴望出现个新中国！他和闻一多先生一样表现了我们民族的气节，他和闻一多先生一样：是一团火！"

1987年，怀着对朱自清老师的终生崇敬之情，年过七旬的郭良夫编辑出版了《完美的人格：朱自清的治学和为人》一书，收集了王瑶、郭良夫、季镇淮、王力、吕叔湘、张清常、余冠英、范宁、冯锺芸、叶圣陶、朱德熙、吴小如、杨振声、冯至、吴组缃、李广田、郑振铎、柏生、吴晗等19名朱自清的学生、同事、朋友的纪念文章。这些文章或追忆朱自清的生平为人，或研讨朱自清的文章学术，或纪念朱自清的成就业绩，从多个方面颂扬了朱自清先生严谨治学的品质与完美的人格。

郭良夫还为这本书亲笔作了一篇长序。序文在指出"朱先生的诚恳、温厚、谦逊和公正"等完美的人格之外，有两段以语言学家的眼光和视野评述朱自清散文的文字，颇有独到之处：

朱先生晚年写的散文，真可以说是到了炉火纯青的程度。不用特别的、华丽的、刺眼的词句，只用普通的字眼儿，而且反复地用。这是一种诗歌惯有的复沓；民间的诗歌总是用简单的词句，回环往复，富有节奏。读着读着，不知不觉，就深深地印到了你的心里。

绚烂之极归于平淡，正符合事物发展的规律。散文的语言文字写得这样好的，"五四"以来直到今天，除了朱先生，我看不容易找出第二个人来。表面上看起来普通平常，琢磨起来意味深长；读朱先生的散文，读了一遍还想读一遍，叫人百读不厌。语言文字里好像潜藏着许多宝物，每读一遍便发现一些。

郭良夫一生时时处处以朱自清先生为榜样，认真执教，严谨治学，踏实做人，半个多世纪的教学、编辑和学者生涯，使他厚积薄发，成为我国著名的语言学家和编辑家。

一对特殊的师生

——朱自清与汪曾祺

汪曾祺（1920—1997），江苏高邮人，现当代小说家、散文家、戏剧家。早年就读于昆明西南联合大学中文系。曾担任中学教师、《北京文艺》《民间文学》杂志编辑、北京京剧院编剧、中国作家协会理事等职。在短篇小说和散文创作上颇有成就，对戏剧与民间文艺也有很高造诣，被誉为"抒情的人道主义者，中国最后一个纯粹的文人，中国最后一个士大夫"。1997年5月16日在北京逝世。著有《邂逅集》《羊舍的夜晚》《晚饭花集》《汪曾祺自选集》《蒲桥集》《塔上随笔》《晚翠文谈》等。

学生时代的生分与疏远

朱自清与汪曾祺既是扬州同乡，又在西南联大是直接的师生关系。换句话说，汪曾祺应该算是朱自清学生中的"嫡系"。但与一般师生比较亲密的关系模式不同，在他们作为师生相处期间，相互之间并没有留下好印象，甚至可以说，他们之间的关系一度还相当紧张。直到大学毕业多年之后，有了相当人生阅历的汪曾祺才渐渐改变了对朱自清的态度。进入晚年后，朱自清的名字越来越多地出现于汪曾祺的笔下。

朱自清比汪曾祺年长22岁，从年龄上来说属于两代人。当1920年3月5日汪曾祺出生的时候，朱自清已经是北京大学哲学系的毕业班学生。两人的经历也颇有相似之处：朱自清在中学时代喜欢阅读各种课外书籍，对文学具有十分浓厚的兴趣，中学时代的汪曾祺也同样喜欢博览群书，所写作文曾被国文教师作为范文在班上传阅。不同的是，朱自清的父亲是小官吏出身，对儿子要求十分严格，因而中学时代的朱自清养成了不苟言笑的性格，他学习认真，遵守纪律，在先生眼里是一副少年老成的模样；而汪曾祺的父亲虽以医生为业，却兴趣多样，练过武术，喜欢乐器，画画，刻图章，对待孩子很随和，是一个喜欢领着孩子们嬉笑玩闹的"孩子头"。这样，汪曾祺自小养成了洒脱不羁的性格。他在学习上不够专一，兴趣十分多样，不是那种先生眼中听话的学生。

1939年夏，19岁的汪曾祺离开家乡高邮，怀揣着屠格涅夫的《猎人笔记》和一本盗版的《沈从文小说选》来到昆明，考取了西南联大中文系。据西南联大的史料记载，1939年中文系录取新生只有20人，录取名单上清晰地标注着每名学生的籍贯，朱自清应该注意到了汪曾祺这位来自高邮的小同乡。

在西南联大读书期间，汪曾祺特别喜欢沈从文、闻一多、王力、杨振声等几位先生，这几位先生对汪曾祺的文学才华也十分赏识。相比较而言，他对作为同乡的朱自清却没有亲近之感。在朱自清的课堂上，汪曾祺感觉朱自清授课虽然细致条理，却很刻板沉闷，不像沈从文那样亲切自然，也不像闻一多那样妙趣横生。他后来回忆说："朱自清先生教课也很认真。他教我们宋诗。他上课时带一沓卡片，一张一张地讲。要交读书笔记，还要月考、期考。我老是缺课，因此朱先生对我印象不佳。"汪曾祺本来就不是守纪律的学生，对不喜欢上的课就经常逃课，自然地，朱自清的课他也经常地缺席，因而给朱自清造成了不良的印象。

谈到大学的读书生活，汪曾祺回忆说："我不好好上课，书倒真也读了一些。中文系办公室有一个小图书馆，统称系图书馆。我和另外一两个同学每天晚上到系图书馆看书。系办公室的钥匙就由我们拿着，随时可以进去。系图书馆是开架的，要看什么书自己拿，不需要填卡片这些麻烦手续。有的同学看书是有目的有系统的。我则是随心所欲，随便瞎看。我这种乱七八糟看书的习惯一直保持到现在。我差不多每夜看书，到鸡鸣才回宿舍睡觉。"他杂七杂八读了海量的书，在文学创作上也崭露头角。在沈从文的提携推荐下，他的小说《钓》《异秉》《小学校的钟声》等频频在《中央日报》《文学杂志》《文艺复兴》等全国有影响的报刊上发表，成为联大校园里颇有知名度的才子作家。

1943年汪曾祺即将大学毕业，时任中文系主任的罗常培欣赏汪曾祺的创作才华，认为"该生素具创作夙慧"，主动出面推荐他留校给朱自清当助教，遭到朱自清的拒绝。朱自清拒绝的理由是：汪曾祺他连我的课都不上，怎么能给我当助教呢？

后来，汪曾祺在《西南联大中文系》一文中写道："我要不是读了西南联大，也许不会成为一个作家，至少不会成为一个像现在这样的作家。"在谈到西南联大中文系对自己文学观的影响时，汪曾祺多次提到《大一国文》教材的作用，他说："这是我走上文学道路的一本启蒙的书。""联大学生为人处世不俗，夸大一点说，是因为读了这样的文章。这是真正的教育作用，也是选文的教授的用心所在。"而这本教材的选文宗旨和倾向，正是时任中文系大一国文委员会委员的朱自清力争（当时因国民政府教育部的推动，中文系复古倾向严重）和主导的结果。可以说，朱自清所坚持和主导的新文学教育，在很大程度上间接地影响着汪曾祺，这一点也是不容否认的。

晚年的缅怀与敬意

　　汪曾祺虽然不喜欢上朱自清的课，但朱自清的大多数散文作品他是认真读过的。有两件事可以为证：

　　第一件事。1946年至1947年，汪曾祺在上海私立致远中学担任国文教师。据他的学生张希至（曾任珠江电影制片厂总编办公室主任，《电影文学》杂志的创刊者之一）撰文回忆，在课堂上汪曾祺讲课很特别，他很少按照课本内容讲授，而是选择自己喜欢的作家作品给学生讲授。他经常选讲的有闻一多、朱自清、李广田、沈从文、何其芳、巴金、鲁迅等作家的作品。直到半个世纪之后，她还清晰地记得汪曾祺"在讲朱自清的《背影》时，眼里含着泪的情景"。

　　第二件事。1948年5月，汪曾祺写了一篇文章，题为《礼拜天早晨》。其中有一段用意识流手法描述了自己礼拜天早晨泡澡前后的一段意识的流动：

　　今天邮局关得早，我得去寄信。现在——表在口袋里，一定还不到八点吧。邮局四点才关。可是时间不知道怎么就过去了。"吃饭的时候"……"洗脸的时候"……从哪里过去了？——不，今天是礼拜天，杨柳，鸽子，教堂的钟声，教堂的钟声一点也不感动我，我很麻木，没有办法！——今天早晨我看见一棵凤仙花。我还是什么时候看见凤仙花的？凤仙花感动我。早安，凤仙花！

　　文中，汪曾祺用跳跃活泼的行文嵌引了老师朱自清散文名篇《匆匆》中的句子。朱自清的原文是："早上我起来的时候，小屋里射进两三方斜斜的太阳。太阳他有脚啊，轻轻悄悄地挪移了；我也茫茫然跟着旋转。于是——洗手的时候，日子从水盆里过去；吃饭的时候，日子从饭碗里过去；默默时，便从凝然的双眼前过去。我觉察他去的匆匆了，伸出手遮挽时，他又从遮挽着的手边过去，天黑时，我躺在床上，他便伶伶俐俐地从我身上跨过，从我脚边飞去了。"可见，朱自清的作品时常闪现在他的脑海中。

到了晚年，汪曾祺的文章中频频出现老师朱自清的名字。

1983年11月，汪曾祺应江苏连云港文学工作者协会和《连云港文学》杂志社之邀，前往连云港讲学，其间到花果山游览一天。在1984年第一期《连云港文学》上发表的散文《人间幻境花果山》中，提到花果山与长篇小说《西游记》的关系，他说："写《西游记》的吴承恩是淮安人，淮安没有山。我曾听朱自清先生说过：淮安人是到了南阁楼就要修家书的。吴承恩平生未尝远游，没有见过多少名山大川。云台山距淮安近在咫尺……如果他写《西游记》曾经从座什么山受到过启发，那么便只有云台山较为合适。"

1986年，汪曾祺受邀为电视专题纪录片《话说运河》（32集）"淮安"一集撰写解说稿，题为《地灵人杰话淮安》，开篇再次引用朱自清这句话："淮安位踞大运河入淮之口，为南北交通的咽喉要地。过去，朱自清说过一个笑话：淮安人'到了南阁楼，就要修家书'。南阁楼是才出城门的一座楼，这说明淮安人家乡观念很重。其实，走南闯北的淮安人很多，就是沿着运河而高飞远举的。"

在报刊上看到与朱自清有关的文章，汪曾祺也特别留意。

1986年，他在《北京晚报》上读到一篇题为《朱光潜先生二三事》的文章，作者是扬州籍名中医耿鉴庭。文章中提到曾听朱光潜谈及朱自清家大门对联之事，引起了他的兴趣，立即写了一篇评论随笔《一篇好文章》，其中一段特别谈到朱自清的父亲：

从耿先生的文章中得知，朱自清先生的尊人，即《背影》的主人公到抗战时还活着。我小时读《背影》，看到朱先生的父亲写给朱先生的信中说："……唯右膀疼痛，举箸提笔，诸多不便，大概大去之期不远矣"（手边无《背影》，原文可能有记错处），以为朱先生的父亲早已作古了，朱先生的父亲活得那样长，令人欣慰。我很希望耿先生能写一篇关于朱先生父亲的文章。

此事还有一段续话。据《人间送小温——朱自清年谱》（徐强著）记载："（1986年）5月2日，扬州籍著名中医耿鉴庭赴扬州开会。行前，汪曾祺嘱其顺访朱自清故居。耿鉴庭在扬得睹朱自清父亲朱小坡遗物，并将一只笔筒上的刻字拓下，带与汪曾祺鉴赏。"

1992年秋，在扬州的朱自清故居经过修复即将开放之际，扬州市文联特邀一些文学艺术界名家题字作画，汪曾祺也在邀请之列。他收到邀请函后立即作了一幅菊花图，款作"解得夕阳无限好，不须惆怅近黄昏 佩弦师句 一九九二年九月"。在寄画时他复信说："征集朱自清故居陈列字画，后来转到时，已是9月15日。但我还是画了一幅画，因为朱先生是我的老师。如何处理，由你们决定。"大约在此前后，他还作过一幅大写意荷花画，题款是"荷塘月色 一九九二年秋 汪曾祺七十二岁"。年逾古稀的汪曾祺对他的"佩弦师"越来越怀念了。

晚年的汪曾祺对朱自清的评价也越来越高。

1988年，他在《关于散文的感想》一文中，将朱自清与鲁迅、周作人并列："'五四'以后，散文是兴旺的。鲁迅、周作人，沉郁冲淡，形成两支。朱自清的《背影》现在读起来还是非常感人。"

1990年，他在《蒲桥集再版后记》中在谈到"学者散文"时，直接把朱自清与鲁迅、周作人列举为现代学者散文"三大家"：

中国的许多笔记，是"学者散文"，鲁迅的《二十四孝图》是"学者散文"，周作人的大部分散文都是"学者散文"。朱自清的《论雅俗共赏》等一系列论学之作，都可作很好的散文来读。"学者散文"在中国本来是有悠久传统的，大概在四十年代的后期中断了。

1993年4月，汪曾祺在《光明日报》"读书与出版"专版书评专栏"择菜笔记"上发表文艺随笔《精辟的常谈——读朱自清〈论雅俗共赏〉》，认为朱自清后期散文更见功力，其好处在于"通"与"常"："朱先生早年写抒情散文，笔致清秀，中年以后写谈人生、谈文学的散文，渐归简淡，朴素无华，显出阅历、学问都已成熟。"最后更是高度评价说："用口语化的语言写学术文章，并世似无第二人。"

汪曾祺在1996年4月写作的《哀哀父母生我劬劳》一文中，又一次从文学史的角度论及朱自清的散文：

"五四"以来写亲子之情的散文颇不少，而给人印象最深的恐怕还得数朱自清的《背影》。朱先生师承的正是欧阳修、归有光的写法。

中国散文，包括写父母的悼念性的文章，自四十年代至七十年代有一个断裂，其特点是作假。这亦散文之一厄。……增强父母、儿女之间的感情，对于增强民族的亲和力、凝聚力，是有好处的，必要的。

从文学角度看，对继承欧阳修、归有光、朱自清的传统，是有好处的。继承欧、归、朱的传统的前提，是人性的回归。

早年的汪曾祺率性而为，对与自己性格气质迥然不同的老师朱自清采取了生分、疏远的态度；晚年的汪曾祺历经人世沧桑，在感情上与朱自清先生越来越亲近，自觉吸收朱先生的文学滋养，以自己的文学方式表达了对朱自清先生的深切缅怀和崇高敬意。

附　录

朱自清弟妹简介

二弟朱物华（1902—1998），又名佩韦，生于扬州。著名无线电子学家，水声工程专家。早年毕业于上海交通大学和美国麻省理工学院、哈佛大学，获博士学位。1927年回国后，先后在中山大学、唐山交通大学、北京大学、昆明西南联合大学、上海交通大学任教。新中国成立后，历任上海交通大学教授、中国科学院学部委员（院士）、哈尔滨工业大学副校长、上海交通大学校长、国务院科学规划委员会委员、中国电子学会副理事长、九三学社中央委员等职。1998年3月12日，在上海逝世。

三弟朱国华（1907—2002），生于扬州。1923年毕业于扬州中学，工作数年后，在朱自清资助下考取厦门大学法律系，1934年毕业。全面抗战爆发后，流落西南地区，一度与长兄朱自清时相过从。抗战胜利后，担任无锡地方检察官。1953年，由于所谓历史问题和海外关系的牵连，被剥夺工作权利。1988年，81岁时得到平反。

妹妹朱玉华（1908—1989），生于扬州。毕业于南京师范学校，曾担任小学教师多年。1949年随丈夫到台湾定居。

朱自清子女简介

　　长子朱迈先（1918—1951），即朱自清散文《儿女》中的阿九。生母武钟谦。1936年加入中国共产党，曾任中共扬州特委支部书记。全面抗战期间，受党组织派遣，在国民党部队里从事抗日宣传和统战工作。1949年12月，桂林解放前夕，参与策动国民党军队一个师起义。在1950年12月的"肃反"运动中被捕，1951年11月以莫须有的"匪特"罪被判处死刑。1984年平反昭雪。

　　长女朱采芷（1921—2008），即朱自清散文《儿女》中的阿菜。生母武钟谦。早年毕业于四川大学教育系，在昆明女青年会工作。与石油工程师王永良结婚后，在上海松江县一所高级中学任教。1948年随丈夫迁居台湾，后赴美国定居。

　　次女朱逖先（1923—1944），即朱自清散文《儿女》中的转子。生母武钟谦。高中毕业后，曾短暂从事教育工作，22岁时患病逝世。

　　次子朱闰生（1925—2011），即朱自清散文《荷塘月色》《儿女》中的闰儿。生母武钟谦。在扬州读中学时，与后来曾担任中共中央总书记、国家主席的江泽民是同班同学。读到高中二年级因家庭经济困难辍学。先后当过小学教员、《中央日报》报社职员。1949年进入华北人民革命大学学习，后分配到山西省财政厅工作，定居太原。曾任山西省政协委员。

　　三女朱效武（1928—1998），乳名阿毛，后改名朱冷梅。生母武钟谦。小学毕业后，因家中经济困难，未能继续学业。1948年结婚后随丈夫迁居上海，做街道工作直到退休。

三子生于1928年12月26日，生母武钟谦。刚出生时身体虚弱，1931年7月20日夭折。

四子朱乔森（1933—2002），生母陈竹隐。中共党史专家。1948年12月加入中国共产党。曾任中共中央党校党史教研部常务副主任、教授、博士生导师，第九届全国政协委员。长期从事《朱自清全集》（十二卷本）的编辑整理工作。与人合著有《李大钊传》。

五子朱思俞（1935—），生母陈竹隐。计算机专家。1952年就读于南京华东航空学院，后考入西北工学院读研究生。曾任南开大学计算机系教授。

四女朱蓉隽（1940—），生母陈竹隐。北京师范大学毕业后留校任教，后调清华大学工作。母亲病逝后，随丈夫赴美国定居。

后 记

这是一部向朱自清先生的致敬之作。

我读朱自清，大约源于小学五年级时，也就十岁出头的样子。那时"文革"刚刚结束，小学课本用的还是山西省的版本，并没有收入一篇朱自清的文章。课余我在一本作文辅导读物上读到朱自清的《春》，一下子就被吸引住了。"盼望着，盼望着，东风来了，春天的脚步近了。一切都像刚睡醒的样子，欣欣然张开了眼，山朗润起来了，水涨起来了。太阳的脸红起来了。"这种温雅优美的诗意化的文字，与语文课本中大多数课文有太大的区分度，让我从此记住了朱自清这个名字。

上中学后，在语文老师的指导下又学习了朱自清的《背影》《荷塘月色》《绿》几篇散文，了解到朱自清不仅是新文学史上独具风格的散文大家，还是清华大学的著名教授，民国年间卓有建树的学者。这时的我，已经把朱自清作为痴迷崇拜的偶像了。

匆匆的时光在指缝间滑过，倏忽之间，我已经跨过了知天命之年。重读朱自清，有了与学生时代不一样的感悟。

读他的文章，需要静默的、平和的、恬静的心境，他的文笔是清的，远的，朴素的，不刻意雕琢，如潺潺流水，自然流淌着，华而不丽，清而不淡，交织着郁郁的古风和现代的气质。浸没于他的文字当中，在清雅温暖之中，在深沉真挚之中，在寂寞惆怅之中，在孤独苦闷之中，感悟着人生的况味，总有一种真切的感动，人间的真情渗入心里。

在朱自清先生之前担任清华大学中文系主任的杨振声先生对朱自清先生有这样的评价："他文如其人，风华从朴素出来，幽默从忠厚出来，腴厚从平淡出来。"诚哉斯言。几年来，我通读了《朱自清全集》，通读了国内出版的几部朱自清传记，在阅读过程中，我注意到，朱自清并不是善于交往之人，但由于他的"完美的人格"，吸引了不同领域、不同年龄、不同职业的各界人士与他产生了或大或小、或深或浅的交集。从读"文"到读"人"，几年间陆陆续续写作和发表了一些关于朱自清与人交游的文字，于是就有了这部《朱自清的朋友圈》。

需要指出的是，本书所述的"朋友圈"是广义的，宽泛的，既包括一般意义上的朋友，也包括亲人；既包括同龄人，也包括师长、学生和晚辈；在朋友中，按开始结识交往的先后顺序和地域，大致又分为学生时代、江浙时期、成都休假时期"友人（上）"和清华大学、西南联大时期"友人（下）"。为便于读者对朱自清家族有更加全面的了解，在附录中特别对朱自清的弟妹及子女情况作了简单介绍。

在本书写作和出版过程中，有幸得到多位文坛学界大家和文友的热情鼓励和不吝指导。当代著名散文家，原国家新闻出版署副署长、人民日报副总编辑梁衡先生为本书题写了书名。当代著名学者，北京大学中文系教授、博士生导师高远东先生为本书亲笔作序。朱自清的嫡孙，朱自清纪念馆名誉馆长、扬州市文化研究所所长朱小涛先生审阅了全部书稿，不仅在具体篇目写作上提出了宝贵的意见和建议，而且为本书撰写了序文。中国出版集团研究出版社总编辑张高里先生，责任编辑张琨女士，北京大学中文系李拉利博士、作家宋福聚先生、国家能源局张振宇先生，为本书的出版或精心策划，或辛勤奔走，付出了极大的心血。我的同事李燕女士，也为本书提出了一些建设性的意见。在此一并表示诚挚的谢意。

夏明亮

2021年12月22日于未名居

后
记